ARCHILOCHOS

GEDICHTE

Herausgegeben und übersetzt
von Rainer Nickel

ARTEMIS & WINKLER

Für Christiane

Bibliographische Information der Deutschen Bibliothek

Die Deutsche Bibliothek verzeichnet diese Publikation
in der Deutschen Nationalbibliothek; detaillierte bibliographische Daten
sind im Internet unter http://dnb.ddb.de abrufbar.

© 2003 Patmos Verlag GmbH & Co. KG
Artemis & Winkler Verlag, Düsseldorf/Zürich
Alle Rechte vorbehalten.
Druck und Verarbeitung: Pustet, Regensburg
ISBN 3-7608-1733-5
www.patmos.de

INHALT

TEXT UND ÜBERSETZUNG

ANHANG

P. Colon. 58.1-35 = 196a W

SIGLA

[ ] textus periit   der Textabschnitt ist verloren

⌞ ⌟ testis antiquissimus periit   das älteste Textzeugnis ist verloren

⟦ ⟧ delevit scriba   Schreibfehler

{ } delenda censeo   ist m. E. zu streichen

⟨ ⟩ inserenda censeo   ist m. E. einzufügen

||| rasura unius litterae   Entfernung eines Buchstaben

＊ fragmentum sine auctoris indicio certiore receptum   Fragment, ohne genauere Angabe des Autors aufgenommen

⊗ initium vel finis carminis   Anfang oder Ende eines Gedichts

μ̣ unter einem Buchstaben, der nicht mehr eindeutig zu identifizieren ist, steht ein Punkt

1-7. De militia

1 Ath. 627c

Ἀρχίλοχος γοῦν ἀγαθὸς ὢν ποιητὴς πρῶτον ἐκαυχήσατο
τῷ δύνασθαι μετέχειν τῶν πολιτικῶν ἀγώνων, δεύτερον
δὲ ἐμνήσθη τῶν περὶ τὴν ποιητικὴν ὑπαρχόντων αὐτῷ.
λέγων·

  εἰμὶ δ᾿ ἐγὼ θεράπων μὲν Ἐνυαλίοιο ἄνακτος
  καὶ Μουσέων ἐρατὸν δῶρον ἐπιστάμενος.

Plut. Phocion 7.6

ἐβούλετο τὴν Περικλέους καὶ Ἀριστείδου καὶ Σόλωνος
πολιτείαν ὥσπερ ὁλόκληρον καὶ διηρμοσμένην ἐν ἀμφοῖν
ἀναλαβεῖν καὶ ἀποδοῦναι. καὶ γὰρ τῶν ἀνδρῶν ἐκείνων
ἕκαστος ἐφαίνετο κατὰ τὸν Ἀρχίλοχον

»ἀμφότερον, θεράπων – ἐπιστάμενος«,

καὶ τὴν θεὸν ἑώρα πολεμικὴν θ᾿ ἅμα καὶ πολιτικὴν οὖσαν
καὶ προσαγορευομένην.

·7. Kriegsdienst

W = 1 D   Athenaios 627c

.rchilochos, der zweifellos ein guter Dichter war, rühmte sich ersten:
:iner Möglichkeiten, an den kriegerischen Auseinandersetzungen der
:ädte teilzunehmen, zweitens aber erwähnte er seine Fähigkeiten in de:
)ichtkunst, indem er sagte:

ch bin, ja, ich bin ein Diener des Herrn Enyalios,
ich das Musengeschenk hat seinen Reiz für mich, versteh' ich doch etwas davon.«

lutarch, Phokion 7.6

)hokion) wollte die Politik eines Perikles, eines Aristeides und eines So
)n, die sozusagen eine Einheit bildete und beides (d. h. militärische und
olitische Fähigkeiten) umfasste, wieder aufnehmen. Denn auf jeder
.nzelnen dieser Männer schien ihm im Sinne des Archilochos

)eides (zuzutreffen), Diener des göttlichen Enyalios zu sein
id von dem lieblichen Geschenk der Musen etwas zu verstehen«.

.ußerdem sah er, dass Athene zugleich Göttin des Krieges und der
:taatskunst war und entsprechend verehrt wurde.

2 Ath. (epit.) 30f (de vinis laudatis)

Ἀρχίλοχος τὸν Νάξιον τῷ νέκταρι παραβάλλει (fr. 290)· ὃς
καί πού φησιν·

> ἐν δορὶ μέν μοι μᾶζα μεμαγμένη, ἐν δορὶ δ᾽ οἶνος
> Ἰσμαρικός· πίνω δ᾽ ἐν δορὶ κεκλιμένος.

3 Plut. Thes. 5.2-3

οἱ δ᾽ Ἄβαντες ἐκείραντο πρῶτοι τὸν τρόπον τοῦτον ...
ὄντες πολεμικοὶ καὶ ἀγχέμαχοι καὶ μάλιστα δὴ πάντων εἰς
χεῖρας ὠθεῖσθαι τοῖς ἐναντίοις μεμαθηκότες, ὡς μαρτυρεῖ
καὶ Ἀρχίλοχος ἐν τούτοις·

> οὔτοι πόλλ᾽ ἐπὶ τόξα τανύσσεται, οὐδὲ θαμειαὶ
>   σφενδόναι, εὖτ᾽ ἂν δὴ μῶλον Ἄρης συνάγηι
> ἐν πεδίωι· ξιφέων δὲ πολύστονον ἔσσεται ἔργον·
>   ταύτης γὰρ κεῖνοι δάμονές εἰσι μάχης
> 5 δεσπόται Εὐβοίης δουρικλυτοί.

4 P. Oxy. 854

> ⊗ φρα[
>   ξεινοι.[
> δεῖπνον δ᾽ ου[
> 5   οὔτ᾽ ἐμοὶ ωσαι[
> ἀλλ᾽ ἄγε σὺν κώ⌊θωνι θοῆς διὰ σέλματα νηὸς
>   φοίτα καὶ κοίλ⌊ων πώματ᾽ ἄφελκε κάδων,
> ἄγρει δ᾽ οἶνον ⌊ἐρυθρὸν ἀπὸ τρυγός· οὐδὲ γὰρ ἡμεῖς
>   νηφέμεν ⌊ἐν φυλακῆι τῆιδε δυνησόμεθα.

2 W = 2 D   Ath. (epit.) 30f   (über berühmte Weine)

Archilochos vergleicht den Wein aus Naxos mit dem Göttergetränk. Er
sagt auch irgendwo:

Mit der Lanze verdien' ich mein Brot, mit der Lanze den Wein
aus Ismaros und ich trinke auf die Lanze gestützt.

3 W = 3 D   Plut. Thes. 5.2–3

Die Abanten schoren als erste ihre Köpfe auf diese Weise ... denn sie waren kriegerisch und kämpften gern Mann gegen Mann, und sie verstanden es ganz besonders gut, auf ihre Gegner im Nahkampf loszugehen,
wie es auch Archilochos in folgenden Versen bezeugt:

Nicht viele Bogen werden gespannt und auch nur wenige
Schleudern, wenn uns Ares zum Kampf zusammenführt
auf der Ebene. Dafür werden die Schwerter ihr trauriges Werk tun.
Denn diesen Kampf verstehen sie gut –
die Herren von Euboia, die lanzenberühmten.

4 W = 5a D   P. Oxy. 854

Pass gut auf ...
... die Gäste (sind zwar alle versammelt) ...,
eine richtige Mahlzeit aber (gibt es weder für dich)
noch für mich ...
doch los, geh mit dem Becher über die Planken des schnellen Schiffes
und von den bäuchigen Krügen ziehe die Deckel ab,
schöpfe den roten Wein ohne die Hefe. Denn wir werden doch nicht
nüchtern sein können, während wir hier Wache halten.

5 1-4 (excidit 3 αὐτὸν–μέλει) Plut. instit. Lac. 34 p. 239b

Ἀρχίλοχον τὸν ποιητὴν ἐν Λακεδαίμονι γενόμενον αὐτῆς
ὥρας ἐδίωξαν, διότι ἐπέγνωσαν αὐτὸν πεποιηκότα ὡς
κρεῖττόν ἐστιν ἀποβαλεῖν τὰ ὅπλα ἢ ἀποθανεῖν·

ἀσπίδι μὲν Σαΐων τις ἀγάλλεται, ἣν παρὰ θάμνωι,
ἔντος ἀμώμητον, κάλλιπον οὐκ ἐθέλων·
αὐτὸν δ᾽ ἐξεσάωσα. τί μοι μέλει ἀσπὶς ἐκείνη;
ἐρρέτω· ἐξαῦτις κτήσομαι οὐ κακίω.

6 Schol. Soph. El. 96, »φοίνιος Ἄρης οὐκ ἐξένισεν«

ἀντὶ τοῦ οὐκ ἀπέκτεινεν. »ξένια γὰρ Ἄρεως τραύματ᾽
⟨ἐστὶ⟩ ⌊καὶ⌋ φόνοι«. καὶ Ἀρχίλοχος·

ξείνια δυσμενέσιν λυγρὰ χαριζόμενοι.

7 Fragmentum monumenti Parii (Sosthenis), ed. Peek, ZPE 59,
1985, 14

ἴτω πᾶς ἐ]πὶ δυσμεν[έας
ἄλκιμον ἦτορ ἔχων καὶ ἀ]μείλιχον ἐν [φρεσὶ θυμόν.
ἀλ]ευάμενος.
πο[λλῶν δ᾽ ἀθυμησάντων πάλιν λέ]γει·

7a   ἐξ ἐλάφων ν[

5 W = 6 D   Plut. instit. Lac. 34 p. 239b

Als der Dichter Archilochos in Sparta ankam, verjagten ihn die Spartaner sofort wieder, weil sie vernommen hatten, dass er in einem Gedicht
gesagt hatte, es sei besser, seine Waffen fortzuwerfen als zu sterben:

An dem Schild hat jetzt irgendein Saier seine Freude. Ich ließ ihn an einem Busch zu-
    rück;
tadellos war er gewiss, und ich tat es nicht gern.
Mich selbst aber hab' ich gerettet. Was kümmert mich jener Schild?
Gescheh'n ist gescheh'n. Später werd' ich mir wieder einen besorgen, der nicht schlech-
    ter ist.

6 W = 4 D   Schol. Soph. El. 96, »Der blutige Ares hat (ihn) nicht be-
wirtet«

    d. h., er hat ihn nicht getötet. »Denn Gastgeschenke des Ares sind
Wunden und Tod.« Auch Archilochos sagt:

Schmerzen bereitende Gastgeschenke geben wir gern unseren Feinden.

7 W   Fragmentum monumenti Parii (Sosthenis)

Anstürmen soll jeder gegen die Feinde
mit standhaftem Sinn und unbeugsamem Mut im Herzen …,
ohne zu weichen.
Als aber viele den Mut verloren, sagte er wieder …

7a W   … von Hirschkühen …

8–13. De naufragis

8 Schol. Ap. Rhod. 1. 824, »θεσσάμενοι«

ἐξ αἰτήσεως ἀναλαβόντες, αἰτήσαντες· θέσ⟨σασ⟩θαι γὰρ
τὸ αἰτῆσαι καὶ ἱκετεῦσαι ... καὶ Ἀρχίλοχος·

πολλὰ δ᾽ ἐυπλοκάμου πολιῆς ἁλὸς ἐν πελάγεσσι
θεσσάμενοι γλυκερὸν νόστον ◡ – ◡ ◡ –

9 Plut. quomodo aud. poet. 6 p. 23b

ὅταν δὲ τὸν ἄνδρα τῆς ἀδελφῆς ἠφανισμένον ἐν θαλάσσῃ
καὶ μὴ τυχόντα νομίμου ταφῆς θρηνῶν λέγῃ μετριώτερον
ἂν τὴν συμφορὰν ἐνεγκεῖν »εἰ κείνου – ἀμφεπονήθη« (v. 10
sq.), τὸ πῦρ οὕτως, οὐ τὸν θεὸν προσηγόρευκε.

P. Oxy. 2356(a)

```
                              ]ν ̣ετοπ[
                              ]ελιπεν [
                              ]ώλεσενα.[
    5                         ]μένους [
                               ]νοεσσα[
                              ]εα.
                              ]ν φίλον [
                              ]μενος  [
                              ]νασιχε[
    10    εἰ κείνου κεφαλὴν καὶ χαρίεντα⌊ μέλεα       [
          Ἥφαιστος καθαροῖσιν ἐν εἵμασιν⌋ ἀμφεπον⌊ήθη
                              ].ασας   [
                              ]ς· αλλάτ[
                              ]η        [
```

8–13. Über Schiffbrüchige

8 W = 12 D   Schol. Ap. Rhod. 1.824 »θεσσάμενοι«

bedeutet »eine Bitte äußern«, »verlangen«. Denn θέσσασθαι ist bitten
und flehen … und Archilochos sagt:

Immer wieder in den Weiten des schöngewellten grauen Meeres
nach süßer Heimkehr verlangend …

9 W = 10.1–2 (a) D   Plutarch, De audiendis poetis 23b

Wenn er (Archilochos) aber um den Mann seiner Schwester trauert, der
im Meer ertrank und kein Begräbnis erhielt, wie es üblich war, und sagt,
man hätte den Verlust leichter ertragen, »wenn seinen – gehüllt hätte«,
so meinte er mit »Hephaistos« das Feuer, nicht den Gott.

…
…
…
…
…
…
…
…
…

»Wenn seinen Kopf und seine schönen Glieder
Hephaistos in reine Tücher gehüllt hätte …« (so auch P. Oxy. 2356 (a))
…
…
…

15

] δαπο.[
]ολ. .ν [
]ταρ[
].().[

10 P. Oxy. 2356(b)

]εμ. .
]θια δέ σφεας
]ς
ἐξ]απίνης γὰρ
5   ]ανος
]ᾳ γυναικῶν
]
].αρηος
].[

11 Plut. quomodo aud. poet. 12 p. 33ab

πάλιν ὁ Ἀρχίλοχος οὐκ ἐπαινεῖται λυπούμενος μὲν ἐπὶ τῷ
ἀνδρὶ τῆς ἀδελφῆς διεφθαρμένῳ κατὰ θάλασσαν, οἴνῳ δὲ
καὶ παιδιᾷ πρὸς τὴν λύπην μάχεσθαι διανοούμενος. αἰτίαν
μέντοι λόγον ἔχουσαν εἴρηκεν·

οὔτέ τι γὰρ κλαίων ἰήσομαι, οὔτε κάκιον
θήσω τερπωλὰς καὶ θαλίας ἐφέπων.

...

...

...

...

10 W = 10.1–2 (b) D   P. Oxy. 2356 (b)

...

...

...

... denn plötzlich

...

... der Frauen

...

... des Ares

...

11 W = 10, 3–4 D   Plutarch, De audiendis poetis 33ab

Wieder kann Archilochos nicht gelobt werden, weil er, während er um
den Mann seiner Schwester trauerte, nachdem er auf See umgekommen
war, die Absicht hatte, mit Wein und Scherz gegen seine Trauer anzu-
kämpfen; er gab allerdings eine Begründung, die in sich stimmig war:

Denn wenn ich weine, werde ich nichts heilen, aber auch nichts verschlimmern,
wenn ich Lust und Lebensfreude genieße.

12 Schol. Aesch. Prom. 616, »δωρεάν«

δωρεὰ ἐπὶ συμφορᾶς. καὶ Ἀρχίλοχος·

†κρύπτομεν ἀνιηρὰ Ποσειδάωνος ἄνακτος
     δῶρα.

13 Stob. 4. 56. 30

    κήδεα μὲν στονόεντα Περίκλεες οὔτέ τις ἀστῶν
      μεμφόμενος θαλίηις τέρψεται οὐδὲ πόλις·
    τοίους γὰρ κατὰ κῦμα πολυφλοίσβοιο θαλάσσης
      ἔκλυσεν, οἰδαλέους δ᾽ ἀμφ᾽ ὀδύνηις ἔχομεν
5   πνεύμονας. ἀλλὰ θεοὶ γὰρ ἀνηκέστοισι κακοῖσιν
      ὦ φίλ᾽ ἐπὶ κρατερὴν τλημοσύνην ἔθεσαν
    φάρμακον. ἄλλοτε ἄλλος ἔχει τόδε· νῦν μὲν ἐς ἡμέας
      ἐτράπεθ᾽, αἱματόεν δ᾽ ἕλκος ἀναστένομεν,
    ἐξαῦτις δ᾽ ἑτέρους ἐπαμείψεται. ἀλλὰ τάχιστα
10   τλῆτε, γυναικεῖον πένθος ἀπωσάμενοι.

14 Orion etym. col. 55. 22 Sturz (sine versibus Et. Gen., Magn.)

ἐπίρρησις· ὁ ψόγος, καὶ ἡ κακηγορία· ἔνθεν λοιπὸν καὶ
ἐπίρρητος. Ἀρχίλοχος ἐν ἐλεγείοις·

⊗   Αἰσιμίδη, δήμου μὲν ἐπίρρησιν μελεδαίνων
     οὐδεὶς ἂν μάλα πόλλ᾽ ἱμερόεντα πάθοι.

12 W = 11 D   Schol. Aesch. Prom. 616, »δωρεάν«

»δωρεά« steht für »Unglück«; auch Archilochos sagt:

Wir verbergen die schmerzlichen Gaben des Herrschers Poseidon.

13 W = 7 D   Stob. 4.56.30

Heftiges Trauern, Perikles, missbilligt weder einer der Bürger
noch die Stadt, und sie wird trotzdem Festesfreuden genießen.
Denn das waren wirklich Männer, die die Woge des tosenden Meeres verschlang!
Von Kummer erfüllt sind unsere Herzen.
Aber die Götter haben uns doch für unheilbares Leid,
mein Freund, ein Mittel gegeben: die Kraft, dies zu erdulden.
Mal trifft es diesen, mal jenen. Jetzt kam es über uns.
Die blutige Wunde lässt uns aufstöhnen vor Schmerzen.
Bald aber wird es wieder andere treffen.
Ertragt es doch einfach und lasst das weibische Klagen!

14 W = 9 D   Orion etym. col. 55.22 Sturz

»ἐπίρρησις« bedeutet »Vorwurf« und »Anklage«. Davon kommt im übrigen auch das Wort »berüchtigt«. Archilochos sagt in elegischen Versen:

Aisimides, wenn er sich um die Vorwürfe des Volkes kümmerte,
dürfte wohl niemand besonders viel Schönes erleben.

15–17. Hexametri qui elegorum videntur esse

*15 Arist. Eth. Eudem. H 2 p. 1236a33

τούτων (sc. τῶν φιλιῶν) ἡ μὲν διὰ τὸ χρήσιμόν ἐστιν ἡ τῶν πλείστων φιλία· διὰ γὰρ τὸ χρήσιμοι εἶναι φιλοῦσιν ἀλλή-λους, καὶ μέχρι τούτου, ὥσπερ ἡ παροιμία·

Γλαῦκ᾿, ἐπίκουρος ἀνὴρ τόσσον φίλος, ἔσκε μάχηται.

καὶ »οὐκέτι γιγνώσκουσιν Ἀθηναῖοι Μεγαρῆας« (Adesp. eleg. 5).

*16 Stob. 1. 6. 3

πάντα Τύχη καὶ Μοῖρα, Περίκλεες, ἀνδρὶ δίδωσιν.

17 Syrianus in Hermog., i. 6. 12 Raabe

καὶ ἐν Μιλήτῳ ὁ θεός· »οὐδὲν ἄνευ καμάτου πέλει ἀνδράσιν εὐπετὲς ἔργον« (Ps.-Phocyl. 162)· καὶ πάλιν·

πάντα πόνος τεύχει θνητοῖς μελέτη τε βροτείη.

15–17. Hexameter, die anscheinend zu elegischen Distichen gehören

15 W = 13 D   Arist. Eth. Eudem. H 2 p. 1236a33

Unter diesen Freundschaften ist die Freundschaft, die um des Nutzens willen geschlossen wird, die am weitesten verbreitete Freundschaft. Denn um des Nutzens willen schließen sie Freundschaft miteinander, und nur zu diesem Zweck, wie es auch im Sprichwort heißt:

Glaukos, ein Verbündeter ist nur solange ein Freund, wie er (für uns) kämpft.

Und nicht mehr kennen die Athener die Megarer (Adesp. eleg. 5).

16 W = 8 D   Stob. 1. 6.3

Alles geben das Glück und das Schicksal, Perikles, einem Menschen.

17 W = 14 D   Syrianus in Hermog., i.6.12 Raabe

Auch in Milet spricht der Gott: »Nichts wird den Menschen ohne Anstrengung zuteil als ein leicht zu verwirklichendes Werk« (Ps.-Phocyl. 162); und weiter:

Nur Anstrengung und menschliches Bemühen verschaffen den Sterblichen alles.

18–87. TRIMETRI

18 Eust. in Hom. p. 518. 27 (ex Herodiano, ii. 639. 24 Lentz)

κλίνεται δὲ καὶ ὡς σπονδειακόν, Ἄρης Ἄρου· ὅθεν κατὰ
Ἰάδα διάλεκτον ἐπεκτείνας Ἀρχίλοχος ἔφη ἐν τοῖς τριμέτροις

　　　　　παῖδ᾽ Ἄρεω μιηφόνου.

19–22. Fragmenta quae ad Thasum spectant

19 Plut. de tranqu. animi 10 p. 470bc

εἶθ᾽ οὕτως ἀεὶ τῶν ὑπὲρ ἑαυτοὺς ἐνδεεῖς ὄντες οὐδέποτε
τοῖς καθ᾽ ἑαυτοὺς χάριν ἔχουσιν.

⊗　»οὔ μοι τὰ Γύγεω τοῦ πολυχρύσου μέλει,
　　οὐδ᾽ εἷλέ πώ με ζῆλος, οὐδ᾽ ἀγαίομαι
　　θεῶν ἔργα, μεγάλης δ᾽ οὐκ ἐρέω τυραννίδος·
　　ἀπόπροθεν γάρ ἐστιν ὀφθαλμῶν ἐμῶν.«

»Θάσιος γὰρ ἦν ἐκεῖνος« (sc. φησί τις).

18-87. TRIMETER

18 W = 31 D   Eust. in Hom. p. 518.27

(Der Vers) neigt sich dem Ende zu wie ein Versus spondiacus, Ἄρης
Ἄρου. Daher dehnt auch Archilochos im ionischen Dialekt die Silben
in seinen Trimetern

… den Sohn des blutbefleckten Kriegsgottes

19-22. Fragmente, die auf die Insel Thasos verweisen

19 W = 22 D   Plut. de tranqu. animi 10 p. 470 bc

Wenn sie sich also auf diese Weise ständig vor Augen halten, dass sie die
Dinge, die für sie unerreichbar sind, nicht haben, sind sie niemals dank-
bar für das, was sie haben.

Nichts bedeutet mir der Reichtum des Gyges,
und noch nie packte mich der Neid, ich bewundere nicht einmal
die Werke der Götter und ich wünsche mir keine große Herrschaft.
Denn das liegt ganz außerhalb meines Gesichtskreises.

Es war nämlich ein Thasier (sagt man).

20 Heraclides Lembus π. πολιτειῶν 22 Müller (F. H. G. ii. 218)
= 50 Dilts

Μάγνητες δ⟨ι⟩ʼ ὑπερβολὴν †ἀτυχημάτων πολλὰ ἐκακώθη-
σαν· καί που καὶ Ἀρχίλοχός φησι·

    κλαίω τὰ Θασίων, οὐ τὰ Μαγνήτων κακά.

21 Plut. de exilio 12 p. 604c

ἀλλʼ ἡμεῖς, καθάπερ Ἀρχίλοχος τῆς Θάσου τὰ καρποφόρα
καὶ οἰνόπεδα παρορῶν διὰ τὸ τραχὺ καὶ ἀνώμαλον διέβαλε
τὴν νῆσον εἰπών·

        ἥδε δʼ ὥστʼ ὄνου ῥάχις
        ἔστηκεν ὕλης ἀγρίης ἐπιστεφής.

οὕτω τῆς φυγῆς πρὸς ἓν μέρος τὸ ἄδοξον ἐντεινόμενοι πα-
ρορῶμεν τὴν ἀπραγμοσύνην καὶ τὴν σχολὴν καὶ τὴν
ἐλευθερίαν.

22 Ath. 523d

καὶ Ἀρχίλοχος δὲ ὁ ποιητὴς ὑπερτεθαύμακε τὴν χώραν
τῶν Σιριτῶν διὰ τὴν εὐδαιμονίαν. περὶ γοῦν τῆς Θάσου
λέγων ὡς ἥσσονός φησιν·

      οὐ γάρ τι καλὸς χῶρος οὐδʼ ἐφίμερος
      οὐδʼ ἐρατός, οἷος ἀμφὶ Σίριος ῥοάς.

20 W = 19 D   Heraclides Lembus »Über die Staatsverfassungen« 22

Die Magneten erlebten viel Schlimmes durch ein Übermaß an Un-
glücksfällen. Und irgendwo sagt auch Archilochos:

Ich weine über das schlimme Los der Thasier, nicht über das der Magneten.

21 W = 18.1–2 D   Plut. de exilio 12 p. 604c

Aber wir sind wie Archilochos, der die fruchtbaren Felder und Wein-
berge von Thasos übersah und die Insel wegen ihrer steilen und uneben-
mäßigen Konturen verleumdete, indem er sagte:

Diese Insel liegt da wie der struppige Rücken eines Esels,
dicht bedeckt von wildwachsendem Gestrüpp.

So übersehen auch wir, indem wir uns nur auf einen Teil der Verban-
nung, die Ruhmlosigkeit, beschränken, die Tatsache, dass wir von
Staatsgeschäften unbehelligt sind, die Ruhe, die Freiheit.

22 W = 18.3–4 D   Ath. 523d

Auch der Dichter Archilochos bewunderte das Land der Siriten über
alle Maßen wegen seiner glücklichen Lage. Über Thasos sagt er gering-
schätzig:

Es ist nämlich kein schöner, lieblicher
und reizender Ort wie die Landschaft am Fluss Siris.

23 P. Oxy. 2310 fr. 1 col. i. 1–21, ed. Lobel

```
        ]..[
        ]....[                        ].[
        ]...[              ].[  ]ισ[  ]γ[
        ].....[   ]..[   ]..........γει[
5       ].....[   ]..[].... γὰρ ἔργματ[
        ]....[    ]..........ιχα..ω [
.].[.].βα...... τὴν δ’ ἐγὼνταμειβόμ[ην·
»γύνα[ι], φάτιν μὲν τὴν πρὸς ἀνθρώπω[ν κακὴν
μὴ τετραμήνηις μηδέν· ἀμφὶ δ’ εὐφ[ρόνηι,
10 ἐμοὶ μελήσει· [θ]υμὸν ἵλαον τίθεο, [
ἐς τοῦτο δή τοι τῆς ἀνολβίης δοκ[έω
ἥκειν; ἀνήρ τοι δειλὸς ἄρ’ ἐφαινόμην[,
οὐ]δ’ οἷός εἰμ’ ἐγὼ [ο]ὗτος οὐδ’ οἵων ἄπο.   [
ἐπ]ίσταμαί τοι τὸν φιλ[έο]ν[τα] μὲν φ[ι]λεῖν[,
15 τὸ]ν δ’ ἐχθρὸν ἐχθαίρειν τε [κα]ὶ κακο[
μύ]ρμηξ. λόγωι γυν τ[ῶιδ’ ἀλη]θείη πάρ[α.
πό]λιν δὲ ταύτη[ν ...].[.... ἐ]πιστρέ[φεα]ι[
οὔ]τοι ποτ’ ἄνδρες ἐξε[πόρθη]σαν, σὺ δ[ὲ
ν]ῦν εἷλες αἰχμῆι κα[ὶ μέγ’ ἐ]ξήρ(ω) κ[λ]έος.
20 κείνης ἄνασσε καὶ τ[υραν]νίην ἔχε·
π[ο]λ[λοῖ]σ[ὶ θ]η[ν ζ]ηλωτὸς ἀ[νθρ]ώπων ἔσεαι.«
```

24 P. Oxy. 2310 fr. 1 col. i. 22–39, ed. Lobel

```
⊗                    ]νηὶ σὺν σ[μ]ικρῆι μέγαν
        πόντον περήσ]ας ἦλθες ἐκ Γορτυνίης
                     ]σ. ουτιτ.γεπεστάθη[ν]
                     ]καὶ τόδ’ ἁρπαλ[ί]ζομ[αι
5       κρ]ηγύης ἀφίκ[
                     ]λμοισιν εξ[......].ς
                     ]χειρα καὶ π[..]εστ[ά]θης
```

23 W = Treu S. 8f.   P. Oxy. 2310 fr. 1 col. I. 1–21 Lobel

...

...

...

...

...

...

... ihr aber antwortete ich:
Frau, die üble Rede, die von den Menschen kommt,
soll dich nicht kümmern; zur Nachtzeit aber ...
wird meine Sorge bleiben; erfüll dein Herz mit Heiterkeit.
Scheint es, dass ich in meinem Unglück so weit
gekommen bin? Scheint dir, dass ich ein Feigling bin?
Du weißt nicht, wie ich wirklich bin und woher ich komme.
Ich verstehe mich gewiss darauf, den, der mich liebt, zu lieben
und den Feind zu hassen und ihm Böses anzutun ...
So auch die Ameise. Was man von ihr erzählt, zeigt sich als wahr.
Die Stadt hier ... wirfst du nieder ...
niemals haben Männer sie zerstört, du aber
nahmst sie jetzt mit der Lanze und erwarbst dir großen Ruhm.
Über diese sollst du herrschen und die Macht behalten.
Von vielen Menschen wirst du dann beneidet werden.

24 W = Treu S. 10   P. Oxy. 2310 fr. 1 col. I. 22–39 Lobel

... mit einem kleinen Schiff hast du ein großes
Meer überquert und kamst aus Gortyn ...

...

... und dieses reiße ich gierig an mich
... du kamst

...

... du hast mich aufgerichtet ...

]ους̣ας· φ[ο]ρτίων δέ μοι μέ[λ]ει

]. ος εἰτ᾿ ἀπώλετο

10]ν ἐστι μηχανή

δ᾿ ἂν ἄλ]λο̣ν̣ οὔτιν᾿ εὑροίμην ἐγώ

εἰ σ]ὲ̣ κῦμ᾿ ἁλὸς κατέκλυσεν

ῆ].ν χερσὶν αἰχμητέω̣ν̣ ὕπο

ἤ]βην ἀγλ[α]ὴν ἀπ[ώ]λεσ[α]ς̣.

15 νῦν δ᾿]θεῖ καί σε θε[ὸς ἐρ]ρύσατο

].[.]. κἀ̣μὲ μουνωθέντ᾿ ἰδ..

]ν, ἐν ζόφωι δὲ κείμενο⟨ς⟩[

αὖτις]ὲ̣[ς] φά[ος κ]ατεστάθην.

25 P. Oxy. 2310 fr. 1 col. i. 40–8, ed. Lobel

⊗]τις ἀνθρώπου φυή,

ἀλλ᾿ ἄλλος ἄλλωι κα⌋ρδίην ἰαίν⌞ε⌟τα⌞ι.

].τ[.].μελησα[...]. σάθη

]ε βουκόλωι Φαλ[...]ιωι.

5 τοῦτ᾿ οὔτις ἄλλ]ος μάντις ἀλλ᾿ ἐγὼ εἶπέ σοι·

]γάρ μοι Ζεὺς πατὴρ Ὀλυμπίων

ἔ]θηκε κἀγαθὸν μετ᾿ ἀνδράσι

οὐ]δ᾿ ἂν Εὐρύμας διαψέγο[ι

26 P. Oxy. 2310 fr. 1 col. ii

πολ̣.[

νο̣.σ[.].[

φθ......[.].[

χερσ.....[

5 ὦναξ Ἄπολ⌞λον, καὶ σὺ τοὺς μὲν αἰτίους

πήμαινε ⌞καί σφας ὄλλυ᾿ ὥσπερ ὀλλύεις,

ἡμέας δὲ̣ .[

... die Schiffsladung aber liegt mir am Herzen
... oder ging verloren
... es gibt ein Mittel
... doch ich fände keinen anderen
... wenn dich die Welle des Meeres verschlungen hätte
oder ... und du unter den Händen der Lanzenwerfer
... deine strahlende Jugend hingegeben hättest
jetzt aber ... hat auch dich ein Gott gerettet
... damit du mich, der ich allein gelassen, siehst ...
... wie ich im Dunkel lag
... und wurde wieder ins Licht gebracht.

25 W = 41 D   P. Oxy. 2310 fr. 1 col. I. 40–48 Lobel

... so ist die Natur des Menschen,
aber der eine wärmt sein Herz an diesem, der andere an jenem.
... Glied
... dem Rinderhirten
dieses sagte dir kein anderer Seher, sondern ich ...
... denn Zeus, der Vater der Olympier, (gab) mir
... er ließ mich auch tüchtig sein unter den Menschen
... nicht einmal Eurymas könnte tadeln ...

26 W = 30 D   P. Oxy. 2310 fr. 1 col. II

...

...

...

...

Ach, Herr Apollon, lass auch du die Schuldigen
leiden und vernichte sie, wie du (gewöhnlich) vernichtest,
uns aber ...

   ].υτ....[
   ].αι.υζαν[
10 ......δ' ἰδ[
   αμυ[..]..[
   ‾‾‾‾‾‾‾‾
   λ.[.]ε.[..].[
   κ[α]ι [..]μβαλ[
   ..[ν.δεκ[.].[
15 .].....[

27 P. Oxy. 2310 fr. 2

        ]ηγ[
       ].[ ][
      ]εται
     ]δέ με
5   ]ύξεαι·
     ].φέρειν
    ]ωτέρω·
     ]ιῶν δ' ὕπο
     ].να[.]ον
10   ]ίζεα[ι]
     ]νημένος
     ]ἐξερύχομα[ι]
    ]..νδεσε..[´..].[
     ]νει χάρ[ι]ς
15   ]ων[.]δου
     ].[

...
...
... sieh aber
... hilf

...
...
...
...

27 W = Treu S. 20   P. Oxy. 2310 fr. 2

...
...
...
... aber mich
...
... tragen
...
... aber unter
...
...
...
... werde ich ferngehalten
...
... Dank
...
...

28 P. Oxy. 2310 fr. 3

                              ]δος
                              ]ες με σὺ
                              ]α.κεο
                              ]λεες·
5   ]
                              ]ελος
                              ]μελει·
                              ]νέπει
                              ]ος
10   ]μενος·
                              ].άδη
                              ]
                              ].[ ].υε·
                              ]μεων ἴδηι
15   ]του ῥέπε[
                              ]δικηρίλην[
                              ]ισεκγύ.ω[
                              ]..[.]ό...[
                              ]..[

29 P. Oxy. 2310 fr. 4

                         ].α[.].φ[..]ο[
                      ]η[δ]αρθμιάδεω
                      ]σευδανοσκαχ.ν
                         ]αρτης γάρ εἰς·
5   ἀνθ]ρώπων ἔτι
                      ]λαντίδη
                      ]ειδ᾽ ὅπηι δύνε[αι
                      ]θαυμαστός εἰς

28 W   P. Oxy. 2310 fr. 3

(Reste von 19 Versen)

29 W   P. Oxy. 2310 fr. 4

...
...
...
... du bist nämlich
... der Menschen noch
...
... wie du kannst
... bewundernswert bist du ...

30–87 De Lycambae filiabus

Dioscorides epigr. 17 (Anth. Pal. 7. 351)

οὐ μὰ τόδε φθιμένων σέβας ὅρκιον αἵδε Λυκάμβεω
αἳ λάχομεν στυγερὴν κληδόνα θυγατέρες
οὔτε τι παρθενίην ᾐσχύναμεν οὔτε τοκῆας
οὔτε Πάρον, νήσων αἰπυτάτην ἱερῶν,
ἀλλὰ καθ᾽ ἡμετέρης γενεῆς ῥιγηλὸν ὄνειδος
φήμην τε στυγερὴν ἔφλυσεν Ἀρχίλοχος.
Ἀρχίλοχον μὰ θεοὺς καὶ δαίμονας οὔτ᾽ ἐν ἀγυιαῖς
εἴδομεν οὔθ᾽ Ἥρης ἐν μεγάλῳ τεμένει·
εἰ δ᾽ ἦμεν μάχλοι καὶ ἀτάσθαλοι, οὐκ ἂν ἐκεῖνος
ἤθελεν ἐξ ἡμέων γνήσια τέκνα τεκεῖν.

Meleager (?) epigr. 132 (Anth. Pal. 7. 352)

δεξιτερὴν Ἀίδαο θεοῦ χέρα καὶ τὰ κελαινὰ
ὄμνυμεν ἀρρήτου δέμνια Περσεφόνης
παρθένοι ὡς ἔτυμον καὶ ὑπὸ χθονί· πολλὰ δ᾽ ὁ πικρὸς
αἰσχρὰ καθ᾽ ἡμετέρης ἔφλυσε παρθενίης
Ἀρχίλοχος, ἐπέων δὲ κακὴν φάτιν οὐκ ἐπὶ καλὰ
ἔργα, γυναικεῖον δ᾽ ἔτραπεν ἐς πόλεμον.
Πιερίδες, τί κόρῃσιν ἐφ᾽ ὑβριστῆρας ἰάμβους
ἐτράπετ᾽, οὐχ ὁσίῳ φωτὶ χαριζόμεναι;

30 Ps.-Ammonius de adfin. vocab. diff. 431 (p. 111 Nickau)

ῥόδον καὶ ῥοδωνιὰ καὶ ῥοδῆ διαφέρει. ῥόδον μὲν γὰρ τὸ
ἄνθος, ῥοδωνιὰ δὲ ὁ τόπος, ῥοδῆ δὲ τὸ φυτόν. Ἀρχίλοχος·

30–87. Über die Töchter des Lykambes

Dioscurides epigr. 17 (Anth. Pal. 7.351)

Wahrlich, beim Grab hier, dem Bürgen des Eides der Toten, wir Töchter
    des Lykambes, um die böses Gerede sich rankt,
haben den Eltern und Paros, der steilsten der heiligen Inseln,
    und dem Jungfrauentum keinerlei Schande gemacht.
Schlimme Beleidigung war es und furchtbare, böse Verleumdung,
    was auf unser Geschlecht hässlich Archilochos spie.
Bei Daimonen und Göttern, auf Straßen nicht, noch in der Hera
    heiligem Hain kam uns Archilochos nah.
Wären wir Dirnen gewesen und sündige Mädchen, wie hätte
    er sich grade von uns ehliche Kinder gewünscht? (Übers. Beckby)

Meleager (?) epigr. 132 (Anth. Pal. 7.352)

Traun [Fürwahr!], bei der Rechten des Hades und bei der Persephone
    dunklem, unaussprechlichem Bett schwören wir heilig: Wir sind
Jungfraun noch unten im Grab. Was Archilochos höhnend auf unsre
    Ehre so oftmal gespritzt, böse Verleumdung nur war's.
Ach, die herrliche Sprache der Verse verwandte er nimmer
    herrlichen Taten zum Preis, sondern zur Fehde mit Fraun.
Sagt, warum kehrtet ihr, Musen, die schmähenden Jamben auf Mädchen,
    und warum schenktet ihr solch boshaftem Mann eure Huld?

30 W = 25.1-2 D   Ps.-Ammonius de adfin. vocab. diff. 431

Man unterscheidet »Rosenblüte«, »Rosenstrauch« und »Rose«. Denn
»Rosenblüte« ist die Blüte, »Rosenstrauch« der Ort, »Rose« die
Pflanze. Archilochos sagt:

ἔχουσα θαλλὸν μυρσίνης ἐτέρπετο
ῥοδῆς τε καλὸν ἄνθος.

31 Synes. laudatio calvitii 11 p. 75b (Opusc. p. 211. 12 Terzaghi)

οὐκοῦν ἅπαντες οἴονταί τε καὶ λέγουσιν αὐτοφυὲς εἶναι
σκιάδειον τὴν κόμην· καὶ ὁ κάλλιστος ποιητῶν Ἀρχίλοχος
ἐπαινέσας αὐτήν, ἐπαινεῖ μὲν οὖσαν ἐν ἑταίρας σώματι,
λέγει δὲ οὕτως·

ἡ δέ οἱ κόμη
ὤμους κατεσκίαζε καὶ μετάφρενα.

32 Et. Gen. A (om. B) = Et. Magn. p. 324. 17

διὲξ τὸ μύρτον.

33 Ps.-Luc. amores 3

ἔναγχος γοῦν διηγουμένου σου τὸν πολὺν ὡς καὶ παρ᾽
Ἡσιόδῳ κατάλογον ὧν ἀρχῆθεν ἠράσθης ἱλαραὶ μὲν τῶν
ὀμμάτων αἱ βολαὶ ταχερῶς ἀνυγραίνοντο, τὴν φωνὴν δ᾽
ἴσην τῇ Λυκάμβου θυγατρὶ λεπτὸν ἀφηδύνων ἀπ᾽ αὐτοῦ
τοῦ σχήματος εὐθὺς δῆλος ἧς οὐκ ἐκείνων μόνων ἀλλὰ καὶ
τῆς ἐπ᾽ αὐτοῖς μνήμης ἐρῶν.

Sie freute sich daran, einen Myrtenzweig
und die schöne Blüte einer Rose in der Hand zu halten.

31 W = 25.3–4 D   Synes. laudatio calvitii 11 p. 75b

Nun glauben alle und sagen es auch, dass das Haupthaar ein natürlicher
Sonnenschirm sei. Auch Archilochos, der schönste aller Dichter, lobte
es. Er lobt es am Körper einer Hetäre und sagt dies folgendermaßen:

… das Haar bedeckte ihr dunkel Schultern und Nacken.

32 W   Et. Magn. p. 324.17

… wegen des Myrtenzweiges

33 W   Ps.-Luc. amores 3

Als du gerade nach der Art des Hesiod den langen Katalog derer durch-
gingst, die du von Anfang an geliebt hast, da füllte sich der strahlende
Glanz deiner Augen in zärtlichen Gefühlen mit Tränen, und du gabst
deiner Stimme einen so lieblichen Klang, dass sie der Stimme der Tochter des Lykambes glich, und du ließest sofort an deinem Verhalten erkennen, dass du immer noch nicht nur in jene früheren Geliebten, sondern auch in die Erinnerung an sie verliebt bist.

34 Ap. Dysc. de adverb., Gramm. Gr. II 1. i. 161

ὅτι γὰρ τὰ τοιαῦτα διὰ τοῦ ῑ (sc. γράφεται) σαφὲς μὲν καὶ
ἐκ τῶν διαλέκτων ... καὶ ἔτι τῆς παρεπομένης ἔσθ᾽ ὅτε
συστολῆς, ὅπερ ἴδιον τῶν διχρόνων. τὸ γοῦν Ἀρχιλόχειον
συνεστάλη,

ἀμισθὶ γάρ σε πάμπαν οὐ διάξομεν.

35 Et. Magn. p. 530. 28

κορωνός· ὁ γαῦρος καὶ ὑψαυχενῶν ... Ἀρχίλοχος·

βοῦς ἐστιν ἡμιν ἐργάτης ἐν οἰκίηι,
κορωνός, ἔργων ἴδρις, οὐδαρ(   )

36 Harpocr. s. v. παλίνσκιον (p. 232. 7 Dindorf)

Ἰσαῖος μὲν ἐν τῷ πρὸς ὀργεῶνας (fr. 112 Sauppe, 26 Thal-
heim) »μήτε παλίνσκιον γίγνεσθαι τὸ χωρίον«, ἀντὶ τοῦ
σύσκιον, Ἀρχίλοχος δὲ τριμέτροις

πρὸς τοῖχον ἐκλίνθησαν ἐν παλινσκίωι

ἀντὶ τοῦ ἐν σκοτεινῷ, καὶ Σοφοκλῆς Ἰνάχῳ (fr. 289 Radt)
»χειμῶνι σὺν παλινσκίῳ« ἀντὶ τοῦ ζοφερῷ.

34 W = 47 D   Ap. Dysc. de adverb., Gramm. Gr. II 1.1.161

Denn dass solche Wörter mit langem »i« geschrieben werden, ergibt
sich auch aus den verschiedenen Erscheinungsformen der mündlichen
Rede ... und manchmal erfolgt aber auch noch eine Silbenverkürzung,
was typisch ist bei Silben, die sowohl kurz als auch lang sein können. So
hat das Wort ἀμισθί bei Archilochos eine kurze Silbe am Ende:

... denn ganz ohne Lohn werden wir dich nicht hinüberbringen.

35 W = 48 D   Et. Magn. p. 530.28

»gekrümmt«: Der stolze und den Kopf hoch tragende ... Archilochos
sagt:

Ein Stier ist bei uns im Stall, ein Arbeitstier,
mit gekrümmten Hörnern, an Anstrengungen gewöhnt ...

36 W = 33 D   Harpocr. s. v. »dicht beschattet«

Isaios sagt in seiner Rede gegen die Kultgenossen, »der Platz sei nicht
dicht beschattet«, statt zu sagen, er sei (nicht) »schattig«, Archilochos
sagt in seinen Trimetern:

... an eine Mauer lehnten sie sich an in dichtem Schatten,

statt zu sagen »in Dunkelheit«, wie auch Sophokles im Inachos (fr. 289
Radt) »in einen Sturm verbunden mit dichtem Schatten« sagt, statt von
»Finsternis« zu sprechen.

37 Porphyrius in Hom. Il. 9. 90 (Quaest. Hom. ad Od. pert. p. 134. 2 Schrader)

τὸν αὐτὸν τρόπον καὶ τὸν Λαέρτου οἶκον (Od. 24. 208) περιέχεσθαι πανταχόθεν (sc. φησὶν Δωρόθεος ὁ Ἀσκαλωνίτης) ὑπὸ τοῦ κλισίου, κατὰ μέσον ᾠκοδομημένον. τὸ γὰρ περιθεῖν τοῦτο δηλοῖ, οἷον καὶ Ἀρχίλοχος δηλοῖ ποιήσας

τοῖον γὰρ αὐλὴν ἕρκος ἀμφιδέδρομεν.

38 Schol. A Hom. Il. 11. 786, »γενεῇ μὲν ὑπέρτερός ἐστιν Ἀχιλλεύς« ὅτι Ἀρχίλοχος ὑπερτέραν τὴν νεωτέραν ἐδέξατο·

οἵην Λυκάμβεω παῖδα τὴν ὑπερτέρην.

ἀντὶ τοῦ τὴν νεωτέραν.

39 Ath. 122b

Κηφισόδωρος γοῦν ὁ Ἰσοκράτους τοῦ ῥήτορος μαθητὴς ἐν τῷ τρίτωι τῶν πρὸς Ἀριστοτέλην λέγει ὅτι εὕροι τις ἂν ὑπὸ τῶν ἄλλων ποιητῶν ἢ καὶ σοφιστῶν ἐν ἢ δύο γοῦν πονηρῶς εἰρημένα, οἷα παρὰ μὲν Ἀρχιλόχωι τὸ πάντα ἄνδρα ἀποσκολύπτειν, Θεοδώρωι δὲ τὸ κελεύειν μὲν πλέον ἔχειν, ἐπαινεῖν δὲ τὸ ἴσον, Εὐριπίδηι δὲ (Hipp. 612) τὸ τὴν γλῶτταν ὀμωμοκέναι φάναι.

37 W = 35 D   Porphyrius in Hom. Il. 9.90

Ebenso sei auch das Haus des Laertes (Od. 24.208) von allen Seiten um-
geben von einem Platz, auf dessen Mitte es stehe (wie Dorotheos, der
Askalonite, sagt). Denn »das Herumlaufen« bezeichnet dies, wie es
auch Archilochos in folgendem Vers bezeichnet:

Ein solcher Zaun lief nämlich um den Hof herum.

38 W = 24 D   Schol. A Hom. Il. 11.786 »an Abstammung steht
Achilleus höher«. Weil Archilochos die jüngere Tochter als »die höhere«
ansah, nannte er

sie als einzige das »höhere« Kind des Lykambes,

statt sie als das »jüngere« zu bezeichnen.

39 W = 124 Bgk.   Ath. 122b

Kephisodoros, der Schüler des Redners Isokrates, sagt jedenfalls im dritten Buch der Schrift »Gegen Aristoteles«, man könne bei den übrigen
Dichtern oder den Philosophen eine oder zwei üble Formulierungen finden, wie z.B. bei Archilochos »jeden Mann abhäuten/verstümmeln«,
bei Theodoros »dazu auffordern, mehr haben zu wollen, aber die
Gleichheit loben« und bei Euripides »sagen, dass die Zunge geschworen
habe«.

40 Schol. Ar. Pac. 1148, »παρδακὸν τὸ χωρίον«

δίυγρον. οὕτω γὰρ καὶ Ἀρχίλοχος,

παρδακὸν δ᾿ ἐπείσιον.

41 Schol. Arat. 1009 (p. 481. 13 Martin), »ἀπτερύονται«

ἢ ... ἀντὶ τοῦ διασείουσι τὰς πτέρυγας ὑποστρέψαντες·
διακινοῦσι δὲ τὰς πτέρυγας ἤτοι ὑφ᾿ ἡδονῆς, τὴν κοίτην
καταλαβόντες, ἢ τὴν ἐκ τοῦ ἀέρος διατινάσσοντες ἰκμάδα.
καὶ παρ᾿ Ἀρχιλόχῳ ἡ ὑφ᾿ ἡδονῆς σαλευομένη †κορώνη
ὥσπερ

κηρύλος
πέτρης ἐπὶ προβλῆτος ἀπτερύσσετο.

Ael. H. A. 12. 9 κινεῖ δὲ (ὁ κίγκλος) τὰ οὐραῖα πτερά, ὥσπερ
οὖν ὁ παρὰ τῷ Ἀρχιλόχῳ κηρύλος.

42 Ath. 447b

τὸν δὲ κρίθινον οἶνον καὶ βρῦτόν τινες καλοῦσιν, ὡς Σοφοκλῆς ἐν Τριπτολέμῳ (fr. 610 Radt) ... καὶ Ἀρχίλοχος·

ὥσπερ αὐλῶι βρῦτον ἢ Θρέϊξ ἀνὴρ
ἢ Φρὺξ ἔμυζε· κύβδα δ᾿ ἦν πονεομένη.

40 W = 140 Bgk.   Schol. Ar. Pac. 1148: »der nasse Platz« bedeutet
»durchnässt«.

Denn so spricht auch Archilochos von einer

nassen Scham.

41 W = 49 D   Schol. Arat. 1009, »sie fliegen«

steht entweder ... an Stelle von »sie schütteln die Flügel, nachdem die
ihre Richtung geändert haben«; sie bewegen aber die Flügel entweder
vor lauter Lust, nachdem sie ihr Nest erreicht haben, oder weil sie die
Feuchtigkeit aus der Luft von sich abschütteln. Auch bei Archilochos ist
die Rede von der Krähe, die sich vor lauter Lust schüttelt wie

... ein Eisvogel,
der auf einen Felsvorsprung flog.

Ael. H. A. 12.9: Es bewegt aber der Wasservogel seine Schwanzfedern
wie der Eisvogel bei Archilochos.

42 W = 28 D   Ath. 447b

Den Gerstenwein nennen manche auch Bier, wie Sophokles im Tripto-
lemos (fr. 610 Radt) ... und Archilochos:

Wie ein Thraker oder Phryger mit einem Rohr sein Bier zu saugen pflegte,
so tat sie es nach vorn gebeugt.

43 Et Gud. i. 230. 15 de Stefani

> ἡ δέ οἱ σάθη
> ὥστ᾽ ὄνου Πριηνέως
> κήλωνος ἐπλήμυρεν ὀτρυγηφάγου.

44 Ar. Lys. 1254 sqq.

ἀμὲ δ᾽ αὖ Λεωνίδας ἆγεν ἇπερ τὼς κάπρως θάγοντας οἰῶ
τὸν ὀδόντα, πολὺς δ᾽ ἀμφὶ τὰς γένυας ἀφρὸς ἤνσεεν,
πολὺς δ᾽ ἀμᾷ κὰτ τῶν σκελῶν {ἀφρὸς} ἵετο.

Schol. ad loc.
πρὸς τὸ παρὰ τῷ Ἀρχιλόχῳ,

> πολλὸς δ᾽ ἀφρὸς ἦν περὶ στόμα.

45 Phot. lex. s. v. κύψαι

ἀντὶ τοῦ ἀπάγξασθαι. Ἀρχίλοχος·

> κύψαντες ὕβριν ἀθρόην ἀπέφλυσαν.

Hesych. κύψαι· ἀπάγξασθαι et ἔκυψεν· ἀπήγξατο.

43 W = 102 D   Et Gud. I 230. 15 de Stefani

... Es schwoll ihm an sein Ding ...,
wie das eines gut genährten Eselshengstes aus Priene.

44 W = 139 Bgk   Ar. Lys. 1254 sqq.

Uns hat Leonidas geführt, wie die Wildschweine haben wir die Zähne
gewetzt, und über unsere Backen ist viel Schaum gelaufen, und auch
von den Schenkeln herab floß uns viel Schaum.

Schol. ad loc.:
Vergleiche damit den Vers bei Archilochos:

... viel Schaum war um seinen Mund.

45 W = 37 D   Phot. lex. s. v. »den Kopf hängen lassen, sich aufhängen«

bei Archilochos statt ἀπάγξασθαι

... nachdem sie sich aufgehängt hatten, sprudelten sie all ihren Hochmut aus sich
hinaus.

Hesych. »den Kopf hängen lassen« bedeutet »sich aufhängen« und »er
ließ den Kopf hängen« bedeutet »er hängte sich auf«.

46 Schol. A Hom. Il. 9. 7, »παρέξ«

... μετὰ γοῦν τῆς διά οὖσα ἡ ἐξ οὐ τρέπει τὸ ξ·

διὲξ σωλῆνος εἰς ἄγγος.

47 Comm. in comicum aliquem (?), P. Oxy. 2811 fr. 5. 3–6

»στυπάζει« Ἀμμ[ώνιος   ] στύπ[ει] παίε[ι] ξυλοκοπήσω
[ν. τοιοῦ]τόν ἐστ[ι] καὶ τ[ὸ] παρ᾽ Ἀρχιλόχω[ι·

                                      ]ε παρθένοι
        θυρέων ἀπεστύ.παζ.ον.

48 P. Oxy. 2311 fr. 1(a)

        ]...[ ]...[
        δαιτα.μενη[
        μαπ.( )εχαρ.[
        εξησ[.]α[
5   τροφὸς κατ.[.ἐσμυριχμένας κόμην
        καὶ στῆθος,.ὥς ἂν καὶ γέρων ἡράσσατο.
        ὦ Γλαῦχ.[
        αι[.]˜σσ.[
        ισα[
10   π..[
        ὁμοφ[ρον-
        λα....[
        λα..μ[
        τῖνε.[
15   ἔρχ[ε.]θ[

46 W = 5b D   Schol. A Hom. Il. 9.7: »außerhalb von«

... in Verbindung mit der Präposition »durch« ändert die Präposition
»aus« nicht das »Xi« (in »Kappa«).

... durch die Röhre in das Fass ...

47 W = 127 Bgk.   Comm. in comicum aliquem, P. Oxy. 2811 fr. 5.33–6

»es stößt« Ammonios ... er prügelt, schlägt, haut Holz. So ist auch das
Wort bei Archilochos zu verstehen:

... die Mädchen
... sie stießen von den Türen weg ...

48 W = 26 D   P. Oxy. 2311 fr. 1 (a)

...

...

...

...

die Amme ... mit Myrrhe gesalbt die Haare
und die Brust, so dass auch ein Greis noch in Glut geraten wäre.
Ach, Glaukos ...
(es folgen noch Reste von 25 Versen)

kam ...

τη.[
προ.[   ].[
ἐβουλόμην[
ἀπαγγελου[
20   ψιῆισιν[
φοιτᾶν· επ[
πᾶσαι .ε.[
ἔρδειν· ατ[
φαιν[.].ιν[
25   ἀκάτια· καὶ β[
(καὶ πολλὸς ελ[
πολλῶν ἄϊ[
ὐ..ον πυθ[
κ[.].παπ[
30   .].εσθεδ[
πρόσε[
ἐγὼ μ[

Ath. 688c

τῷ δὲ τοῦ μύρου ὀνόματι πρῶτος Ἀρχίλοχος κέχρηται
λέγων »οὐκ ἂν μύροισι γραῦς ἐοῦσ᾽ ἠλείφετο« (fr. 205)· καὶ
ἀλλαχοῦ δ᾽ ἔφη »ἐσμυριχμένας – ἠράσσατο«.

49 P. Oxy. 2311 fr. 1(b) ex inferiore parte eiusdem columnae

.(.)αλ[
πινε[
ὅτι φρον[
γυνὴ τ[
5   ἔχθιστε[
καὶ πατ[

ich wollte ...

kommen ...
alle ...
tun ...

kleine Boote und ...
und viel
vieler ...

ich

Ath. 688c

Das Wort »Myrrhe« benutzte als erster Archilochos, indem er sagte:
»Mit Myrrhe würde sich ein altes Weib wohl nicht salben« (= 205 W);
und an anderer Stelle sagte er »... mit Myrrhe gesalbt – in Glut geraten
wäre«.

49 W = 36 D   P. Oxy. 2311 fr. 1 (b)

...
...
...

Frau ...
du größter Feind ...
und ...

φιλήται ν ὑκτωρ περὶ πόλιν πωλεομένωι·
οὔτ' ὠ[
επ[

Eust. in Hom. p. 1889. 1

φιλήτου δὲ τοῦ εἰρημένου χρῆσις μὲν παρά τε Ἡσιόδῳ
(Op. 375), καὶ παρὰ Ἀρχιλόχῳ ἐν τῷ »φιλήτα – πωλευμ-
ένῳ«, ἤγουν κλέπτῃ νυκτιλόχῳ.

50 P. Oxy. 2311 fr. 2

            ].ַαν χαι[
            ]. καλὸν δη[
            ].φρασ⟦ϲ⟧αγ[
            ]...χαι[
5   ].[ ]σχλα.[

51-4 P. Oxy. 2312 frr. 1-4, ed. Lobel

51 (fr. 1)

            .(.)]δῆμα[
            .(.)]ξεις· αν[
            τ]ῶι νῦν ε.[
            πνοαὶ φερ[
5   .]νοισι τερ[
            τ]οιῶνδ' ἐρετ[
            ...(.)]δ' ἀν σε[
                ]νελα[

dem Dieb, der nachts in der Stadt herumschleicht.

...

...

Eust. in Hom. p. 1889.1

Der Gebrauch des Begriffs »φιλήτης« findet sich bei Hesiod (Op. 375)
und bei Archilochos in dem Vers »dem Dieb – herumschleicht«, d. h.
»dem nächtlichen Dieb«.

50 W   P. Oxy. 2311 fr. 2

...

... schön

...

...

...

51–54 W = Treu S. 16   P. Oxy. 2312 frr. 1–4 Lobel

fr. 1

... Band [Tau]

...

...

Winde bringen ...

...

solcher

...

...

52 (fr. 2)

]ειν ζ[
]κου[.]ὲ[

53 (fr. 3)

].[
]νυχτ[
]σεχθο.[
]νυντ[

54 (fr. 4)

]μεν ἡλι[
]ιδε μὲν δυ[
]δ' ἐγὼ γεραιτ[ερ
].ν.[.]ς ἐδεξάμην[
5   ]αὐχέν'· ἥδε δ' αζ[
]ν δὲ δὴ π[ει]ρήσεται·[
]ἄλλοτ' ὦ καχ [....]ε
Λυκά]μβα· μηδεμ[.]γουν[
]ειε· λωβητ[.]ν πυθ[
10   ]καχ[]. φαι[
]ν λύρην π[
]οσεστι φιλ[
]θα· τηνδ[
]υσεβουλο[
15   ]δε παρθέ[ν
]χε και μ[
].μοσω.[
]χεξ[

fr. 2

...
...

fr. 3

...
...
...

fr. 4

...
...
... ich, der/die ältere ...
... nahm auf
... den Nacken; sie aber ...
... wird versuchen
... ein andermal, ach ...
Lykambes ...
...
...
... die Lyra

(Es folgen Reste von 7 Versen.)

55-7   P. Oxy. 2312 frr. 5(b), 27 + 5(c), 5(a), ed. Lobel

55   (fr. 5(b))

]σπο[
]θαπ[
]μεμ[
]τι[

56   (fr. 27 + 5(c))

]αστ[
]τοσ[
]δα[
]ατα[
]λα[.]ιφ[
]μαχλ[
].πατ[
]μοιπ[
]ειλ[

5

57   fr. 5(a))

]ταφρος αμ[
]κται πᾶσα· φι[
]ἀγρίουσκι[
]ασα μαιν[
]κεωσαγ.[
]υνογη[
Δω]τάδεῳ πατρ[
]πάντα δ' ἠείδ[ει
]ραφεῖσα· τὰ[

5

55-57 W = Treu S. 17   P. Oxy. 2312 frr. 5(b), 27+5(c), 5(a) Lobel

fr. 5 (b)
Reste von 4 Versen

fr. 27+5(c)
Reste von 9 Versen

fr. 5 (a)

…
… jede …
… wild …
…
…
…
… des Dotades, des Vaters, ..
… alles aber wusste er …
…

58 P. Oxy. 2312 frr. 6 + 7 + 8, ed. Lobel

η

]μεν·

]ψιος

].[ ]

]αμαι

5   ]γίνετα[ι ...]θυμίης

             ]διατελε[..]προσω[.....]ε

             ]τε δηϊων[....]ρθ[

             ο]ὺκ ἀποτρ[

             τ]έχνην πᾶσα[ν

10   ]ὀφρύκ[νησ]το[ν

      .....]ν ἐμεωυτο[

      ἄιδων ὑπ' αὐλητῆ ρος

59 P. Oxy. 2312 fr. 8A

         ].ς· ουτ[

         ]ἐλη[

60–1 P. Oxy. 2312 frr. 9 et 10

60 (fr. 9)

       ..]λημαλι[

       ...]ρων λυκ[

       ..]ασηι π[

       ...]νεοι[

5   ..].αιδα[

       ὦ τρι]σμακά[ριος ὅστις

       τοι]αῦτα τέκ[να

58 W = Treu S. 17   P. Oxy. 2312 frr. 6+7+8 Lobel

...

...

...

...

...

... (es) geschieht ..

... fortwährend ...

...

... nicht ...

... die ganze Kunst

... errötend ...

...

... singend mit einem Flötenspieler ...

59 W   P. Oxy. 2312 fr. 8A

(Reste von 2 Versen)

60-61 W   P. Oxy. 2312 frr. 9 und 10

fr. 9

...

...

...

...

...

ach, du dreimal Glücklicher, der du
solche Kinder ...

.....ἐ]φευρο[
    ]ν.[
10   ]υριλ[
    ]ναικ[
    ].[..]˜[

61 (fr. 10)

        ].[
      ]τί μεμ[
      ].ψελο[
      ][ε]ι[

62 P. Oxy. 2312 fr. 11

        ]αυτ.[
        ].αο.[
        ]εμ[
        ]χρο[
5   ]κ[

63 P. Oxy. 2312 fr. 12

        ]σα[·].[
      ]ωκελη[
        ]υφοσ[
        ]κάν[
5   ].ρο[

...
. . .
...
. . . .
...

fr. 10

(Reste von 4 Versen)

62   P. Oxy. 2312 fr. 11

(Reste von 5 Versen)

63 W   P. Oxy. 2312 fr. 12

(Reste von 5 Versen)

64 P. Oxy. 2312 fr. 26

]ισα[
]χα[
]λκα[
]αιμ[

65 P. Oxy. 2312 fr. 13

]ιητρ[

66 Epimer. in Hom., An. Ox. i. 164. 20 Cramer

ἀφ᾽ οὗ οὐδέτερον τὸ φυτόν, »τὸν μὲν ἐγὼ θρέψασα φυτὸν
ὥς« (Il. 18. 57). ἀφ᾽ οὗ ἡ φύσις, »καί μοι φύσιν αὐτοῦ ἔδει-
ξεν« (Od. 10. 303). ἀφ᾽ οὗ τὸ φῦμα,

μηρῶν μεταξύ,

Ἀρχίλοχος.

67 P. Oxy. 2312 fr. 14

                              ].τομηι
                              ]λήσομαι·
ἐσθλὴν γὰρ ἄλλην οἶδα τοιού⌋του φυτοῦ
ἴησιν⌋   ]δοκέω·
5   ]κακά·
                              ἐ]πίφρασαι·
                              ]ήσομαι·

64 W   P. Oxy. 2312 fr. 26

(Reste von 4 Versen)

65 W   P. Oxy. 2312 fr. 13

(Reste von 1 Vers)

66 W = 136 Bgk.   Epimer. in Hom., A. Ox. i. 164. 20 Cramer

Davon kommt das Neutrum τὸ φυτόν (Planze): »den zog ich auf wie eine Pflanze« (Il. 18.57). Davon kommt ἡ φύσις (Natur): »und mir zeigte er seine Natur« (Od. 10.303). Davon kommt τὸ φῦμα (das Geschwür),

zwischen den Schenkeln,

Archilochos.

67 W = 42 D   P. Oxy. 2312 fr. 14

… durch einen Schnitt …
… werde ich …
denn ich weiß eine schöne andere Art der
Heilung von einem solchen Gewächs … ich meine
… Schlimmes
… bedenke
… ich werde …

]ου λίνου
]ταθη
10   ]ντμενοινιω[
      ]. εισιω[
]α̣.̣σε̣.[

68 P. Oxy. 2312 fr. 15(a)

     ].[
    ....]αψει[
    ...]θαισετη[
    ....]. ισοιτ[
5   ού]δ' ἄν ποτ[
    ο]ὕτω περισ[
    ἐ]γὼ δεχωρι[
    ..].[.]ρισιν[

69 P. Oxy. 2312 fr. 15(b) ex inferiore parte eiusdem columnae

     ].[
     ]ινα[
     ]μηχο[
     ]σελα[

*70 P. Oxy. 2312 fr. 16

     ]νον[
     ]με[
    ].αιφρο[
     ]νουσεσ[
5   ]αμων[

. . aus Leinen

. . . ich verlange

. . .

. . .

68 W   P. Oxy. 2312 fr. 15 (a)

. . .

. . .

. . .

. . .

niemals könnte . . .

so . . .

ich . . .

. . .

69 W   P. Oxy. 2312 fr. 15 (b)

(Reste von 4 Versen)

70 W   P. Oxy. 2312 fr. 16

(Reste von 9 Versen)

]λαπηχ[
]ιηρα[
(-)ο]λβιοσ[
]ε.[

71 P. Oxy. 2312 fr. 17

]Λυκαμ[β
]ντιδ[
]ωρ συ[ν
]πυ[

*72 P. Oxy. 2312 fr. 18

].[.]στ.[
]άδαιτο.[
]ιεν·[

73 P. Oxy. 2312 fr. 19 + 2319 fr. 2

].....[
].ορ..πη[
]νυν δεπ[
].ουλομαι.[
5   ].υνομη..[
].νογδ.[.].δ[
]...ωσ.υνοι.[
]νηγησομ.[
].[.]λλερημιη[
10   ]...[ον][άμειψομ[
]αμφιδαδ[

71 W   P. Oxy. 2312 fr. 17

... Lykambes ...

...

...

...

72 W   P. Oxy. 2312 fr. 18

(Reste von 3 Versen)

73 W   P. Oxy. 2312 fr. 19 + 2319 fr. 2

(Reste von 14 Versen)

].ιμεν.[
]τεχη[
]η[

*74 P. Oxy. 2312 fr. 20

]μαλθ[
].ραδ[

*75 P. Oxy. 2312 fr. 21

]λαυ[
]φωμ[

*76 P. Oxy. 2312 fr. 22

]αιγλη[
]κα[

77 P. Oxy. 2312 fr. 23

μ[
φοιτ[
ἄτ[
εξε[

74 W   P. Oxy. 2312 fr. 20

(Reste von 2 Versen)

75 W   P. Oxy. 2312 fr. 21

(Reste von 2 Versen)

76 W   P. Oxy. 22312 fr. 22

(Reste von 2 Versen)

77 W   P. Oxy. 2312 fr. 23

(Reste von 4 Versen)

78 P. Oxy. 2312 fr. 25

ε̣β̣[
εβυ̣[
ἰθα[γεν

79 P. Oxy. 2312 fr. 24

ἤϊα τ[
ἰθαγ[εν
─────
⊗   ητ̣[

80 P. Oxy. 2319 fr. 1

]ε̣[ς] ἀντίον   [
]υμιη[
]ευ[

*81 P. Oxy. 2319 fr. 3

]..[
].χ[.]ηδ[
]ε τήνδε δ᾽α̣[

78 W   P. Oxy. 2312 fr. 25

…

…

rechtmäßig

79 W   P. Oxy. 2312 fr. 24

ich machte mich auf …
rechtmäßig

…

…

80 W   P. Oxy. 2319 fr. 1

… Feind

…

…

81 W   P. Oxy. 2319 fr. 3

…

…

… diese da aber …

82 P. Oxy. 2319 fr. 4

<pre>
              ]π[..]χετα[ι
              ]εθων
          ]αχ[..]ρίης
          ]νώξυνες σάθης
5   ]ην ἐγὼ δίκην
          ]οσεστάθης
        ].οισιν ἤρχεσας·
          ]μελες ἀρχέσειν
          ]. ἐλάγχανες
10   ].ματι·
          ]θενειάδη[ ]
        εχ]αλλυνας πόλιν[
          ]α γὰρ φρονεῖς[
          ].ϊζο[
15   ]υ.[
</pre>

*83 P. Oxy. 2319 fr. 5

<pre>
          ]δη[
          ]πε[
</pre>

*84 P. Oxy. 2319 fr. 6

<pre>
          ]οι.[
          ]διο.[
          ].[
</pre>

82 W = Treu S. 18   P. Oxy. 2319 fr. 4

...

...

...

... des Schwanzes

... ich (habe) Recht

...

... du hast abgewehrt

... abwehren werden

... du hast bekommen

...

...

... die Stadt

... du denkst nämlich

...

...

83-87 W   P. Oxy. 2319 fr. 5-9

(Reste von 17 Versen)

**85 P. Oxy. 2319 fr. 7

```
                ]..[
                ====
                ]ιναιησε[
                ]ησδιουσμ[
5               ].[.]ξυνωρ[
                    ].[
                    ]μ[
```

**86 P. Oxy. 2319 fr. 8

```
            ].τ[.]...[
             ]ωναθ[
             ]τιν·ουδ[
```

**87 P. Oxy. 2319 fr. 9

```
            ]υνσ[
            ]λλ[.].[
            ]ξαν σ..[
```

88–167. TETRAMETRI

88–115. De militia. De Thaso. De re civili

88 Anon. Ambros. de re metr. (Studemund, Anecd. Varia p. 223. 2)

τροχαῖος δὲ ἐκλήθη ὅτι τροχαλὸν ἔχει τὸν ῥυθμόν· καὶ γὰρ
ὁ Ἀρχίλοχος ἐπὶ τῶν θερμῶν ὑποθέσεων αὐτῷ κέχρηται,
ὡς ἐν τῷ

⊗ Ἐρξίη, πῆι δηὖτ᾽ ἄνολβος ἀθροΐζεται στρατός;

89 Mnesiepes, De Archilocho (SEG 15. 517) B (E₂) I 4–47

[πολέμου γάρ ποτε πρὸς τοὺς Να]ξίους ἰσχυροῦ ὄν[τος
– – –]μένα ὑπὸ τῶν πο[– – –]μασι περὶ αὐτῶ[ν – – –]σας
ὡς ἔχει προ[θύμως (?) – – –] πατρίδος καὶ ὑπ[– – –] καὶ
ἐνεφάνισεν[– – –]ειν, καὶ παρεκάλε[σεν – – –] βοηθεῖν
ἀπροφ[ασίστως – – –] καὶ λέγει περὶ αὐτ[– – –]

> τῆς νῦν πάντες[
> ἀμφικαπνίουσιν[
> νηυσίν, ὀξεῖαι δ[
> δηΐων, αὐαίνετ[αι δέ
> ἠλίωι, θράσος τε[
> 5   οἳ μέγ᾽ ἱμείροντες[
> Ναξίων δῦναι φ.[
> καὶ φυτῶν τομήν[
> ἄνδρες ἴσχουσιν[
> τοῦτό κεν λεὼι μ[

88-167. TETRAMETER

88-115. Über den Kriegsdienst. Über Thasos. Über Politik

88 W = 62 D   Anon. Ambros. de re metr. (Studemund, Anecd. Varia p. 223.2)

Trochaeus heißt der Vers, weil er einen schnell laufenden Rhythmus hat; denn Archilochos gebraucht ihn, wenn er etwas mit Leidenschaft sagen will, wie in dem Vers

Erxies, warum versammelt sich denn das glücklose Heer?

89 W = Treu S. 50f.   Mnesiepes, De Archilocho (SEG 15.517) B (E₂) I 4-47

Als nämlich einmal ein heftiger Krieg gegen die Einwohner von Naxos geführt wurde ... von den Bürgern ... darüber ... wie bereitwillig er sich verhält ... für die Heimat ... und er zeigte ..., forderte er dazu auf, ohne Ausrede zu helfen ... und er sagt darüber ...

von ihr ... jetzt alle ...
Rauch lassen sie überall aufsteigen ...
mit Schiffen, spitze ...
der Feinde, es wird ausgedörrt ...
durch die Sonne, der Mut ...
die großes Verlangen haben ...
der Naxier einzutauchen ...
und das Abschneiden der Pflanzen ...
die Männer halten ...
dieses auch dem Volk ...

10   ὡς ἀμηνιτεὶ παρη[
            καὶ κασιγνήτων .[
            τέων ἀπέθρισαν[
            ἤριπεν πληγῆισιὸ[
            ταῦτά μοι θυμὸς[
15   νειόθεν .οβ..δε[
            ἀλλ' ὅμως θανον[
            γνῶθί νυν, εἴ τοι[
            ῥήμαθ' ὃς μέλλε[ι
            οἱ μὲν ἐν Θάσωι .[
20   καὶ Τορωναίην[
            οἱ δ' ἐν ὠκείηισ[ι (   ) νηυσί
            και...ἐκ Πάρου τ[
            καὶ κασιγνη[τ
            θυμὸς αλ.[
25   πῦρ δ δὴ νῦν ἀμφι.[
            ἐν προαστίωι κε[
            γῆν ἀεικίζουσιν[
            Ἐρξίη, καταδραμ[
            τῶ 'ς ὁδὸν στελλ[
30   μηδὲ δεξιοὺς επ[

εὐξαμένῳ οὗν[– – – ἐπή]κουσαν οἱ θεοὶ κα[– – – ἐπε-
τέλεσαν τὰς εὐχάς.

90 Mnesiepes, De Archilocho (SEG 15. 517) B (E₂) I 51-7

ὕστερόν τε χρόν[ῳ οὐ πολλῷ – – –] καὶ τῶν πολιτῶν
[– – –] ταῖς πεντηκοντ[– – –] τούτων ἐπιπλε[– – –]
ἀνδραγαθοῦντ[.] χ[– – –] ἀποκτείναντα[– – –] τὰς δὲ
καὶ δυομεν[

dass ohne Zorn …

und der Brüder …

von denen sie abgeschnitten haben …

er stürzte unter den Schlägen …

dies … mir das Herz …

aus tiefstem Herzen …

aber dennoch …

erkenne jetzt, ob …

wer die Worte … will …

die einen in Thasos …

und Einwohner von Torone …

die anderen auf den schnellen Schiffen …

… aus Paros …

und Brüder …

das Herz …

ein Feuer, das jetzt überall …

in der Vorstadt …

die Erde misshandeln sie …

Erxies, … (sie) eilen herbei …

dann dich auf den Weg zu schicken …

und nicht rechte …

Als er nun gebetet hatte … erhörten ihn die Götter und … erfüllten seine Gebete.

90 W = Treu S. 52 Mnesiepes, De Archilocho (SEG 15.517) B (E$_2$) I 51–57

Nicht viel später … und als die Bürger … (mit) ihren fünfzig (Schiffen) heranfuhren … den tapferen Mann … nachdem er getötet hatte … die anderen (Schiffe) aber beim Untergang …

91 P. Lit. Lond. 55 + P. Oxy. 2313 fr. 10

          ]ον παθεῖν
        ν]ήπιοι φρένα
         ]τ̣᾽ ἀκήρατος
        ]σημάντορες
5   αἱ]χμητὴς ἐών
         ]ευμενος·
         ]δρης τελεῖν
       ο]μνύων, ὅτε
        ]ν ἀκούσεαι
10   α]ντίον·
         ]πολει·
          ]έχειν
          ]σμενος
     μηδ᾽ ὁ Τα̣ντάλου λίθος
15 τῆσδ᾽ ὑπὲρ νήσου κρεμάοθω̣   ]ς ἔχων
               ]μεθα
              ]β[ ]υρι
                 ]
             ]υ[...]
20   ]ας
                 ]
                 ]
                 ]

   παντ̣[.....]ηνες γενέσθαι[
25 φαίνο[μαι ..]τωνδ᾽ εν.μ.[
   εἰ γὰρ ω[.........]..ν μ.[.]...[
   χωρὶς α[.....]νπε..α..ζ[
   συνια[....]ω.ιων[..]...α.[
   ειτοδ[.]υ[.].(.)ον.(.)νεθεμ...[

91 W = 55 D   P. Lit. Lond. 55 + P. Oxy. 2313 fr. 10

… leiden …

… töricht im Herzen

… ungemischt …

… die Anführer …

… während er Lanzenkämpfer ist …

…

… vollenden …

… schwörend, als …

… du wirst hören

… entgegen …

… der Stadt …

… haben …

…

… auch nicht der Stein des Tantalos

soll über dieser Insel hängen … habend …

wir …

alles … entstehen …

ich scheine …

wenn nämlich …

getrennt von …

…

…

30 ἐς μέσον. τάλαντα δὲ Ζεὺ[ς] εχ[
    μήτε τῶν χαινῶν μετωπασμ[
    γῆ φόνωι χλχ.ονδενηεδ[
    (.)ατεοφεζεαμ⟦ω⟧..τε..[.]δ[
    εγδαγα.μ.ει...τ.νω...[
35 μεθ᾿ ἐδανῶν......ν[
    πασατ......τωνα[.]..[
    τ...........λασ....[
    ....[
    ...τω..[...]τ...τουργ..[
40 ...τ...[..]........[.].[
    .]..[....].[...]...αδε Ζευς.[
    ας ἐριχ[τ]υπ[.] [
    ηδεοδ...[....]ατ..[
    ..]τα Θάσια[.]......[..].[
45 ε[.]δ[.]ει[....]εα.[
    σῶζεν η μεθ[..]..τ[

92 Comm. in Callim., P. Univ. Mediol. 18 col. v 9 (fr. 104 Pf.)

»Οἰσύδρεω Θρήϊκος ἐφ᾿ αἵματι πολλὰ Θάσοιο«
    φησὶν Παρίους Οἰσύδρην τὸν Θρᾶκα φονεύσαντας
διαπολιορκηθῆναι Θασί... ἔ]ως τὸ ἀρέσκον Βεισάλταις
[ἐ]πιτίμιο[ν] τείνειν ἔχρησεν ὁ θεός· οἱ δετειχο.[...]χαυ-
νοθ..[.....] Θασίοις ἐρωτωισι [....]ειν.η. [........]πέμπειν πα[

in die Mitte, Geld aber Zeus …
nicht der neuen …
die Erde mit Blut …
…

mit lieblich duftenden …
…
…
…
…
…
… Zeus …
…
…
… thasische …
…
er rettete …

92 W   Comm. in Callim., P. Univ. Mediol. 18 col. V 9 (fr. 105 Pf.)

»Für das Blut des Oisydres, des Thrakers, vieles von Thasos«:
    Es sagt, dass die Parier den Thraker Oisydres töten ließen und die Be-
lagerung zu Ende brachten … bis der Gott weissagte, dass sie, was den
Beisalten gefalle, als Preis dafür zahlen sollten. Sie … den Thasiern … zu
schicken …

93a IG 12 (5). 445 (+ Suppl. p. 212; FGrH 502) A I 40–52

```
                              ]φονδετοσ[ χρή-
μ]ατα τοὺς Θρᾶκ[ας λέ]γουσιν Πάριοι ἑαυ[τοῖς (....)
ἀποκαθιστάνα[ι πάλι]ν διασαφεῖ δὲ τ[οῦτο (....)
τ.. αὐτὸς α[

                         ]ατ..φυλ[ – ᴗ –
     το.[ ᴗ – x – ᴗ ]σαι..ι...θο..υ παρα[ ᴗ –
     – ]τροφα[ x – ᴗ – ]εκεμ[..]ο.[....]μεν
     ωντολα.[ x ]ειπεασ[.ˣ]ιων πάϊς Πεισιστράτου
5    ἄνδρας ..(.)ωλεῦντας αὐλὸν καὶ λύρην ἀνήγαγεν
     ἐς Θάσον κυσὶ Θρέϊξιν δῶρ' ἔχων ἀκήρατον
     χρυσόν, οἰκείωι δὲ κέρδει ξύν' ἐποίησαν κακά –

                              ὅτι τοὺς Θρᾶκας
ἀποκτείναντες αὐτοὶ οἱ μὲν αὐτῶν ὑπὸ Παρί-
ων ἀπώλοντο, οἱ δ' εἰς τὰς Σάπας ⟨φυγόντες⟩ ὑπὸ τῶν
Θραχ]ῶν.
```

93b Paus. 7. 10. 6

καὶ ἐπί τε ⟨Σαπαίους καὶ⟩ Σαπαίων τὸν βασιλέα Ἀβρούπο-
λιν στράτευμα ἀγαγών (ὁ Περσεὺς) ἐποίησεν ἀναστάτους,
Ῥωμαίων συμμάχους ὄντας. Σαπαίων δὲ τούτων καὶ Ἀρχίλοχος ἐν ἰάμβῳ (v. l. -ίῳ, sc. -είῳ) μνήμην ἔσχε.

93a W = 51 D = Treu S. 56   IG 12 (5). 445 (+ Suppl. p. 212; FGrH 502)
A I 40–52

… Die Parier sagen, dass die Thrakier ihnen das Geld wieder zurückge-
geben haben; das bestätigt
er selbst …

…

…

…

… der Sohn des Peisistratos
Männer … eine Flöte und eine Leier brachte er
nach Thasos, für die Hunde, die Thrakier, hatte er als Geschenke reines
Gold, aber mit ihrem eigenen Gewinn erzeugten sie nur gemeinsames Leid …

weil, nachdem sie selbst die Thraker
getötet hatten, ein Teil von ihnen von den Pariern
vernichtet wurde, ein Teil, nachdem sie zu den Sapern geflohen waren,
von den Thrakern umgebracht wurde.

93b W   Paus. 7.10.6

… und er (Perseus) führte ein Heer gegen die Sapaier und deren König
Abrupolis und unterwarf sie sich, obwohl sie Bundesgenossen der Römer waren. An diese Sapaier dachte auch Archilochos in seinem Iambus.

94 Pergit inscriptio, A I 52-9

μετὰ ταῦτα πάλιν γίνεται ἄρχων Ἀμ-
φ[ί]τιμος· καὶ ἐν τούτοις διασαφεῖ πάλιν ὡς
ἐνίκησαν καρτερῶς τοὺς Ναξίους. λέγων
ο]ὕτω·

                        τῶν δ᾽ Ἀθηναίη μάχηι
ἵλαος παρασταθεῖσα παῖς ἐρικτύπου Διὸς
καρδίην ὤρινεν † αὐτῆς τῆς πολυκλαύτου λεώ
.[..]υτων[..]αλλα κείνης ἡμέρης ἐπὶ χθ[όν]α
5 ἄλλον † ἤεισεν· τόσους γὰρ ἐξεχώρησεν γύας
νηλε[....]παντος· ἀλλὰ θεῶν Ὀλυμπίων νόωι
νη[

95-7a Inscriptio eadem, A IV 1-33

95 δηλοῖ ὁ ποιητὴς [ἐν τούτοις·

                        ‒ ∪ ‒ x ‒ ∪ ‒
      ]δ᾽ ἐπὶ στρατ.[
    νῦν ἐεργμέν.[
    πημεσωσερ.[   ]μενος
    ἀλκίμωι σ[   ]ται.

94 W = 51 D = Treu S. 56   Fortsetzung der Inschrift, A I 52–59

Danach wird wieder Amphitimos zum Archon, und in diesem Zusammenhang macht er (der Dichter) wieder deutlich, wie heftig sie über die
Naxier gesiegt hatten, indem er Folgendes sagt:

Ihnen aber stand Athene im Kampf
gnädig bei, die Tochter des Donnergottes Zeus,
sie stachelte den Mut der vielbejammerten Schar an
... jenes Tages auf die Erde
einen anderen ... Denn so viele Äcker verließ er
... aber nach dem Willen der olympischen Götter
...

95–97a W = Treu S. 58f.   Fortsetzung der Inschrift, A IV 1–33

95 W = 51 D   Das zeigt der Dichter mit folgenden Worten:

...
aber unter der Führung (des) ...
jetzt stehen wir dicht gedrängt ...
er rettete ...
mit mutigem ...

96 ὅτι δὲ Γλαῦκ[ος– – –ἀπῆρεν εἰς Θά]σον μάχῃ κρατησ
[άντων– – –] δηλοῖ ὁ ποιητὴ[ς ἐν τούτοις·

               Γλαῦκε, τίς σε θεῶν νό]ον
καὶ φρένας τρέψ[ας
γῆς ἐπιμνήσαιο τ[ῆσδε
δει]νὰ τολμήσας μεθ[
5   – ‿ –] ἦν εἶλες αἰχμῆι καὶ λ[
     – ‿ – x –]σον {δ} ἔσκεν καὶ χαλ[

– –]ᾳν τῆς εἰς τὴν Θάσο[ν– – –]τησε καὶ παρ᾽ ἑταί[ρας –
– –]νης γαύρας ἡττ[ή]θη τολ[μ]η[– – –]πλ[..]ς τοιαῦτα
ἦ[κ]οντες [– – –].....ν ἀσπίσιν [κα]ρτε[ρ]ία[– – –].ν τῆς
Θάσου καὶ[...]απᾳ[– – –] τὸ ἐκεῖ.

97 ὅτι δ᾽ ἀλη[θῆ – – –] ὑπὲρ ταύτης τῆς π[– – –] τάδε·

           χειλίους γὰρ ἄν[δ]ρας [.]κ[

ἔ]πειτα γυναῖκας ει[– – –]λαι τι[.]ς τῆς πύλης ἔ[τ]ρεχον
εἰς [– – –] ἐκ τῆς Θάσο [υ – – –]ν·

97a ὅτι δ᾽ ἀλη[θ]ῆ [– – –] σημ[.]αει τιν[– – –]

        ]τι πη[
        ]μιμε[
        ]ιαχ[
        δ]έδοικας [το]ῖ᾽ ἀρισ[τ]ε[ύσας πάρος
5   ]δέδοικα[ς]...[
        ]ν σ[τα]θέντᾳ[

96 W = 51 D ... dass aber Glaukos ... sich zurückzog nach Thasos, als sie im Kampf überlegen waren, zeigt der Dichter in folgenden Versen:

... Glaukos, welcher der Götter hat deinen Sinn
und deine Gedanken verändert ...
denke an dieses Land ...,
– Gewaltiges hast du doch schon gewagt –,
... das du mit der Lanze erobert hast ...
... aber es war auch ...

... nach Thasos ... und zu den Freundinnen ... den stolzen ... er unterlag ... solches, als sie da waren ... mit Schilden ... Stärke ... auf Thasos ... dort.

97 W = 51 D Dass er darüber die Wahrheit sagt, zeigen folgende Verse:

Tausend Männer nämlich ...

Darauf ... die Frauen ... des Tores/am Tor ... sie liefen nach ... aus Thasos ...

97a W = 51 D Dass dies wahr ist, beweist der Dichter mit folgenden Worten:

...

...

...

... du hast Angst, obwohl du doch bisher so tapfer warst ...
... du hast Angst ...
... hingestellt ...

98 Inscriptio eadem, A IV 42-58; P. Oxy. 2313 fr. 3(a)

```
                    ]τ᾽ ἢ κέρδει ν[ ‿ –
                    ]εταξυι[– ‿ –
                    ]σὺν δενι[ ‿ –
                    ]λ᾽ ἀμφὶ δ[– ‿ –
5                   ]ων δούρατ᾽ ἐκπ[ x – ‿ –
                    ]ε, τῶν δ᾽ ἐδάμν[..]εν ν[όον
                    παῖς] Ἀθηναίη Διός·
      ἀμφ[ὶ] δ᾽ ὑψ[ηλὰς ἐπάλξεις ἦρ]κεσαν πρὸ π[α]τρίη[ς]
      χρημ[                    κ]εῖτο πύργος ἀμφα[ή]ς,
10    θαυ[μ]α[              ]ἐκ λίθων ἐδε[ίμαμ]ε[ν
      – ‿ – ‿ ἄν]δ[ρ]ε[ς] αὐτοὶ Λεσβίω[...]ει[
      – ‿ – τῶ]ν δ᾽ ἀ[μ]φ[ιθ]έντες χερσὶν ο[....]δια
      ιμενωι.[ ]ων ἐσο[.(.)]σει Ζεὺς Ὀλυμπίω[ν.]ο.ι[
      – ‿ αἰχμ]ῇ[ι]σιν θοῆισι πημονὴν ἐπήγομ[εν]
15    ει.εθ[ ]ότ᾽ ἀμφὶ πύργον ἔστασαν πονε[όμενοι
      κλίμακας, μ]έγαν δ᾽ ἔθεντο θυμὸν ἀμφε[
      βαρὺ δ᾽ ὑπεβρ]όμε[ι σίδ]ηρον εἱμένη καλ[
```

99 P. Oxy. 2313 fr. 3(b)

```
                    ἀ]μειπτή· πολλὰ δ᾽ ἐρρύ[η βέλεα
]ω.[               ]φαρέτραι δ᾽ οὐκέτ᾽ ἔκρυ[πτον φόνον
]ον β[             ]σαν ἰῶν· οἱ δ᾽ ἐπε[
].κιδε[            στρέψα]ντες ἵνας καὶ ταν[ύσσαντες βιούς
]αιβε[             ]υ..[
```

98 W = 51 D = Treu S. 60   Dieselbe Inschrift, A IV 42–58; P. Oxy.
2313 fr. 3 (a)

… oder mit Gewinn …

…

… mit …

… rings herum …

… Lanzen …

… deren Geist bezwang

… Athene, die Tochter des Zeus.

… rings um die hohen Schutzwehren setzten sie sich zur Wehr für das Vaterland

… es steht der Turm da, weithin sichtbar …

… ein Wunder … aus Steinen haben wir ihn errichtet …

… die Männer selbst einen lesbischen …

… nachdem sie mit den Händen herum gelegt hatten …

… Zeus, (der Vater) der olympischen Götter …

… mit schnell fliegenden Speeren brachten wir Schmerzen …

… um den Turm herum standen sie und mühten sich ab

… mit den Leitern, aber sie bewiesen großen Mut …

… es herrschte gewaltiger Lärm, sie hatte das (tödliche) Eisen geschleudert …

99 W = 51 D = Treu S. 60   P. Oxy. 2313 fr. 3 (b)

… nicht erwidert. Viele Pfeile strömten hin und her …

… die Köcher verbargen nicht mehr den Mord …

… der Pfeile. Diese aber …

… sie drehten die Sehnen und spannten die Bogen …

…

100   P. Oxy. 2313 fr. 19

].ηι.[
]ηνουδ᾽ επ.[

101   Plut. Galba 27. 9

ὡς δέ φησιν Ἀρχίλοχος,

ἑπτὰ γὰρ νεκρῶν πεσόντων, οὓς ἐμάρψαμεν ποσίν,
χείλιοι φονῆές εἰμεν.

οὕτως τότε πολλοὶ τοῦ φόνου μὴ συνεφαψάμενοι, χεῖρας
δὲ καὶ ξίφη καθαιμάσσοντες, ἐπεδείκνυντο καὶ δωρεὰς
ᾔτουν.

102   Strabo 8. 6. 6 p. 370

καὶ Ἀπολλόδωρος δὲ (244 F 200) μόνους τοὺς ἐν Θετταλίᾳ
καλεῖσθαί φησιν Ἕλληνας· »Μυρμιδόνες δ᾽ ἐκαλεῦντο καὶ
Ἕλληνες« (Il. 2. 684)· Ἡσίοδον μέντοι καὶ Ἀρχίλοχον ἤδη
εἰδέναι καὶ Ἕλληνας λεγομένους τοὺς σύμπαντας καὶ
Πανέλληνας, τὸν μὲν περὶ τῶν Προιτίδων λέγοντα ὡς
Πανέλληνες ἐμνήστευον αὐτάς (fr. 130 M.-W.), τὸν δὲ ὡς

Πανελλήνων ὀϊζὺς ἐς Θάσον συνέδραμεν.

100 W   P. Oxy. 2313 fr. 19

(Reste von 2 Versen)

101 W = 61 D   Plut. Galba 27.9

Wie schon Archilochos sagte:

Sieben Tote liegen nämlich da, die wir an den Füßen fassten.
Tausend Mörder sind wir.

So waren auch damals viele an den Mordtaten nicht beteiligt, aber sie benetzten ihre Hände und Schwerter mit Blut, zeigten sie vor und verlangten Belohnungen.

102 W = 54 D   Strabo 8.6.6 p. 370:

Auch Apollodor sagt, dass sich allein die Bewohner von Thessalien Hellenen nannten. »Sie nannten sich Myrmidonen und Hellenen« (Il. 2.684). Hesiod und Archilochos wussten jedoch schon, dass alle Griechen Hellenen und Panhellenen genannt wurden; der eine sagte über die Proitiden, dass Panhellenen um sie freiten, der andere, dass

das Elend der Panhellenen nach Thasos zusammenströmte.

103 P. Oxy. 2313 fr. 18

]νερ.[
]ες Θάσ[
]λοῦτ[

104 P. Oxy. 2313 fr. 36

]ρισ..[
]ς Θάσον κ[
]ν ἄνα στ[

105 Heraclitus, Alleg. Hom. 5. 2

ὁ γὰρ ἄλλα μὲν ἀγορεύων τρόπος, ἕτερα δὲ ὧν λέγει σημ-
αίνων, ἐπωνύμως ἀλληγορία καλεῖται· καθάπερ Ἀρχίλοχος μὲν ἐν τοῖς Θρακικοῖς ἀπειλημμένος δεινοῖς τὸν πόλεμον εἰκάζει θαλαττίῳ κλύδωνι, λέγων ὧδέ πως·

⊗   Γλαῦχ᾿, ὅρα· βαθὺς γὰρ ἤδη κύμασιν ταράσσεται
πόντος, ἀμφὶ δ᾿ ἄκρα Γυρέων ὀρθὸν ἵσταται νέφος,
σῆμα χειμῶνος, κιχάνει δ᾿ ἐξ ἀελπτίης φόβος.

106 P. Lit. Lond. 54, ed. Milne

]νται νῆες ἐν πόντωι θοαί
π]ολλὸν δ᾿ ἱστίων ὑφώμεθα
λύσαν]τες ὅπλα νηός· οὐρίην δ᾿ ἔχε
]ρους, ὄφρα σεο μεμνεώμεθα
5   ]άπισχε, μηδὲ τοῦτον ἐμβάλῃς

103 W   P. Oxy. 2313 fr. 18

...

... nach Thasos ...

...

104 W   P. Oxy. 2313 fr. 36

...

... nach Thasos ...

...

105 W = 56 D   Heraclitus, Alleg. Hom. 5.2

Die Redeweise nämlich, die anderes sagt und anderes als das, was sie
sagt, bezeichnet, heißt dem entsprechend »Allegorie«, wie Archilochos,
als er während des schrecklichen thrakischen Abenteuers (von seinen
Mitkämpfern) abgeschnitten war, den Krieg vergleicht mit einer Meeres-
woge, indem er Folgendes sagt:

Glaukos, sieh doch! Denn das tiefe Meer wird schon von Wellen aufgewühlt,
um die Felsen von Gyrai erhebt sich steil nach oben eine Wolke,
Zeichen eines Sturmes, und es entsteht aus der Verzweiflung Angst.

106 W = 56a D   P. Lit. Lond. 54, ed. Milne

... schnelle Schiffe auf dem Meer
... lasst uns einen großen Teil der Segel einholen
... nachdem wir die Taue des Schiffes gelöst haben. Günstigen Wind sollst du haben
... damit wir an dich denken
... halt dich frei (von der Angst) und weck sie auch nicht (bei den anderen)

]ν ἵσταται κυκώμενον
]χης· ἀλλὰ σὺ προμήθεσαι
]υμος

107   Plut. quaest. conv. 3. 10. 2 p. 658b (διὰ τί τὰ κρέα σήπεται μᾶλλον ὑπὸ τὴν σελήνην ἢ τὸν ἥλιον)

τὴν γὰρ σελήνην ἠρέμα χλιαίνουσαν ἀνυγραίνειν τὰ σώματα, τὸν δ᾽ ἥλιον ἀναρπάζειν μᾶλλον ἐκ τῶν σωμάτων τὸ νοτερὸν διὰ τὴν πύρωσιν· πρὸς ὃ καὶ τὸν Ἀρχίλοχον εἰρηκέναι φυσικῶς·

ἔλπομαι, πολλοὺς μὲν αὐτῶν Σείριος καθαυανεῖ
ὀξὺς ἐλλάμπων·

ἔτι δὲ σαφέστερον Ὅμηρον κτλ. (Il. 23. 190).

108   Plut. quomodo aud. poet. 6 p. 23a

χρῶνται τοῖς τῶν θεῶν ὀνόμασιν οἱ ποιηταὶ ποτὲ μὲν αὐτῶν ἐκείνων ἐφαπτόμενοι τῇ ἐννοίᾳ, ποτὲ δὲ δυνάμεις τινάς, ὧν οἱ θεοὶ δοτῆρές εἰσι καὶ καθηγεμόνες, ὁμωνύμως προσαγορεύοντες. οἷον εὐθὺς ὁ Ἀρχίλοχος, ὅταν μὲν εὐχόμενος λέγῃ·

κλῦθ᾽ ἄναξ Ἥφαιστε, καί μοι σύμμαχος γουνουμένωι
ἵλαος γενέο, χαρίζεο δ᾽ οἷά περ χαρίζεαι.

. es erhebt sich die aufgewühlte See
... doch du musst Vorsorge treffen
... Mut ...

107 W = 63 D   Plut. quaest. conv. 3.10.2 p. 658b: (Warum das Fleisch
eher bei Mondschein als bei Sonnenschein fault)

Denn der Mond erwärme sich nur langsam und lasse die Körper feucht
werden, die Sonne aber ziehe in höherem Maß die Feuchtigkeit aus den
Körpern aufgrund ihres Feuers. Dazu sagte auch Archilochos mit natur-
wissenschaftlichem Sachverstand:

Ich hoffe, der Hundsstern dörrt viele von ihnen aus
mit seinen stechenden Strahlen ...

Noch deutlicher spreche dies Homer aus (Il. 23.190).

108 W = 75 D   Plut. quomodo aud. poet. 6 p. 23a

Es gebrauchen die Dichter die Namen der Götter, manchmal wenn sie
sie selbst vor Augen haben, manchmal wenn sie mit denselben Namen
bestimmte Eigenschaften meinen, die man den Göttern verdankt, wie es
offensichtlich Archilochos tut, wenn er in einem Gebet sagt:

Hör mein Flehen, Herr Hephaistos, und im Kampfe steh mir
gnädig bei, schenk mir doch, was nur du schenken kannst.

αὐτὸν τὸν θεὸν ἐπικαλούμενος δῆλός ἐστιν· ὅταν δέ κτλ.
(quae sequuntur v. ad fr. 9).

109 Ar. Pax 603 sq.

ὦ σοφώτατοι γεωργοί, τὰμὰ δὴ ξυνίετε
ῥήματ᾽, εἰ βούλεσθ᾽ ἀκοῦσαι τήνδ᾽ ὅπως ἀπώλετο.

Schol. ad loc. πρὸς ταῦτα καὶ Κρατῖνος ἐν Πυτίνῃ πεποί-
ηκεν (211 K.-A.) »ὦ λιπερνῆτες πολῖται, τὰμὰ δὴ ξυνίετε«.
ἔστι δὲ πρὸς τὰ Ἀρχιλόχου·

        ⟨ὦ⟩ λιπερνῆτες πολῖται, τὰμὰ δὴ συνίετε
        ῥήματα.

110 Clem. Strom. 6. 6. 1 (quae praecedunt v. ad fr. 127)

καθάπερ ἀμέλει κἀκεῖνο τὸ ἔπος, »ξυνὸς ἐνυάλιος· καί τε
κτανέοντα κατέκτα« (Il. 18. 309), μεταποιῶν αὐτὸς ὧδέ πως
ἐξήνεγκεν·

        † ἔρξω· ἐτήτυμον γὰρ ξυνὸς ἀνθρώποις Ἄρης.

Dass Archilochos in diesem Fall den Gott selbst anruft, ist klar. Wenn er aber um den Mann seiner Schwester trauert, der im Meer ertrank und kein Begräbnis erhielt, wie es üblich war, und sagt, man hätte den Verlust leichter ertragen:

»Wenn seinen Kopf und seine schönen Glieder
Hephaistos in reine Tücher gehüllt hätte …« ‹so auch P. Oxy. 2356 (a)›

so meinte er mit »Hephaistos« das Feuer, nicht den Gott. Vgl. fr. 9 W.

109 W = 52 D   Ar. Pax 603 sq.

Ihr hochweisen Bauern, hört endlich auf meine
Worte, wenn ihr hören wollt, wie sie verloren ging.

Schol. ad loc. Darauf bezog sich auch Kratinos in der Pytine, als er formulierte: ›Ihr armen, verlassenen Bürger, hört endlich auf meine Worte.‹ Diese Formulierung bezieht sich wiederum auf Archilochos' Worte:

Ihr armen, verlassenen Bürger, hört endlich auf meine
Worte.

110 W = 38 D   Clem. Strom. 6.6.1

Ebenso unbekümmert zitierte Archilochos auch jenes Wort: ›Allen gemeinsam ist Enyalios; er tötete stets auch den Tötenden.‹ (Il. 18.309). Dadurch dass Archilochos dieses Wort abwandelte, brachte er es in folgenden Vers:

Ich werde es tun. Denn wirklich gemeinsam ist uns Menschen nur Ares.

111 Pergit Clemens

ἔτι κἀκεῖνο μεταφράζων· »νίκης ἀνθρώποισι θεῶν ἐν †
πείρᾳ κεῖται« (cf. Il. 7. 102 νίκης πείρατ᾽ ἔχονται ἐν ἀθαν-
άτοισι θεοῖσι) διὰ τοῦδε τοῦ ἰάμβου δῆλός ἐστι·

καὶ νέους θάρσυνε· νίκης δ᾽ ἐν θεοῖσι πείρατα.

112 P. Oxy. 2314 col. i + 2313 fr. 27 (coniunxit Dervisopoulos)

```
             ].[    ].[        ].[.].ασδι.[.]...
          ]ηρας· ἔλπομαι γάρ, ἔλπομαι
          ἀ]νόλβο[ι]ς ἀμφαϋτήσει στρατός
          ].αγγες κοιτον ἀρκαδοσσονον
   5         ].α, πολλὰ δ᾽ ἔλπονται νέοι
             ].α· διὰ πόλιν Κουροτρόφος
          ]τατα[ ]εθ.....αεισεται
          ]....ν...αν ἀγκάσεαι
       ]τοιγει.[ | ]...τονοχλο· βητεται
  10        ]ν· τέωι προσέρχεται [.]εθε
          ]ως Ἀφροδίτηι ⟨δὴ⟩ φίλος
          ]χων ἅτ᾽ ὄλβιος
             ]ερον[
```

113 P. Oxy. 2314 col. ii

```
             ]..[.].[
                ]..[
        – ∪ (– x) ]ρον δεδησ.[
        ου[∪ (– x –) ].[.]ἀνδρος πε[
        χη[.].[        ]..δ[ ]επ[
```

111 W = 57 D   Clemens fährt fort:

Er formte auch noch jenes Wort um: ›Für die Menschen liegt die Vollendung des Sieges bei den Göttern‹ (?) (vgl. Il. 7.102: ›Die Seile des Sieges werden von den Händen unsterblicher Götter gehalten.‹); das lässt
der folgende Iambos erkennen:

Mach auch den Jungen Mut! Doch die Vollendung des Sieges liegt bei den Göttern.

112 W = Treu S. 8f.   P. Oxy. 2314 col. I + 2313 fr. 27

…

… denn ich erwarte, ich erwarte
… um die Unglücklichen herum wird die Schar laut schreien
… den Arkader, der dich …
… Vieles aber erwarten die Jungen
… durch die Stadt die Pflegerin streitbarer Männer
…
… du wirst dir erzwingen
…
… wem sie/er sich nähert
… der Aphrodite lieb
… weil er glücklich ist
…

113 W   P. Oxy. 2314 col. II

…
…
…
…
…

⊗

κα[.]..[......]..[.]τ.ϟ[..]διτ[
ἀρχὸς εὖ μαθ[ω]ν ἄκοντι τ[
πειρέαι: λίην λιάζεις κυρ[
ἴσθί νυν, τάδ᾿ ἴσθι...γγο[

114 Dio Chrys. 33.17

οὐ φιλέω μέγαν στρατηγὸν οὐδὲ διαπεπλιγμένον
οὐδὲ βοστρύχοισι γαῦρον οὐδ᾿ ὑπεξυρημένον,
ἀλλά μοι σμικρός τις εἴη καὶ περὶ κνήμας ἰδεῖν
ῥοικός, ἀσφαλέως βεβηκὼς ποσσί, καρδίης πλέως.

115 Herodian. De figuris, Rhet. Gr. viii. 598. 16 Walz

πολύπτωτον δέ, ὅταν ἤτοι τὰς ἀντονομασίας ἢ τὰ ὀνόματα
εἰς πάσας τὰς πτώσεις μεταβάλλοντες διατιθώμεθα τὸν
λόγον, ὡς παρὰ Κλεοχάρει· »Δημοσθένης ὑπέστη Φιλί-
ππῳ· Δημοσθένους πένης μὲν ὁ βίος, μεγάλη δ᾿ ἡ παρ-
ρησία· Δημοσθένει πολλῶν διδομένων οὐδὲν οὔτε πλῆθος
οὔτε κάλλος ἄξιον ἐφάνη προδοσίας· Δημοσθένην Ἀλ-
έξανδρος ἐξῄτει· τὸ διὰ τί παρ᾿ αὐτοῖς λογίζεσθε, ἀδίκως
τε ἀπέθανες, ὦ Δημόσθενες.« ἔστι δὲ τὸ τοιοῦτον σχῆμα
καὶ παρά τισι τῶν ποιητῶν, ὡς παρ᾿ Ἀρχιλόχῳ καὶ Ἀνακρέοντι. παρὰ μὲν οὖν Ἀρχιλόχῳ·

νῦν δὲ Λεώφιλος μὲν ἄρχει, Λεωφίλου δ᾿ ἐπικρατεῖν,
Λεωφίλωι δὲ πάντα κεῖται, Λεώφιλον δ᾿ † ἄκουε.

... Aphrodite
Als Anführer weißt du genau ... mit der Lanze ... warum
versuchst du ...? Viel zu eifrig bist du ...
wisse nun, dieses wisse ...

114 W = 60 D   Dio Chrys. 33.17

Ich mag nicht den großen Feldherrn, wenn er gestelzt daher kommt,
und mit seiner Lockenpracht angibt und glatt rasiert ist.
Für mich mag er kleingewachsen sein und krumme Beine haben,
wenn er sicher auf den Füßen steht und ein Herz voller Mut hat.

115 W = 70 D   Herodian. De figuris, Rhet. Gr. VIII. 598.16 Walz

Wir sprechen von einem »Polyptoton«, wenn wir Eigennamen und Nomina in allen
ihren Kasus in die Rede einbauen, wie es bei Kleocharis der Fall ist: »Demosthenes
(Nominativ) leistete Philipp Widerstand. Die Lebensführung des Demosthenes (Genitiv) war ärmlich, seine Offenheit großartig. Demosthenes (Dativ) schienen weder
Größe noch Schönheit einen Verrat zu rechtfertigen, obwohl ihm Vieles angeboten
wurde. Alexander wollte Demosthenes (Akkusativ) haben. Überlegt euch selbst, warum! Du bist zu Unrecht gestorben, Demosthenes (Vokativ)!« Eine solche Ausdrucks-
weise kommt auch bei einigen Dichtern vor, wie z. B. bei Archilochos und Anakreon.
Bei Archilochos heißt es:

Jetzt herrscht Leophilos, es ist jetzt Sache des Leophilos, Macht auszuüben,
von Leophilos hängt alles ab, auf Leophilos höre!

116–134. Varia

116 Ath. 76b

τῶν δ᾽ ἐν Πάρῳ τῇ νήσῳ Ἀρχίλοχος μνημονεύει λέγων οὕτως·

ἔα Πάρον καὶ σῦκα κεῖνα καὶ θαλάσσιον βίον.

117 Schol. (b)T Hom. Il. 24. 81, »βοὸς κέρας«

οἱ δὲ νεώτεροι κέρας τὴν συμπλοκὴν τῶν τριχῶν ὁμοίαν κέρατι.

τὸν κεροπλάστην ἄειδε Γλαῦκον.

Ἀρχίλοχος.

118 Plut. de E 5 p. 386d

»εἰ γὰρ {ὤφελον}«, φησὶν ἕκαστος τῶν εὐχομένων· καὶ Ἀρχίλοχος·

εἰ γὰρ ὣς ἐμοὶ γένοιτο χειρὶ Νεοβούλης θιγεῖν.

116–134. Varia

116 W = 53 D   Ath. 76b

An die Dinge auf der Insel Paros erinnert Archilochos, wenn er sagt:

Denk nicht an Paros, seine Feigen und das Leben am Meer.

117 W = 59 D   Schol. (b) T Hom. Il. 24.81, »Horn eines Rindes«

Die jüngeren Dichter bezeichnen als »Horn« die Haarlocke, die aussieht wie ein Horn.

Von dem »Hornbildner« Glaukos singe …

So Archilochos.

118 W = 71 D   Plut. de E 5 p. 386d

»Wenn doch«, sagt jeder, der sich etwas wünscht. So auch Archilochos:

Wenn es mir doch möglich wäre, einfach nur mit der Hand Neobule zu berühren!

119 Schol. Eur. Med. 679, »ἀσκοῦ με τὸν προύχοντα μὴ λῦσαι πόδα«. ἀσκὸν τοίνυν λέγει τὸν περὶ τὴν γαστέρα τόπον.
Ἀρχίλοχος·

καὶ πεσεῖν δρήστην ἐπ᾿ ἀσκόν, κἀπὶ γαστρὶ γαστέρα
προσβαλεῖν μηρούς τε μηροῖς,

»δρήστην« λέγων οἷα δράσαντά τι (δράσοντά τι Schwartz).

120 Ath. 628a

Φιλόχορος δέ (328 F 172) φησιν ὡς οἱ παλαιοὶ {σπένδοντες}
οὐκ αἰεὶ διθυραμβοῦσιν, ἀλλ᾿ ὅταν σπένδωσι, τὸν μὲν Διό-
νυσον ἐν οἴνῳ καὶ μέθῃ, τὸν δ᾿ Ἀπόλλωνα μεθ᾿ ἡσυχίας καὶ
τάξεως μέλποντες. Ἀρχίλοχος γοῦν φησιν·

ὡς Διωνύσου ἄνακτος καλὸν ἐξάρξαι μέλος
οἶδα διθύραμβον οἴνωι συγκεραυνωθεὶς φρένας.

121 Ath. 180d

οὐ γὰρ ἐξάρχοντες οἱ κυβιστητῆρες (Il. 18. 606 = Od. 4. 19),
ἀλλ᾿ ἐξάρχοντος τοῦ ᾠδοῦ πάντες ὠρχοῦντο. τὸ γὰρ
ἐξάρχειν τῆς φόρμιγγος ἴδιον. διόπερ ὁ μὲν Ἡσίοδός φησιν ἐν τῇ Ἀσπίδι (205) »θεαὶ δ᾿ ἐξῆρχον ἀοιδῆς Μοῦσαι
Πιερίδες«, καὶ ὁ Ἀρχίλοχος·

αὐτὸς ἐξάρχων πρὸς αὐλὸν Λέσβιον παιήονα.

119 W = 72 D   Schol. Eur. Med. 679: »Ich soll den Hals des Schlauches nicht vorher öffnen«. Mit »Schlauch« meint Euripides den Unter-
leib. So Archilochos:

… und sich mit ganzer Kraft auf ihren Leib werfen und den Bauch an ihren Bauch,
die Schenkel an ihre Schenkel pressen.

»Mit ganzer Kraft« bedeutet, dass man etwas unter Einsatz aller Kräfte
ausführte.

120 W = 77 D   Ath. 628a

Philochoros sagt, dass die Alten, während sie ein Trankopfer darbringen, nicht immer Dithyramben singen; aber wenn sie ein Trankopfer
darbringen, besingen sie einerseits Dionysos im Weinrausch und in
Trunkenheit, andererseits Apollon in Ruhe und Ordnung. Archilochos
sagt demnach:

… denn das schöne Lied des Herrn Dionysos anzustimmen,
verstehe ich, den Dithyrambos, wenn der Wein wie ein Blitz meine Sinne betäubt hat.

121 W = 76 D   Ath. 180d

Denn es waren nicht die Tänzer, die mit ihren Kunststücken den Anfang
bildeten (Il. 18.606 = Od. 4.19), sondern erst als der Sänger anfing zu sin-
gen, begannen alle zu tanzen. Den Anfang zu machen, ist die spezifische
Aufgabe der Phorminx. Deshalb sagt auch Hesiod in seiner Aspis (205):
›Es begannen die Göttinnen, die Musen aus Pieria, mit ihrem Lied‹, und
Archilochos sagt:

Ich selbst fange an, unter Flötenbegleitung den lesbischen Päan zu singen.

122　Stob. 4. 46. 10 + P. Oxy. 2313 fr. 1(a)

⊗　χρημάτων ἄελπτον οὐδέν ἐστιν οὐδ᾽ ἀπώμοτον
　　οὐδὲ θαυμάσιον, ἐπειδὴ Ζεὺς πατὴρ Ὀλυμπίων
　　ἐκ μεσαμβρίης ἔθηκε νύκτ᾽, ἀποκρύψας φάος
　　ἡλίου †λάμποντος, λυγρὸν† δ᾽ ἦλθ᾽ ἐπ᾽ ἀνθρώπους δέος.
5　ἐκ δὲ τοῦ καὶ πιστὰ πάντα κἀπίελπτα γίνεται
　　ἀνδράσιν· μηδεὶς ἔθ᾽ ὑμέων εἰσορέων θαυμαζέτω
　　μηδ᾽ ἐὰν δελφῖσι θῆρες ἀνταμείψωνται νομὸν
　　ἐνάλιον, καί σφιν θαλάσσης ἠχέεντα κύματα
　　φίλτερ᾽ ἠπείρου γένηται, τοῖσι δ᾽ ὑλέειν ὄρος.
10　　　　　　　　　　　　　　　Ἀρ]χηνακτίδης
　　　　　　　　　　　　　　　]ητου πάϊς[
　　　　　　　　　　　　　　　]τυθη γάμωι[
　　　　　　　　　　　　　　　].αινε..[
　　　　　　　　　　　　　　　]νεῖν·
15　　　　　　　　　　　　　　]
　　　　　　　　　　　　　　ἀν]δράσιν·
　　　　　　　　　　　　　　].[ ].[ ]

123　P. Oxy. 2313 fr. 1(b)

　　　　　　　　　　　　]ιηνε[

122 W = 74 D   Stob. 4.46.10 + P. Oxy. 2313 fr. 1 (a)

Es gibt nichts Unerwartetes mehr, nichts, was man ableugnen könnte,
nichts Staunenswertes, seitdem Zeus, der Vater der Olympier,
aus Mittag machte Nacht, als er das strahlende Licht
der Sonne verbarg und feige Angst die Menschen überkam.
Seitdem wird alles glaubhaft und möglich
den Menschen. Keiner von euch darf sich noch darüber wundern,
wenn er sieht, wie die Tiere auf dem Land mit den Delphinen ihre Weide tauschen
im Meer und ihnen die tosenden Wellen des Meeres
willkommener sind als das Land, diesen aber das waldreiche Gebirge.
… Archenaktides …
… Sohn des …
… zur Hochzeit
…
…
…
… den Menschen
…

123 W   P. Oxy. 2313 fr. 1 (b)

…

124 Ath. (epit.) 7f

ὅτι περὶ Περικλέους φησὶν Ἀρχίλοχος ὁ Πάριος ποιητὴς
ὡς ἀκλήτου ἐπεισπαίοντος εἰς τὰ συμπόσια

(a)   Μυκονίων δίκην.

δοκοῦσι δ᾽ οἱ Μυκόνιοι διὰ τὸ πένεσθαι καὶ λυπρὰν νῆσον
οἰκεῖν ἐπὶ γλισχρότητι καὶ πλεονεξίᾳ διαβάλλεσθαι ...

(b)   πολλὸν δὲ πίνων καὶ χαλίκρητον μέθυ,
οὔτε τῖμον εἰσενείκας ⟨— ᷄ — x — ᷄ —⟩
οὐδὲ μὲν κληθεὶς ⟨᷄ — x⟩ ἦλθες οἷα δὴ φίλος,
ἀλλά σεο γαστὴρ νόον τε καὶ φρένας παρήγαγεν
5   εἰς ἀναιδείην.

Ἀρχίλοχός φησιν.

125 Ath. 433e

τὸ δίψος γὰρ πᾶσιν ἰσχυρὰν ἐπιθυμίαν ἐμποιεῖ τῆς πε-
ριττῆς ἀπολαύσεως. διὸ καὶ Σοφοκλῆς φησι (fr. 763 Radt)·
»διψῶντι γάρ τοι πάντα προσφέρων σοφὰ | οὐκ ἂν πλέον
τέρψειας ἢ πιεῖν διδούς«. καὶ ὁ Ἀρχίλοχος·

                    μάχης δὲ τῆς σῆς, ὥστε διψέων πιεῖν,
ὡς ἐρέω.

124 W = 78 D   Ath. (epit.) 7 f

Über Perikles sagt Archilochos, der Dichter aus Paros, als dieser unge-
laden in das Symposion hineinstürmte

(a) wie die Mykonier (es tun).

Anscheinend bewohnen die Mykonier aufgrund ihrer Armut eine küm-
merliche Insel in aller Dürftigkeit und betrügen sich gegenseitig in ihrer
Habsucht.

(b) ... du trankst viel ungemischten Wein,
doch ohne etwas mitgebracht zu haben ...
auch nicht eingeladen kamst du, wie ein Freund,
aber dein Magen verführte dir Verstand und Sinne
zur Unverschämtheit,

sagt Archilochos.

125 W = 69 D   Ath. 433e

Der Durst nämlich erzeugt bei allen einen mächtigen Drang nach über-
mäßigem Genuss. Deswegen sagt auch Sophokles (fr. 763 Radt). »Wenn
du nämlich einem Dürstenden alle Weisheit der Welt anbieten würdest,
dann könntest du ihn nicht mehr erfreuen, als wenn du ihm zu trinken
gäbst.« So auch Archilochos:

... mit dir zu kämpfen, wünsche ich mir so, wie ein Dürstender zu trinken.

126 Theophilus ad Autolycum 2. 37 p. 53a (Corp. Apolog. saec. secundi viii. 174)

ἤδη δὲ καὶ τῶν ποιητῶν τινες ὡσπερεὶ λόγια ἑαυτοῖς ἐξεῖπον ταῦτα καὶ εἰς μαρτύριον τοῖς τὰ ἄδικα πράσσουσιν. λέγοντες ὅτι μέλλουσι κολάζεσθαι ... ὁμοίως καὶ Ἀρχίλοχος·

ἐν δ᾽ ἐπίσταμαι μέγα.
τὸν κακῶς ⟨μ᾽⟩ ἔρδοντα δεινοῖς ἀνταμείβεσθαι κακοῖς.

127 Clem. Strom. 6. 6. 1

αὖθίς τε ὁ Ἀρχίλοχος τὸ Ὁμηρικὸν ἐκεῖνο μεταφέρων. »ἀασάμην. οὐδ᾽ αὐτὸς ἀναίνομαι· ἀντί νυ πολλῶν λαῶν ἐστιν ἀνὴρ ὅν τε Ζεὺς κῆρι φιλήσῃ« (Il. 9. 116f.), ὧδέ πως γράφει·

ἤμβλακον. καί πού τιν᾽ ἄλλον ἦδ᾽ † ἄτη ᾽κιχήσατο.

128 Stob. 3. 20. 28

θυμέ, θύμ᾽, ἀμηχάνοισι κήδεσιν κυκώμενε.
†ἀναδευ δυσμενῶντ† δ᾽ ἀλέξεο προσβαλὼν ἐναντίον
στέρνον †ἐνδοκοισιν ἐχθρῶν πλησίον κατασταθεὶς
ἀσφαλέως· καὶ μήτε νικέων ἀμφάδην ἀγάλλεο.
5   μηδὲ νικηθεὶς ἐν οἴκωι καταπεσὼν ὀδύρεο,
ἀλλὰ χαρτοῖσίν τε χαῖρε καὶ κακοῖσιν ἀσχάλα
μὴ λίην. γίνωσκε δ᾽ οἷος ῥυσμὸς ἀνθρώπους ἔχει.

126 W = 66 D   Theophil. ad Autolyc. 2.37 p. 53a

Aber nun haben dies auch einige Dichter ausgesprochen, als ob es sich
um ihnen verkündete Orakelsprüche handelte, um dies denjenigen, die
Unrecht tun, zu demonstrieren, dass sie vorhaben, sie zu bestrafen ... so
auch Archilochos:

Eines aber beherrsche ich wirklich:
Wenn mir jemand Böses antut, es mit mächtig Bösem zu vergelten.

127 W = 73 D   Clem. Strom. 6.6.1

Wiederum wandelte Archilochos jenes homerische Wort ab: »Ich habe
es falsch gemacht und leugne es auch nicht, viele Männer wiegt ein
Mann auf, den Zeus in seinem Herzen liebt« (Il. 9.116f.) und schreibt
folgendes:

Ich habe mich geirrt. Diese Verblendung überkam doch auch schon manchen anderen.

128 W = 67a D   Stob. 3.20.28

Herz, mein Herz, von ausweglosem Kummer überschüttet,
tauch auf und wehr dich gegen alle, die dir übelwollen, wirf ihnen
deine Brust entgegen. Um deine Feinde abzuwehren, musst du ihre Nähe suchen,
ohne zu zögern: und wenn du siegst, darfst du deinen Stolz nicht offen zeigen,
wenn du besiegt bist, jammere nicht, zu Hause auf den Boden stürzend.
Doch über Erfreuliches freue dich und über Schlimmes sei betrübt,
aber nicht zu sehr. Erkenne einfach das Auf und Ab, das die Menschen erfasst.

129 Arist. Pol. H 7 p. 1328ᵃ1

πρὸς γὰρ τοὺς συνήθεις καὶ φίλους ὁ θυμὸς αἴρεται μᾶλλον ἢ πρὸς τοὺς ἀγνῶτας, ὀλιγωρεῖσθαι νομίσας. διὸ καὶ
Ἀρχίλοχος προσηκόντως τοῖς φίλοις ἐγκαλῶν διαλέγεται
πρὸς τὸν θυμόν·

    σὺ γὰρ δὴ παρὰ φίλων ἀπάγχεαι.

130 Stob. 4. 41. 24

    τοῖς θεοῖς †τ᾽ εἰθεῖάπαντα· πολλάκις μὲν ἐκ κακῶν
    ἄνδρας ὀρθοῦσιν μελαίνηι κειμένους ἐπὶ χθονί.
    πολλάκις δ᾽ ἀνατρέπουσι καὶ μάλ᾽ εὖ βεβηκότας
    ὑπτίους, κείνοις ⟨δ᾽⟩ ἔπειτα πολλὰ γίνεται κακά,
5   καὶ βίου χρήμηι πλανᾶται καὶ νόου παρήορος.

131 Stob. 1. 1. 18

    τοῖος ἀνθρώποισι θυμός, Γλαῦκε Λεπτίνεω παΐ,
    γίνεται θνητοῖς, ὁποίην Ζεὺς ἐφ᾽ ἡμέρην ἄγηι.

132 Ps.-Plato, Eryxias 397e

ὁποῖοι γὰρ ἄν τινες ὦσιν οἱ χρώμενοι, τοιαῦτα καὶ τὰ
πράγματα αὐτοῖς ἀνάγκη εἶναι. καλῶς δέ, ἔφη, δοκεῖ μοι
καὶ τὸ τοῦ Ἀρχιλόχου πεποιῆσθαι·

    καὶ φρονέουσι τοῖ᾽ ὁποίοις ἐγκυρέωσιν ἔργμασιν.

129 W = 67b D   Arist. Pol. H 7 p. 1328a1

Denn gegen Verwandte und Freunde erhebt sich der Zorn eher als gegen
Unbekannte, wenn man sich gering geschätzt glaubt. Darum beklagt
sich auch Archilochos zu Recht über seine Freunde, indem er zu seinem
Herzen spricht:

... denn ausgerechnet von deinen Freunden läßt du dich unterkriegen.

130 W = 58 D   Stob. 4.4.24

Den Göttern (überlass) alles. Oft richten sie Menschen aus einem schlimmen Unglück
wieder auf, wenn sie auf der schwarzen Erde liegen.
Oft bringen sie sie zum Sturz und lassen solche, die auf festen Füßen stehen,
auf den Rücken fallen. Dann aber geschieht ihnen viel Schlimmes,
und ohne Lebenskraft irrt man umher und mit verwirrtem Geist.

131 W = 68. 1–2 D   Stob. 1.1.18

Genauso ist das Empfinden (Herz) der Menschen, Glaukos, Sohn des Leptines,
wie der Tag, den Zeus über sie bringt.

132 W = 68. 3 D   Ps.-Plato, Eryxias 397e

Wie nämlich die Leute sind, die die Dinge benutzen, so sind zwangsläu-
fig die Dinge für sie. Richtig, sagte er, scheint mir auch der Vers des Archilochos formuliert zu sein:

... und sie denken so, wie die Dinge sind, auf die sie treffen.

133 Stob. 4. 58. 4

οὔτις αἰδοῖος μετ᾽ ἀστῶν οὐδὲ περίφημος θανὼν
γίνεται· χάριν δὲ μᾶλλον τοῦ ζοοῦ διώκομεν
⟨οἱ⟩ ζοοί, κάκιστα δ᾽ αἰεὶ τῶι θανόντι γίνεται.

134 Schol. Hom. Od. 22. 412, »οὐχ ὁσίη κταμένοισιν ἐπ᾽ ἀνδράσιν εὐχετάασθαι«

ἔνθεν καὶ Ἀρχίλοχός φησιν·

οὐ γὰρ ἐσθλὰ κατθανοῦσι κερτομεῖν ἐπ᾽ ἀνδράσιν.

135–66. Fragmenta papyracea minora

*135 P. Oxy. 2313 fr. 4(a)

                    ]ρα
                    ]τας
                    ]
                  ]υρι

*136 P. Oxy. 2313 fr. 20

                     ]ν
                     ]
                   ]ην
                     ]
5   ]
                      ]ς

133 W = 64 D   Stob. 4.58.4

Niemand bleibt geachtet bei seinen Mitbürgern und angesehen, ist er erst einmal tot.
Wir bemühen uns lieber um die Gunst des Lebenden,
solange wir leben. Am schlimmsten aber geht man immer mit dem Toten um.

134 W = 65 D   Schol. Hom. Od. 22.412: »Es ist nicht fromm, über
erschlagene Männer zu frohlocken.«

Daher sagt auch Archilochos:

Denn es ist nicht anständig, tote Männer zu verhöhnen.

135–166: Kleinere Papyrusfragmente

135 W   P. Oxy. 2313 fr. 4 (a)

. . .
. . .
. . .
. . .

136 W   P. Oxy. 2313 fr. 20

. . .
. . .
. . .
. . .
. . .
. . .

137 P. Oxy. 2313 fr. 4(b)

>]αρουσι[ ].[
>]. δίκην κρι]
>]υλων[

138 P. Oxy. 2313 fr. 4(c)

>].ησδε[
>]και πυ[
>]ων γὰρ ο[
>]τεσπ[
> 5   ].ηιβ[

139 P. Oxy. 2313 fr. 5

>]χ᾽ ἀσπιὸ[
>]ν ἴσην τὴν[
>]ὸ[..]χθεὶς ἔργον[
>]δ᾽ ἐστὶν οὐδεὶς τέκμ[αρ
> 5   ]ς ἔντος δηϊοισεμ[
>]ν ἀκόντων δοῦπον ου[
>]ευ[.]ονα[.]ει τήνδεκαλ[
>]βων ῥήματ᾽ οὐκετ[
>]γὰρ [ο]ὐδὲν εἰδόσ[ιν (⏑ –)
> 10   ].[

137 W   P. Oxy. 2313 fr. 4 (b)

.   . .

.   Recht . .

.

138 W   P. Oxy. 2313 fr. 4 (c)

. . .

. . .

... denn ...

. . .

. . .

139 W = Treu S. 14   P. Oxy. 2313 fr. 5

... Schild ...

... den gleichen ...

... nachdem er ... das Werk ...

... aber es ist niemand ein Ziel ..

... innerhalb ... Feinden ...

... das Geräusch der Wurfspeere ..

. . .

... Worte nicht mehr ...

... denn denen, die nichts wissen ...

. . .

140 P. Oxy. 2313 fr. 6

αὐ]χένα σχεθών[
εσκε[υασμένο.[
  χ]αρτερὸν χε[
    ]στ[.].̣.[ ]ον
5   ]τ̣ευμενος
    ]ενην ἔχων
    ].αρμονέω̣ν·
    ]ετο·
    ]δόμους·
10   ]..ι̣ν[

*141 P. Oxy. 2313 fr. 7

].εγο[
]παν[
]ερος·[
].πο[
5   ]φατ[
  ]χ[

142 P. Oxy. 2313 fr. 8(a)

]ζεται-
  ]νέπεις·
]ν Ἰμβρίου
]α σχέθοι
5   ]μένου
  ]οσως
  ]χα
  ].

140 W = Treu S. 18   P. Oxy. 2313 fr. 6

... den Nacken hoch tragend ...

..

. standhaft

...

..

... habend
... der Verträge

..

... Häuser

...

141 W   P. Oxy. 2313 fr. 7

(Reste von 6 Versen)

142 W = Treu S. 18f.   P. Oxy. fr. 8 (a)

...
...
... des Imbriers
... könnte haben

...

...

...

...

]χρεω
10]εος πεσ[
]ς ἔλπομα[ι
]χρεωμ.[
].ους ἔπεις
].ονεῖν·
15]ροις ἔχων
]ζετο
]φρ.ν[..]·

143 P. Oxy. 2313 fr. 8(b) (ex inferiore parte eiusdem columnae u. v.)

]οιοδ[
]σομαι
]θι φρονεῖ[
.]ποτε
]ω παθεῖν·

144 P. Oxy. 2313 fr. 9

```
− ⏜      ]ἀλλα τοι νέος τ[
− ⏜ −    ]κίνει ταλαν[τ
− ⏜      ]νησμεν[
         ]αι τερπε[
5        ]´[
```

. . .

. ich erwarte . . .

. . .

. . du besorgst . . .

. . .

. . . habend . . .

. . .

. . .

143 W = Treu S. 18f.   P. Oxy. 2313 fr. 8 (b)

. . .

. . . ich werde . . .

. . . denkt . . .

. . irgendwann

. . . ertragen

144 W   P. Oxy. 2313 fr. 9

. . . neu/jung . . .

. . . Talente

. . . wir . . .

. . . erfreuen . . .

. . .

145 P. Oxy. 2313 frr. 11 + 12 (coniunxit Lobel)

<pre>
        – ᴗ   ]ας καὶ λ.[
        – ᴗ (–)   ]ορ.[
        – ᴗ (–)   ]αλλη[
        – ᴗ –   ]γ μιμν[
  5   –   ]εναιδοιων[
        – ᴗ   ]ω· κεινου[
        – ᴗ   ]γ· ἐν ζοοῖσιδ[
        – ᴗ   ]εν κακην.[
        – ᴗ   ]ης ἀλκῆς λ[
 10   – ᴗ –   ]κεινον π[
        – ᴗ –   ]μενοιδ.[
</pre>

146 P. Oxy. 2313 fr. 13

<pre>
        ]⁻σα[
        ]μη[
        ]μφα[
        ]ιδερεισ[
  5   ]προσβαλόντε[ς .]ρ[
     ].ν ξεινίων φειδοίατ[ο
     ]ων ἀθρόοι γενοίμεθ[α
      ]σης τεύχεσιν πεφρ[
      ]σφας ἀμφικουρίη λάβ[
</pre>

147 P. Oxy. 2313 fr. 14

<pre>
       ]κοισι[
        ]νδετ[ι]ν.[
        ]σιηγόσιν[
       ]δετις σι.[
</pre>

145 W = Treu S. 19   P. Oxy. 2313 frr. 11+12

.. und ...

...

. einander ...
.. bleiben ...

. .

. . jenes ...
.. bei den Lebenden ...
... schlecht ...
... der Hilfe / der Stärke ...
... jenen ...

. .

146 W = Treu S. 14   P. Oxy. 2313 fr. 13

...

...

...

...

... nachdem sie/wir herangestürmt waren ...
.. mit Gastgeschenken mögen sie sparen
.. alle zusammen wollen wir da sein
... mit Rüstungen
... die Mannschaft von beiden Seiten möge ergreifen

147 W   P. Oxy. 2313 fr. 14

...

...

... mit den Kinnladen

...

148 P. Oxy. 2313 fr. 15

]οσ[
δ]έννος ὕβριν αρ[
]νητὴν καλλυ[ν
]ρους ἀλκίμους[

149 P. Oxy. 2313 fr. 30

δο[υ]λι.[
οὐκ ἐμ[
αλ[.]αρυ[
ει[

*150 P. Oxy. 2313 fr. 16

].[
]έωνυ[
].φινηλ[
]ινιον φ[
5   ].σποδώ.[

151 P. Oxy. 2313 fr. 17

]..[
]υ γαμ[
]άδεω[
]λιος
5   ].

148 W   P. Oxy. 2313 fr. 15

. .

... Schimpf ... Überheblichkeit
... die aufgehäufte beschönigen
... wehrhafte

149 W   P. Oxy. 2313 fr. 30

...
... nicht
...
. .

150 W   P. Oxy. 2313 fr. 16

(Reste von 5 Versen)

151 W   P. Oxy. 2313 fr. 17

(Reste von 5 Versen)

152 P. Oxy. 2313 fr. 21

                    ]ναιδε· τισ[
         – ᴗ – γυναῖ]κα βινέων[
                    ].ρε κεινος[

153 P. Oxy. 2313 fr. 22

                    ]ασι·
                    ].
                    ]ξιφε[
                    ]αδης·
5   ]ων
              ]ενοι
              ]ταθη·
              ].
              ]ετοι·
10   ].ωσ[

*****154** P. Oxy. 2313 fr. 23

                    ]ν και[
                    ]μερη[
                    ]μ᾽ ἐλευ[
                    ]γυναι[
5   ]νδιοσ[
                    ]πολυ[

152 W   P. Oxy. 2313 fr. 21

... die Frau zwingend ...
... jener ...

153 W   P. Oxy. 2313 fr. 22

(Reste von 10 Versen)

154 W   P. Oxy. 2313 fr. 23

...
...
...
... Frau ...
...
... viel ...

*155 P. Oxy. 2313 fr. 24

]ν μεγα[
]δουλιο[
]εξελ[
]καη[
5   ]κα[

*156 P. Oxy. 2313 fr. 25

]ησδεδη[
]ξομεν[

157 P. Oxy. 2313 fr. 26

]τῳ.[
].ω Διό[ς
]το χθ[ον-
]ρόου· [
5   ]λετο·[
].ων[

*158 P. Oxy. 2313 fr. 28

]ἐπαρθῆνα[ι
]φ[

155 W   P. Oxy. 2313 fr. 24

groß …
sklavisch …
…
.
…

156 W   P. Oxy. 2313 fr. 25

…
… wir werden …

157 W   P. Oxy. 2313 fr. 26

…
… des Zeus …
…
…
.. er …
…

158 W   P. Oxy. 2313 fr. 28

… sich hinreißen lassen …
…

*159 P. Oxy. 2313 fr. 29

        ἀ]μείλικτον[
         ].[   ].[

*160 P. Oxy. 2313 fr. 31

        ]ροστ[

*161 P. Oxy. 2313 fr. 32

        ]ευθύ[
        ].κυν[
        ]ημ[

*162 P. Oxy. 2313 fr. 33

        ]πεση[
         ]φ[

*163 P. Oxy. 2313 fr. 34

         ].
     τρισο]ιζυρη[

159 W   P. Oxy. 2313 fr. 29

... erbarmungslos ..

....

160 W   P. Oxy. 2313 fr. 31

161 W   P. Oxy. 2313 fr. 32

(Reste von 3 Versen)

162 W   P. Oxy. 2313 fr. 33

(Reste von 2 Versen)

163 W   P. Oxy. 2313 fr. 34

...

... dreimal verdreht ...

164 P. Oxy. 2313 fr. 35

```
              ]εν·
               ]ν ποσι
ὤμνυε        ]
             ]. μετέα
5            ]ποτε[
             ]αρασ[
```

***165** P. Oxy. 2313 fr. 37

```
        ]. μεσ.[
        ]τεγη[
        ]ηράδ.[
```

166 P. Oxy. 2313 fr. 38

```
          ]ρο·[
         ]θ᾽αποι[
     ἱμ]ερτὴ Πάρ[ος
       ]. ωστρεφε[
5      α]νθρωπα[
         ].[].[
```

167 Ath. 415d

περὶ δὲ Θυὸς τοῦ Παφλαγόνων βασιλέως, ὅτι καὶ αὐτὸς ἦν πολυφάγος, προειρήκαμεν ... Ἀρχίλοχος δὲ ἐν τετραμέτροις Χαρίλαν εἰς τὰ ὅμοια διαβέβληκεν, ὡς οἱ κωμῳδιοποιοὶ Κλεώνυμον καὶ Πείσανδρον.

164 W   P. Oxy. 2313 fr. 35

... mit den Füßen ...
. er schwor . .
.. er war dabei
. . .
. . .

165 W   P. Oxy. 2313 fr. 37

(Reste von 3 Versen)

166 W   P. Oxy. 2313 fr. 38

. . .
. . .
... liebliches Paros
. . .
. . .
. . .

167 W = Treu S. 96   Ath. 415d

Über Thys, den König der Paphlagonier haben wir schon gesagt, dass
auch er ein Vielfraß war ... Aber Archilochos hat in seinen Tetrametern
Charilas für die gleiche Eigenschaft verleumdet wie die Komödiendich-
ter den Kleonymos und den Peisandros.

168–204. E P O D I

168 1–2 Hephaest. Ench. 15. 2; 3–4 Hephaest. Ench. 15. 6

⊗   Ἐρασμονίδη Χαρίλαε,
            χρῆμά τοι γελοῖον
            ἐρέω, πολὺ φίλταθ᾽ ἑταίρων,
            τέρψεαι δ᾽ ἀκούων.

169 Hephaest. Ench. 8. 7

            Δήμητρί τε χεῖρας ἀνέξων

170 Hephaest. Ench. 15. 2

            ἀστῶν δ᾽ οἱ μὲν κατόπισθεν
            ἦσαν, οἱ δὲ πολλοί

171 Hephaest. Ench. 15. 6, (8. 7)

            φιλεῖν στυγνόν περ ἐόντα,
            μηδὲ διαλέγεσθαι

168-204. EPODEN

168 W = 107 D   Hephaest. Ench. 15.2 und 15.6

Erasmons Sohn, Charilaos,
   nun – von einer lächerlichen Begebenheit
werde ich erzählen, du bei weitem liebster meiner Freunde,
   du wirst dich aber freuen, wenn du es hörst.

169 W = 110 D   Hephaest. Ench. 8.7

... in der Absicht, Demeter die Hände entgegenzustrecken ...

170 W = 109 D   Hephaest. Ench. 15.2

... einige Bürger gingen hinten,
   die meisten aber ...

171 W = 108 D   Hephaest. Ench. 15.6

... lieben sogar den Verhassten,
   aber nicht mit ihm reden ...

FABULA DE VULPE ET AQUILA

Philostr. imag. 1. 3

φοιτῶσιν οἱ μῦθοι παρὰ τὸν Αἴσωπον, ἀγαπῶντες αὐτὸν ὅτι αὐτῶν ἐπιμελεῖται. ἐμέλησε μὲν γὰρ καὶ Ὁμήρῳ μύθου καὶ Ἡσιόδῳ, ἔτι δὲ καὶ Ἀρχιλόχῳ πρὸς Λυκάμβην· ἀλλ᾽ Αἰσώπῳ πάντα τὰ τῶν ἀνθρώπων ἐκμεμύθωται.

Aesop. fab. 1 Perry

ἀετὸς καὶ ἀλώπηξ φιλίαν πρὸς ἀλλήλους ποιησάμενοι πλησίον ἑαυτῶν οἰκεῖν διέγνωσαν, βεβαίωσιν φιλίας τὴν συνήθειαν ποιούμενοι. καὶ δὴ ὁ μὲν ἀναβὰς ἐπί τι περίμηκες δένδρον ἐνεοττοποιήσατο, ἡ δὲ εἰσελθοῦσα εἰς τὸν ὑποκείμενον θάμνον ἔτεκεν. ἐξελθούσης δέ ποτε αὐτῆς ἐπὶ νομήν, ὁ ἀετὸς ἀπορῶν τροφῆς καταπτὰς εἰς τὸν θάμνον καὶ τὰ γεννήματα ἀναρπάσας μετὰ τῶν ἑαυτοῦ νεοττῶν κατεθοινήσατο. ἡ δὲ ἀλώπηξ ἐπανελθοῦσα, ὡς ἔγνω τὸ πραχθέν, οὐ μᾶλλον ἐπὶ τῷ τῶν νεοττῶν θανάτῳ ἐλυπήθη ὅσον ἐπὶ τῇ ἀμύνῃ· χερσαία γὰρ οὖσα πτηνὸν διώκειν ἠδυνάτει. διόπερ πόρρωθεν στᾶσα, ὃ μόνον τοῖς ἀδυνάτοις καὶ ἀσθενέσιν ὑπολείπεται, τῷ ἐχθρῷ κατηρᾶτο. συνέβη δὲ αὐτῷ τῆς εἰς τὴν φιλίαν ἀσεβείας οὐκ εἰς μακρὰν δίκην ὑποσχεῖν. θυόντων γάρ τινων αἶγα ἐπ᾽ ἀγροῦ, καταπτὰς ἀπὸ τοῦ βωμοῦ σπλάγχνον ἔμπυρον ἀνήνεγκεν· οὗ κομισθέντος ἐπὶ τὴν καλιὰν σφοδρὸς ἐμπεσὼν ἄνεμος ἐκ λεπτοῦ καὶ παλαιοῦ κάρφους λαμπρὰν φλόγα ἀνῆψε. καὶ διὰ τοῦτο καταφλεχθέντες οἱ νεοττοί, καὶ γὰρ ἦσαν ἔτι ⟨ἀ⟩πτῆνες {ἀτελεῖς}, ἐπὶ τὴν γῆν κατέπεσον, καὶ ἡ ἀλώπηξ προσδραμοῦσα ἐν ὄψει τοῦ ἀετοῦ πάντας αὐτοὺς κατέφαγεν.

Die Fabel vom Fuchs und dem Adler

Philostr. imag. 1.3

Es kommen die Fabeln zu Aisopos, denn sie lieben ihn, weil er sich um sie kümmert. Auch Homer und Hesiod beschäftigten sich mit der Fabel, ebenso auch Archilochos gegen Lykambes. Aisopos aber hat alles Menschliche in seinen Fabeln dargestellt.

Aesop. fab. 1 Perry

Adler und Fuchs schlossen Freundschaft und kamen überein, nahe beieinander zu wohnen, sollte doch der stete Umgang ihre Freundschaft festigen. Da flog denn also der Adler auf einen gar hohen Baum und brütete seine Jungen aus, der Fuchs aber ging in einen Busch am Fuß des Baumes und brachte seine Jungen zur Welt. Als aber einmal der Fuchs fortgegangen war, Futter zu holen, flog der Adler, der keine Nahrung hatte, hinab in den Busch, ergriff die jungen Füchslein, trug sie hinauf und verzehrte sie gemeinsam mit seinen Jungen. Als nun der Fuchs zurückkehrte und sah, was geschehen war, ward er, mehr noch als über den Tod seiner Jungen, über seine Wehrlosigkeit betrübt: denn als Tier, das auf der Erde lebt, konnte der Fuchs einen Vogel ja nicht verfolgen. Deshalb blieb er weit (vom Adler) entfernt stehen und – was den Wehrlosen und Schwachen als einziges Mittel übrig bleibt – verfluchte seinen Feind. Es geschah nun aber, dass der nach nicht langer Zeit büßen musste für die Missachtung der Freundschaft. Denn als einige Leute auf dem Felde eine Ziege schlachteten, flog der Adler herab und trug ein angekohltes Stück Opferfleisch vom Altar hinauf, und wie er das in sein Nest gebracht hatte, fing der Wind stark zu wehen an, fachte die Glut an und ließ das feine, dürre Gras in hellen Flammen auflodern. So kamen die Adlerjungen ums Leben, – zu fliegen waren sie nämlich noch nicht imstande – und fielen auf die Erde herunter, und der Fuchs lief herzu und verzehrte sie alle vor den Augen des Adlers. (nach M. Treu)

172 Schol. Hermog., Rhet. Gr. vii. 820. 17 Walz

⊗   πάτερ Λυκάμβα, ποῖον ἐφράσω τόδε·
       τίς σὰς παρήειρε φρένας,
    ἧις τὸ πρὶν ἠρήρησθα; νῦν δὲ δὴ πολὺς
       ἀστοῖσι φαίνεαι γέλως.

173 Origenes c. Celsum 2. 21

τίς γὰρ οὐκ οἶδεν ὅτι πολλοὶ κοινωνήσαντες ἁλῶν καὶ
τραπέζης ἐπεβούλευσαν τοῖς συνεστίοις; καὶ πλήρης ἐστὶν
ἡ Ἑλλήνων καὶ βαρβάρων ἱστορία τοιούτων παραδειγ-
μάτων· καὶ ὀνειδίζων γε ὁ Πάριος ἰαμβοποιὸς τὸν Λυκάμβην μετὰ ἄλας καὶ τράπεζαν συνθήκας ἀθετήσαντά φησι
πρὸς αὐτόν

      ὅρκον δ᾽ ἐνοσφίσθης μέγαν
      ἅλας τε καὶ τράπεζαν.

174 Ps.-Ammonius de adfin. vocab. diff. 18 (p. 5 Nickau)

αἶνος καὶ παροιμία διαφέρει. ὁ μὲν γὰρ αἶνός ἐστι λόγος
κατ᾽ ἀναπόλησιν μυθικὴν ἀπὸ ἀλόγων ζῴων ἢ φυτῶν πρὸς
ἀνθρώπους εἰρημένος, ὥς φησι Λούκιος Ταρραῖος ἐν τῷ
πρώτῳ περὶ παροιμιῶν· οἷον ἀπὸ μὲν ἀλόγων ζῴων ὡς
παρ᾽ Ἀρχιλόχῳ,

      αἶνός τις ἀνθρώπων ὅδε,
     ὡς ἄρ᾽ ἀλώπηξ καἰετὸς ξυνεωνίην
       ἔμειξαν,

καὶ τὰ ἑξῆς.

172 W = 88 D   Schol. Hermog., Rhet. Gr. VII 820.17 Walz

Vater Lykambes, was hast du dir da ausgedacht?
  Wer brachte deine Gedanken durcheinander,
auf die du doch bisher so stolz sein konntest? Jetzt aber
  wirst du offensichtlich allen Bürgern gewaltig zum Gespött.

173 W = 95 D   Origenes c. Celsum 2.21

Wer weiß denn nicht, dass viele, die Salz- und Tischgemeinschaft besa-
ßen, ihre Mitmenschen hintergingen? Und voll ist die Geschichte der
Hellenen und Barbaren von Beispielen dafür. Und es beschimpfte auch
der Jambendichter aus Paros den Lykambes, nachdem dieser die Verein-
barungen über die Salz- und Tischgemeinschaft gebrochen hatte, und
sprach folgendes:

  Den Eid brachst du, den heiligen,
und nahmst mir die Salz- und Tischgemeinschaft.

174 W = 89 D   Ps.-Ammonius de adfin. vocab. diff. 18

Fabel und Sprichwort unterscheiden sich. Die Fabel ist nämlich eine Geschichte, in der eine Erzählung, die von vernunftlosen Tieren oder Pflanzen handelt, auf Menschen übertragen ist, wie auch Lukios Tarrhaios in
seinem ersten Buch über die Sprichwörter sagt, wie es z.B. bei der Über-
tragung einer Tiergeschichte (auf Menschen) bei Archilochos der Fall ist:

  Dies ist eine Geschichte über Menschen,
dass einmal ein Fuchs und ein Adler Freundschaft
  schlossen,

und so weiter.

175 P. Oxy. 2315 fr. 1, ed. Lobel

> ⏑ – ⏑   ἐς παῖ]δας φέρων
>   δαῖ]τα δ᾽ οὐ καλὴν ἐπ[ὶ
> ὥρμησαν ἀπτ]ῆνες δύο
> ⏑ – ⏑ – ⏑   ].γῆ[ς] ἐφ᾽ ὑψηλῶι π[άγωι
> 5   ⏑ – ⏑ –   ]νεοσσιῆι
>   ⏑ – ⏑ –   ]προύθηκε. τὴν δ[⏑ – ⏑ –
>   ⏑ – ⏑ –   ].εχο.[⏑ –
>   ⏑ – ⏑ –   ]αδε..[⏑ – ⏑ – ⏑ –
>   ⏑ – ⏑ – ⏑   ]φωλά[δ –

176 Atticus fr. 2 Baudry ap. Euseb. praep. ev. 15. 4. 4

μιᾷ γὰρ ὁδῷ βαδίζοντα, ἥτις ἄγειν πέφυκεν ἐπί τι τῶν μι-
κρῶν καὶ ταπεινῶν, οὐκ ἔστιν ἐλθεῖν ἐπὶ τὰ μείζω καὶ ἐν
ὕψει κείμενα.

> ὁρᾶις ἵν᾽ ἐστὶ κεῖνος ὑψηλὸς πάγος,
>   τρηχύς τε καὶ παλίγκοτος·
> ἐν τῶι κάθηται, σὴν ἐλαφρίζων μάχην.

ἐπὶ τοῦτον τὸν ὑψηλὸν πάγον τὸ δριμὺ καὶ πανοῦργον
ἐκεῖνο θηρίον ἀνελθεῖν ἀδύνατον· ἵνα δ᾽ εἰς ταὐτὸν ἔλθῃ
τοῖς ἀετοῦ γεννήμασιν ἀλώπηξ, ἢ τύχῃ τινὶ δεῖ χρησαμ-
ένους ἐκείνους πονηρᾷ καταπεσεῖν εἰς γῆν, τῶν οἰκίων
αὐτοῖς φθαρέντων, ἢ φύσασαν αὐτὴν ἃ μὴ πέφυκε φύειν
»λαιψηρὰ κυκλῶσαι πτερά« (cf. fr. 181. 11), καὶ οὕτως ἀρθεῖ-
σαν ἐκ γῆς ἀναπτέσθαι πρὸς τὸν ὑψηλὸν πάγον.

175 W = 94 D   P. Oxy. 2315 fr. 1

… seinen Kindern brachte er
… das gar nicht schöne Futter,
… es stürzten sich darauf die beiden Jungen
… auf einem hohen Berggipfel
… der Brut, diese aber …
… er setzte vor …

…

…

… in seinem Lager sich verbergend

176 W = 92 D   Atticus fr. 2 ap. Euseb. praep. ev. 15.4.4

Wenn einer nämlich nur einen bestimmten Weg geht, der dazu geeignet ist, zu etwas Kleinem und Geringem hinzuführen, dann ist es unmöglich, dass er zu etwas besonders Großem und Erhabenem gelangt.

Siehst du, wo sich jener hohe Berggipfel befindet,
  schroff und abweisend?
Dort sitzt er und schätzt deinen Kampf gering.

Auf diesen hohen Berggipfel kann jenes hitzige und verschlagene Tier nicht gelangen. Damit der Fuchs aber dorthin zu den Jungen des Adlers kommt, müssten jene entweder durch einen bösen Zufall auf die Erde fallen, nachdem ihr Nest zerstört worden war, oder der Fuchs müsste wachsen lassen, was die Natur nicht wachsen lässt, müsste »die flinken Flügel im Kreis bewegen« und so von der Erde sich erheben und zu dem hohen Punkt aufsteigen.

177 Stob. 1. 3. 34

> ὦ Ζεῦ, πάτερ Ζεῦ, σὸν μὲν οὐρανοῦ κράτος,
> σὺ δ᾽ ἔργ᾽ ἐπ᾽ ἀνθρώπων ὁρᾷς
> λεωργὰ καὶ θεμιστά, σοὶ δὲ θηρίων
> ὕβρις τε καὶ δίκη μέλει.

178 Porphyrius in Hom. Il. 24. 315 (p. 275. 1 Schrader)

εἴωθε δὲ καὶ ὁ Ἀρχίλοχος μελάμπυγον τοῦτον καλεῖν (sc. τὸν μέλανα αἰετόν)·

> μή τευ μελαμπύγου τύχῃς.

179 Et. Gen. α 187 (cod. B), Sym. α 256, Magn. α 462 L.-L.

αἰηνές· τὸ δεινὸν καὶ πολύστονον. Ἀρχίλοχος·

> προύθηκε παισὶ δεῖπνον αἰηνὲς φέρων.

εἴρηται δὲ παρὰ τὸ αἶ αἶ. ἢ τὸ αἰώνιον ...

177 W = 94 D   Stob. 1.3.34

Ach Zeus, Vater Zeus, dir gehört die Macht im Himmel,
  du siehst auf die Werke der Menschen herab,
auf Freveltaten und Gesetzlosigkeiten, du
  achtest auch auf Freveltat und Recht der Tiere.

178 W = 93 D   Porphyrius in Hom. Il. 24.315

Auch Archilochos pflegte diesen (d.h. den schwarzen Adler) einen
Schwarzschwanz zu nennen:

... dass du nur nicht auf einen Schwarzschwanz triffst.

179 W = 90 D   Et. Gen. α 187 (cod. B), Sym. α 256, Magn. α 462
L.-L.

αἰηνές: das Furchtbare und viel Leid Bringende. Archilochos:

... er (der Adler) setzte seinen Jungen eine grausige Mahlzeit vor.

Das Wort wird gebraucht entsprechend dem »weh und ach«; oder es bedeutet auch »das Ewige«...

180 Schol. Ar. Ach. 279, »ἐν τῷ φεψάλῳ«

ἐν τῷ καπήλῳ (v.l. καπνῷ). φέψαλοι γὰρ οἱ σπινθῆρες. ὡς
Καλλίας (Καλλίστρατος?). δηλοῖ ⟨δὲ τὸ⟩ »ἀλλ᾽ οὐδὲ μοιχοῦ
καταλέλειπται φεψάλυξ« (Lys. 107). καὶ παρὰ Ἀρχιλόχῳ δὲ
κεῖται.

πυρὸς δ᾽ ἐν αὐτῶι φεψάλυξ.

181 P. Oxy. 2316, ed. Lobel

```
                    ].ω[
                    ]ηρκ[
                    ].τάτην[
                μ]έγ᾽ ἠείδει κακ[όν
5               φ]ρέ[ν]ας
                    ].δ᾽ ἀμήχανον τ.[
                    ]ακον·
                ].αγων μεμνημένος[
                ].ην κλύσας
10          κέ]λευθον ὠκέως δι᾽ αἰθέρος[
        λαιψηρὰ κυ_κλώσας πτερά
                ]γ ἡσ..· σὸς δὲ θυμὸς ἔλπεται
```

182 Hephaest. de poem. 7. 2 (v. ad fr. 172)

⊗   εὖτε πρὸς ἄθλα δῆμος ἠθροΐζετο.
            ἐν δὲ Βατουσιάδης

180 W = 94a D   Schol. Ar. Ach. 279: »In der Sprühasche, den fliegenden Funken«.

Im Rauch. »Fliegende Funken« sind nämlich Funken eines Brandes, wie Kallias (Kallistratos?) sagt. Das zeigt die Wendung »Aber auch hinter einem Ehebrecher bleibt kein Funken zurück« (Lys. 107). Und bei Archilochos heißt es:

Feuerfunken sind darin.

181 W = 92b D   P. Oxy. 2316, ed. Lobel

…

…

…

… er wusste von dem großen Übel…

. Gedanken …

… unmöglich

…

… sich erinnernd …

… nachdem er fortgespült hatte …

… seine Bahn … schnell am Himmel …

… nachdem er die flinken Flügel im Kreis bewegt hatte …

… aber dein Herz erhofft …

182 W = 85 D   Hephaest. de poem. 7.2

Als sich zum Wettkampf das Volk versammelte,
    dabei war auch Batusiades (der Seher) …

183   Σελληΐδεω

Hesych. Σελληΐδεω· Σελ(λ)έως υἱός, ὁ μάντις, Βατουσιάδης
τὸ ὄνομα.

Aristides or. 46, ii. 380. 23 Dindorf (quae praecedunt v. ad fr. 167)

ἀλλὰ Λυκάμβην καὶ Χαρίλαον καὶ τὸν δεῖνα τὸν μάντιν ...
ἔλεγε κακῶς.

184 Plut. de primo frig. 14 p. 950e

οὐ γὰρ εἰς τοὐναντίον ἀλλ᾽ ὑπὸ τοῦ ἐναντίου φθείρεται
τῶν ἀπολλυμένων ἕκαστον, ὥσπερ τὸ πῦρ ὑπὸ τοῦ ὕδατος
εἰς τὸν ἀέρα ... ὁ δ᾽ Ἀρχίλοχος ἐπὶ τῆς τἀναντία φρο-
νούσης οὐ κακῶς εἶπε·

> τῆι μὲν ὕδωρ ἐφόρει
> δολοφρονέουσα χειρί, θἠτέρηι δὲ πῦρ.

185-7. Fabula de vulpe et simio

Aesop. fab. 81 Perry
ἐν συνόδῳ τῶν ἀλόγων ζῴων πίθηκος ὀρχησάμενος καὶ
εὐδοκιμήσας βασιλεὺς ὑπ᾽ αὐτῶν ἐχειροτονήθη. ἀλώπηξ
δὲ αὐτῷ φθονήσασα, ὡς ἐθεάσατο ἔν τινι πάγῃ κρέας
κείμενον, ἀγαγοῦσα αὐτὸν ἐνταῦθα ἔλεγεν ὡς εὑροῦσα
θησαυρὸν αὐτὴ μὲν οὐκ ἐχρήσατο, γέρας δὲ αὐτῷ τῆς βασιλείας τετήρηκε, καὶ παρῄνει αὐτῷ λαμβάνειν. τοῦ δὲ
ἀμελήτως ἐπιόντος καὶ ὑπὸ τῆς παγίδος συλληφθέντος, αἰ-
τιωμένου τε τὴν ἀλώπεκα ὡς ἐνεδρεύσασαν αὐτῷ, ἐκείνη
ἔφη »ὦ πίθηκε, σὺ δὲ τοιαύτην πυγὴν ἔχων τῶν ἀλόγων
ζῴων βασιλεύ(σ)εις;«

183 W ... des Selleiden ...

Hesych: des Selleiden. Sohn des Selleus, der Seher, mit dem Namen Batusiades.

Aristides or. 46, II 380.23 Dindorf

Ja, er beschimpfte Lykambes, Charilaos und den bekannten Seher.

184 W = 86 D Plut. de primo frig. 14 p. 950e

Denn nicht in das Gegenteilige, sondern durch das Gegenteilige wird alles, was zu Grunde geht, vernichtet, wie das Feuer durch das Wasser in die Luft vergeht ... Archilochos sagte zutreffend über eine Frau, die Gegenteiliges dachte:

In der einen Hand trug sie Wasser,
die Falsche, in der anderen aber Feuer.

185–187. Die Fabel vom Fuchs und dem Affen

Aesop. fab. 81 Perry
Bei einer Zusammenkunft der Tiere trat der Affe als Tänzer auf, fand allgemein Beifall und wurde von ihnen zum König gewählt. Der Fuchs neidete ihm das, und als er in einer Falle ein Stück Fleisch liegen sah, führte er den Affen hin, sagte, er habe einen Schatz gefunden, ihn aber nicht angerührt, sondern als Ehrengabe für den Träger der Königswürde aufgehoben, und forderte ihn auf, sich den Schatz zu holen. Als der Affe, ohne sich vorzusehen, darauf zuging, war er in der Falle gefangen. Da machte er dem Fuchs Vorwürfe, dass der ihn in die Falle gelockt hatte, der aber erwiderte: »Affe, du mit einem solchen Steiß willst König der vernunftlosen Tiere sein?« (Übers. nach M. Treu)

185 Ps.-Ammonius de adfin. vocab. diff. 18 (p. 5 Nickau) (quae praecedunt v. ad fr. 174)

καὶ πάλιν ὅταν λέγῃ

> ἐρέω τιν᾽ ὕμιν αἶνον. ὦ Κηρυκίδη.
> ἀχνυμένηι σκυτάληι.

εἶτ᾽ ἐπιφέρει·

> πίθηκος ἤιει θηρίων ἀποκριθεὶς
> μοῦνος ἀν᾽ ἐσχατιήν.
> 5 τῶι δ᾽ ἄρ᾽ ἀλώπηξ κερδαλῆ συνήντετο.
> πυκνὸν ἔχουσα νόον.

186 Et. Gen. (Miller, Mélanges 267), Et. Magn. p. 715. 44.

σκανδάλιθρον· τὸ πέτευρον τῶν παγίδων ... ἔστι δὲ τὸ ἐν τῇ παγίδι καμπύλον ξύλον ᾧ ἐρείδεται. Ἀρχίλοχος δὲ ῥόπτρον ἔφη. οἷον

> ῥόπτρωι ἐρειδόμενον.

187 Ar. Ach. 119 sq.

> ὦ θερμόβουλον πρωκτὸν ἐξυρημένε.
> τοιόνδε δ᾽ ὦ πίθηκε τὸν πωγῶν᾽ ἔχων κτλ.

Schol. ad loc.

καὶ τοῦτο παρῴδηκεν ἐκ τῶν Ἀρχιλόχου ἐπ⟨ῳδ⟩ῶν

> τοιήνδε δ᾽ ὦ πίθηκε τὴν πυγὴν ἔχων.

185 W = 81 D   Ps.-Ammonius de adfin. vocab. diff. 18

und wenn er wiederum sagt:

Ich werde euch eine Fabel, Kerykides, erzählen,
   mit meinem zornigen Stab,

dann fügt er hinzu:

Ein Affe ging getrennt von allen Tieren
   allein in eine abgelegene Gegend,
ihm trat darauf der schlaue Fuchs entgegen
   mit listigen Gedanken.

186 W = 82 D   Et. Gen. (Miller, Mélanges 267), Et. Magn. p. 715.44

σκανδάλιθρον: Der Stab in den Schlingen ... Es handelt sich um das
gebogene Holz in der Falle, mit dem sie gespannt wird. Archilochos
aber meint das Stellholz, wenn er sagt

... mit dem Stellholz gespannt ...

187 W = 83 D   Ar. Ach. 119f.

»Du mit dem heißen, glatt rasierten Hintern!
Du Affe mit einem solchen Bart ...«

Schol. ad loc.

Auch hiermit parodiert er einen Vers aus den Epoden des Archilochos:

Du Affe mit einem solchen Hintern ...

188 P. Colon. 58. 36–40, ed. Merkelbach-West, ZPE 14, 1974, 97

⊗ οὐκέ‿θ᾽ ὁμῶς θάλλεις ἁπαλὸν χρόα· κάρφετα‿ι γὰρ ἤδη
  ὄγμοι‿ς, κακοῦ δὲ γήραος καθαιρεῖ
  .....] ἀφ᾽ ἱμερτοῦ δὲ θορὼν γλυκὺς ἵμερος π[ροσώπου
  .....]κεν· ἦ γὰρ πολλὰ δή σ᾽ ἐπῆιξεν
5 πνεύμ]ατα χειμερίων ἀνέμων, μάλα πολλάκις δ᾽. ε[

189 Ath. 299a

Ὁμήρου δὲ εἰπόντος »τείροντ᾽ ἐγχέλυές τε καὶ ἰχθύες«
(Il. 21. 353), ἀκολούθως ἐποίησε καὶ Ἀρχίλοχος·

  πολλὰς δὲ τυφλὰς ἐγχέλυς ἐδέξω.

190 Hephaest. Ench. 15. 8 (quae praecedunt v. ad fr. 188)

γίνεται δὲ ὁ τελευταῖος τῆς τετραποδίας διὰ τὴν ἐπὶ τέλους
ἀδιάφορον καὶ κρητικός·

  καὶ βήσσας ὀρέων †δυσπαιπάλους, οἷος ἦν ἐφ᾽ ἥβης.

191 Stob. 4. 20. 43

  τοῖος γὰρ φιλότητος ἔρως ὑπὸ καρδίην ἐλυσθεὶς
  πολλὴν κατ᾽ ἀχλὺν ὀμμάτων ἔχευεν,
  κλέψας ἐκ στηθέων ἁπαλὰς φρένας.

188 W = 113–114 D   P. Colon. 58. 36–40, ed. Merkelbach-West

Nicht wie früher hast du eine glatte Haut; denn sie wird schon runzlig
    und faltig, … des schlimmen Alters rafft hinweg
… und aus dem lieblichen Gesicht ist das süße Verlangen verschwunden
    … ja wirklich, die vielen Winterstürme
haben dich gegerbt, sehr oft aber …

189 W = 115 D   Ath. 299a

Nachdem Homer gesagt hatte »bedrängt wurden die Aale und Fische«
(Il. 21.353), folgte ihm Archilochos und formulierte:

Viele blinde Aale hast du aufgenommen.

190 W = 116 D   Hephaest. Ench. 15.8

Der letzte Fuß des Tetrameters kann wegen der Unbestimmtheit des
Versschlusses auch ein Creticus sein:

Ich durchstreifte die Schluchten der Berge, war ich doch im Besitz meiner Jugendkraft.

191 W = 112 D   Stob. 4.20.43

Ja, ein solches Liebesverlangen krallte sich heimlich in mein Herz,
    goss große Dunkelheit über meine Augen
und raubte mir aus meiner Brust alle klaren Gedanken.

192 Plut. sollert. anim. 36 p. 984f

ἐκ δὲ τούτου καὶ τὰ περὶ Κοίρανον ὄντα μυθώδη
πίστιν ἔσχε. Πάριος γὰρ ὢν τὸ γένος ἐν Βυζαντίῳ δε-
λφίνων βόλον ἐνσχεθέντων σαγήνῃ καὶ κινδυνευόντων κατακοπῆναι πριάμενος μεθῆκε πάντας. ὀλίγῳ
5   δὲ ὕστερον ἔπλει πεντηκόντορον ἔχων, ὥς φασι, Μιλη-
σίων ἄνδρας ἄγουσαν· ἐν δὲ τῷ μεταξὺ Νάξου καὶ
Πάρου πορθμῷ τῆς νεὼς ἀνατραπείσης καὶ τῶν ἄλλων
διαφθαρέντων ἐκεῖνον λέγουσι δελφῖνος ὑποδραμό-
ντος αὐτῷ καὶ ἀνακουφίζοντος ἐξενεχθῆναι τῆς Σικύ-
10 νθου (?) κατὰ σπήλαιον ὃ δείκνυται μέχρι νῦν καὶ κα-
λεῖται Κοιράνειον. ἐπὶ τούτῳ δὲ λέγεται ποιῆσαι τὸν
Ἀρχίλοχον·

πεντήκοντ' ἀνδρῶν λίπε Κοίρανον ἵππιος Ποσειδέων.

ἐπεὶ δὲ ὕστερον ἀποθανόντος αὐτοῦ τὸ σῶμα πλησίον
15 τῆς θαλάττης οἱ προσήκοντες ἔκαιον, ἐπεφαίνοντο
πολλοὶ δελφῖνες παρὰ τὸν αἰγιαλόν, ὥσπερ ἐπι-
δεικνύντες ἑαυτοὺς ἥκοντας ἐπὶ τὰς ταφὰς καὶ παρα-
μείναντες ἄχρις οὗ συνετελέσθησαν.

193 Stob. 4. 20. 45

δύστηνος ἔγκειμαι πόθωι,
ἄψυχος, χαλεπῆισι θεῶν ὀδύνηισιν ἕκητι
πεπαρμένος δι' ὀστέων.

192 W = 117 D Plut. sollert. anim. 36 p. 984f

Daher verdienen es auch die wilden Geschichten über Koiranos, dass man ihnen glaubt. Er war seiner Herkunft nach Parier. In Byzanz kaufte er einen Schwarm von Delphinen, die in einem Netz gefangen worden waren und geschlachtet werden sollten, und setzte sie alle in Freiheit. Ein wenig später trat er auf einem Fünfzigruderer eine Seereise mit, wie es heißt, fünfzig Seeräubern an. In der Straße zwischen Naxos und Paros kenterte das Schiff, und während alle anderen umkamen, wurde Koiranos, wie man erzählt, weil ein Delphin unter ihm schwamm und ihn hochhob, auf Sikinos an Land gebracht, in der Nähe einer Höhle, die bis auf den heutigen Tag gezeigt wird und Koiraneion heißt. Über diesen Mann soll Archilochos den folgenden Vers geschrieben haben:

Von fünfzig Männern ließ Poseidon, der Gott der Pferde, nur Koiranos am Leben.

Als er dann später gestorben war, verbrannten seine Angehörigen seinen Körper in der Nähe des Meeres, während ein großer Zug von Delphinen an der Küste erschien, als ob sie zeigen wollten, dass sie zu seiner Bestattung gekommen seien, und sie blieben, bis die Bestattung vollzogen war.

193 W = 104 D Stob. 4.20.45

Unglücklich vor Sehnen und Verlangen liege ich da,
leblos, von schlimmen gottgewollten Schmerzen
durchdrungen bis ins Mark.

194 Grammaticus ap. Nauck, Lexicon Vindob. p. 269. 6 (de vocibus modo in -εία modo in -ία exeuntibus)

βαχχεία, καί

ἔξωθεν ἔκαστος
ἔπινεν, ἐν δὲ βαχχίῃ.

Ἀρχίλοχος.

195 Hephaest. Ench. 7. 2

καὶ τὸ τετράμετρον (δακτυλικὸν) εἰς δισύλλαβον κατα-
ληκτικόν, ᾧ πρῶτος μὲν ἐχρήσατο Ἀρχίλοχος ἐν ἐπῳδοῖς·

φαινόμενον κακὸν οἴκαδ᾽ ἄγεσθαι.

196 Hephaest. Ench. 15. 9

τρίτον δ᾽ ἐστὶ παρ᾽ Ἀρχιλόχῳ ἀσυνάρτητον ἐκ δακτυλικοῦ
πενθημιμεροῦς καὶ ἰαμβικοῦ διμέτρου ἀκαταλήκτου·

ἀλλά μ᾽ ὁ λυσιμελὴς ὦταῖρε δάμναται πόθος.

196a P. Colon. 58. 1–35, ed. Merkelbach-West, ZPE 14, 1974, 97

πάμπαν ἀποσχόμενος·
ἶσον δὲ τολμ[
εἰ δ᾽ ὦν ἐπείγεαι καί σε θυμὸς ἰθύει,
ἔστιν ἐν ἡμετέρου
5   ἦ νῦν μέγ᾽ ἱμείρε[ι
καλὴ τέρεινα παρθένος· δοκέω δέ μι[ν

194 W = 111 D   Grammaticus ap. Nauck, Lexicon Vindob. p. 269.6
(über Wörter, die bald auf -εια, bald auf -ια ausgehen)

bacchische Verzückung, und
draußen trank jeder,
drinnen aber (herrschte) bacchische Verzückung,
Archilochos.

195 W = 105 D   Hephaest. Ench. 7.2

So gibt es auch den (daktylischen) Tetrameter, endend mit einem Spondeus. Archilochos gebrauchte als erster dieses Versmaß in den Epoden:

... dass ein Übel, das sich als solches erweist, nach Hause gebracht wird ...

196 W = 118 D   Hephaest. Ench. 15.9

Drittens gibt es bei Archilochos das »Asynarteton«, zusammengesetzt aus fünf daktylischen Silben und einem akatalektischen iambischen Dimeter:

Doch das gliederlösende Sehnen und Verlangen, mein Freund, ist stärker als ich.

196a W   P. Colon. 58.1–35, ed. Merkelbach-West

»... wenn du ganz darauf verzichtest;
doch du wirst dich genau so wieder darauf einlassen ...
Aber wenn es dir doch einmal wieder eng wird und dein Herz dich lenkt,
dann gibt es in unserem Haus
eine, die gerade große Sehnsucht (nach dir) hat ...,
ein schönes, zartes Fräulein; ich glaube auch, dass sie

εἶδος ἄμωμον ἔχειν·
τὴν δὴ σὺ ποίη[σαι φίλην.«

τοσαῦτ᾿ ἐφώνει· τὴν δ᾿ ἐγώνταμει[βόμην·

10 »Ἀμφιμεδοῦς θύγατερ,
ἐσθλῆς τε καί[
γυναικός, ἣν νῦν γῆ κατ᾿ εὐρώεσσ᾿ ἔ[χει.
τ]έρψιές εἰσι θεῆς
πολλαὶ νέοισιν ἀνδ[ράσιν

15 παρὲξ τὸ θεῖον χρῆμα· τῶν τις ἀρκέσε[ι.
τ]αῦτα δ᾿ ἐφ᾿ ἡσυχίης
εὖτ᾿ ἂν μελανθῇ[
ἐ]γώ τε καὶ σὺ σὺν θεῶι βουλεύσομεν.
π]είσομαι ὥς με κέλεαι·

20 πολλόν μ᾿ ε[
θρ]ιγκοῦ δ᾿ ἔνερθε καὶ πυλέων ὑποφ[
μ]ή τι μέγαιρε φίλη·
σχήσω γὰρ ἐς ποη[φόρους
κ]ήπους· τὸ δὴ νῦν γνῶθι. Νεοβούλη[ν

25 ἄ[λλος ἀνὴρ ἐχέτω·
αἰαῖ, πέπειρα, δὶς ⌞τόση,
ἄν]θος δ᾿ ἀπερρύηκε παρθενήϊον
κ]αὶ χάρις ἣ πρὶν ἐπῆν·
κόρον γὰρ ουκ[

30 ..]ης δὲ μέτρ᾿ ἔφηνε μαινόλις γυνή.
ἐς] κόρακας ἄπεχε·
μὴ τοῦτ᾿ εφ.ιταν[
ὅ]πως ἐγὼ γυναῖκα τ[ο]ιαύτην ἔχων
γεί]τοσι χάρμ᾿ ἔσομαι·

35 πολλὸν σὲ βούλο[μαι
σὺ] μὲν γὰρ οὔτ᾿ ἄπιστος οὔτε διπλόη,
ἣ δ]ὲ μάλ᾿ ὀξυτέρη,
πολλοὺς δὲ ποιεῖτα[ι φίλους·
δέ]δοιχ᾿ ὅπως μὴ τυφλὰ κἀλιτήμερα

40 σπ]ουδῆι ἐπειγόμενος

tadellos aussieht.

Mach sie dir zu deiner Geliebten!«

So sprach sie. Ich aber antwortete ihr:

»Tochter des Amphimedo,

der edlen und ...

Frau, die jetzt die Erde, die modrige, birgt,

Freuden der Göttin gibt es

viele für junge Männer

über die göttliche Sache hinaus. Eine davon wird genügen.

Dies aber wird in Ruhe geschehen,

wenn sich geschwärzt hat ...

Ich und du, wir werden mit Gottes Hilfe darüber beraten.

Folgen werde ich, wie du es mir befiehlst.

Weit ... ich mich ...

Doch vor der Mauer und dem Tor ...

verweigere mir nicht, meine Liebe.

Ich werde nämlich in den grasreichen

Garten zielen. Das allerdings musst du jetzt wissen! Neobule

soll ein anderer Kerl haben.

Wahnsinn. Die überreife Frucht. Zweimal so alt.

Vorbei die Jugendblüte

und jeder Reiz, wie sie ihn früher hatte.

Denn Übersättigung ...

... die Spuren ihres Alters aber lässt das irre Weib erkennen.

Geh doch zum Henker!

Nicht dies ...

dass ich mich mit einer solchen Frau

bei einem Nachbarn lächerlich mache.

Aber große Lust hab' ich auf dich;

denn du bist weder untreu noch doppelzüngig,

sie aber ist viel schärfer

und schafft sich viele Freunde an.

Ich fürchte, dass ich blinde, zu früh geborene Junge werfe,

wenn ich mich zur Eile drängen lasse,

τὼς ὥσπερ ἡ κ[ύων τέκω.«
τοσ]αῦτ᾽ ἐφώνε̣ον· παρθένον δ᾽ ἐν ἄνθε[σιν
τηλ]εθάεσσι λαβών
ἔκλινα· μαλθακῆι δ[έ μιν
45 χλαί]νηι καλύψας, αὐχέν᾽ ἀγκάλης ἔχω[ν,
...]ματι παυ[σ]αμένην
τὼς ὥστε νεβρ[
μαζ]ῶν τε χερσὶν ἠπίως ἐφηψάμην
...]ρέφηνε̣ νέον
50 ἥβης ἐπήλυσιν χρόα
ἅπαν τ]ε̣ σῶμα καλὸν ἀμφαφώμενος
...]ον ἀφῆκα μένος
ξανθῆς ἐπιψαύ[ων τριχός. ⊗

197 Hephaest. Ench. 6. 2

⊗   Ζεῦ πάτερ, γάμον μὲν οὐκ ἐδαισάμην.

198-199. Testimonia de metris fide digna (cetera quaere
frr. 314-321)

198 Terent. Maurus 1801 sqq., Gramm. Lat. vi. 379

Nec tantum hexametris geminam subiungere partem
    dactylicam mos est: saepe semel posita
praemisso hexametro dulcem subnectit epodum.
    talis epodus erit:
›Tibia docta, precor, tandem mihi dicere versus
    desine Maenalios.‹
Hoc doctum Archilochum tradunt genuisse magistri:
    tu mihi, Flacce, sat es.

wie die Hündin.«
Soviel sagte ich. Das Mädchen aber nahm ich in den Arm
und ließ sie sinken in die Blütenpracht.
Dann hüllt' ich sie in eine weiche
Decke, ihren Nacken hielt ich mit den Armen,
... sie hatte aufgehört ...
so wie ein junges Reh ...
zart nur strich ich mit meinen Händen über ihre Brüste
... sie ließ sehen junge
Haut, jugendliche Frische ganz nah spüren,
und ihren schönen Körper streichelnd überall
... ließ ich meine Kraft verströmen
und fasste sanft ihr blondes Haar.

197 W = 29 D   Hephaest. Ench. 6.2

Zeus Vater, meine Hochzeit habe ich nicht feiern können.

198-199. Zuverlässige Zeugnisse über die Metrik

198 W   Terent. Maurus 1801-1808, Gramm. Lat. VI 379

Nicht nur den Hexametern einen doppelten Daktylos anzufügen, ist üblich: Oft heftet man einem vorausgehenden Hexameter einfach einen
lieblichen Epodus an. So wird dann ein epodischer Zweizeiler aussehen:
»Flöte, gelehrte, ich bitte, Maenalische Verse mir aufzusagen, das muss
zu Ende jetzt sein«.
    Dass Archilochos diese gelehrte Technik erfunden habe, überliefern
die Fachleute:
    Du, Flaccus, bist mir genug.

199 Diomedes, Gramm. Lat. i. 516. 13

† Archilochum et Horatium:
>   nivesque deducunt Iouem. nunc mare nunc siluae ...
(Hor. epod. 13. 2.)
Hic superius comma ex principio iambici est, inferius ex
>   principio hexametri.

200–204. Epodi incerti metri

200 Et. Gen. (Miller, Mélanges 254); Et. Magn. p. 689. 1

προίκτης· ... τινὲς δὲ παρὰ τὸ ἴξεσθαι. ὅ ἐστι δωρεάν τινα
λαμβάνειν, ὡς Ἀρχίλοχος·

>   ἐμέο δὲ κεῖνος οὐ καταπροΐξεται.

201 Zenob. 5. 68 (Paroem. Gr. i. 47. 7)

>   πόλλ᾿ οἶδ᾿ ἀλώπηξ. ἀλλ᾿ ἐχῖνος ἓν μέγα.

μέμνηται ταύτης Ἀρχίλοχος ἐν ἐπῳδῇ (sic), γράφει δὲ καὶ
Ὅμηρος τὸν στίχον (Margites fr. 5) ... λέγεται δὲ ἡ παροιμία
ἐπὶ τῶν πανουργοτάτων.

199 W Diomedes, Gramm. Lat. I 516.13

Archilochos und Horaz:
und Schneestürme vertreiben das Sonnenlicht; jetzt Meer, jetzt Wälder …

Der erste Teil des Verses besteht hier aus iambischen Metren, der zweite
aus hexametrischen.

200-204. Epoden in unbestimmtem Versmaß

200 W = 87 D Et. Gen. (Miller, Mélanges 254); Et. Magn. p. 689

derjenige, der um eine Gabe bittet, der Bettler: … einige meinen, das
Wort komme von »die Hand nach etwas ausstrecken«, was bedeutet,
dass jemand ein Geschenk annimmt, wie Archilochos sagt:

Jener wird mich nicht ungestraft verhöhnt haben.

201 W = 103 D Zenob. 5.68 (Paroem. Gr. I 47.7)

Vieles weiß der Fuchs, doch der Igel nur eine große Sache.

Es erinnert Archilochos an diesen in einer Epode, es schreibt aber auch
Homer den Vers (Margites fr. 5) … Das Sprichwort wird bei sehr großen
Übeltätern gesagt.

202 Schol. Nic. Th. 322

παρ' Ἀρχιλόχῳ ἔμπλην ἀντὶ τοῦ χωρίς, οἷον

ἔμπλην ἐμέο τε καὶ φίλου

καὶ τὰ ἑξῆς. τὸ δὲ πλησίον παρὰ τῷ ποιητῇ (Il. 2. 526),
»Βοιωτῶν δ' ἔμπλην ἐπ' ἀριστερὰ θωρήσσοντο«.

203 P. Oxy. 2315 fr. 2

```
                    ]ς ἔληις·
                    ]καρδίην δο.[
                    ].[
                    ]σ.[....]εμ[
5                   ].[
```

204 St. Byz. p. 507. 5 Meineke

Πάρος· νῆσος, ἣν (v. l. ᾗ) καὶ πόλιν Ἀρχίλοχος {αὐτὴν} κα-
λεῖ ἐν τοῖς ἐπῳδοῖς.

202 W = 100 D   Schol. Nic. Th. 322

Bei Archilochos steht ἔμπλην (= ohne) an Stelle von χωρίς (= ohne),
wie z. B.

ohne mich und den Freund

usw. »In der Nähe von ...« bedeutet aber beim Dichter (Il. 2.526): »In
der Nähe der Boioter aber rüsten sie sich für den linken Flügel.«

203 W = Treu S. 88   P. Oxy. 2315 fr. 2

... du nimmst ...
... das Herz ...
...
...
...

204 W = Treu S. 116   St. Byz. p. 507.5 Meineke

Paros, eine Insel, die Archilochos auch als Stadt erwähnt in seinen Epoden.

205-95. INCERTI GENERIS

205-22. Trimetri singuli

205 Ath. 688c

τῷ δὲ τοῦ μύρου ὀνόματι πρῶτος Ἀρχίλοχος κέχρηται λέγων

οὐκ ἂν μύροισι γρηῦς ἐοῦσ᾽ ἠλείφεο.

καὶ ἀλλαχοῦ δ᾽ ἔφη· (fr. 48. 5-6).

206

περὶ σφυρὸν παχεῖα, μισητή γυνή.

Eust. in Hom. p. 1329. 33

... Ἀρχίλοχος δὲ παχεῖαν καὶ δῆμον ἤγουν κοινὴν τῷ δήμῳ, καὶ ἐργάτιν, ἔτι καὶ μυσάχνην πρὸς ἀναλογίαν τοῦ ἁλὸς ἄχνη, καὶ εἴ τι τοιοῦτον.

Hesych. ε 5658

ἐργάτις· τὴν Νεοβούλην (-λια cod.) λέγει καὶ παχεῖαν.

207 V. supra

δῆμος

205–295. FRAGMENTE UNBESTIMMTER HERKUNFT

205–222. Einzelne Trimeter

205 W = 27 D   Ath. 688c

Den Namen der Myrrhe gebrauchte Archilochos als erster, wenn er sagt

Weil du ein altes Weib bist, solltest du dich nicht mit Myrrhe salben.

Und auch anderswo spricht er so (fr. 48.5–6).

206 W = 184 Bgk. = Treu S. 112

Um den Knöchel (bist du) plump, verhasstes Weib.

Eust. in Hom. p. 1329.33

… Archilochos bezeichnet die Frau als »plump« und als »gemein« oder vielmehr als »allem Volk gemeinsam«, ferner als »Arbeitstier« und als »Schaumbefleckte/Abschaum = Hure« in Analogie zum Schaum des Meeres usw.

Hesych. ε 5658

»Arbeitstier«. Er nennt Neobule so und auch plump.

207 W = 184 Bgk.

Volk

208 V. supra

ἐργάτις

209 V. supra

μυσαχνή

210 Et. Gen. (Miller, Mélanges 280) + Et. Sym. cod. V marg. (Gaisford ad Et. Magn. p. 752. 17) + Epimer. in Hom., An. Ox. i. 400. 6 Cramer

τοῦτο τὸ τέο τετόλμηκεν Ἀρχίλοχος καὶ τεοῦ, οἷον

τίς ἄρα δαίμων, καὶ τέου χολούμενος

ἀντὶ τοῦ καὶ τίνος.

211 Ammon. in Porph. isag. (Comm. in Arist. Graeca iv (3).9.8.)

ἐπειδὴ γὰρ ἐκεῖνοι σοφὸν ὠνόμαζον τὸν ἡντιναοῦν ἐπιόντα τέχνην· ὧν εἷς ἦν καὶ Ἀρχίλοχος λέγων

τρίαιναν ἐσθλὸς καὶ κυβερνήτης σοφός ...

208 W = 184 Bgk.

Arbeitstier

209 W = 184 Bgk. Treu S. 112

Schaumbefleckte/Abschaum

210 W = 45 D   Et. Gen. (Miller, Mélanges 280) + Et. Sym. cod V marg.

Dieses τέο wagte Archilochos und das τεοῦ, wie z. B.

... welcher Dämon und warum erzürnt ...

an Stelle von τοῦ und τίνος.

211 W = 44 D   Ammon. in Porph. isag. (Comm. in Arist. Graeca IV (3).9.8.)

Denn jene nannten denjenigen, der sich mit einer beliebige Kunst beschäftigt, »weise, umsichtig«. Einer von ihnen war auch Archilochos, indem er sagte:

Im Umgang mit dem Dreizack tüchtig und ein umsichtiger Steuermann ...

168   INCERTI GENERIS

212 Et. Gen. (Miller, Mélanges 146); Et. Magn. p. 424. 18

ἥκη· ἡ ὀξύτης τοῦ σιδήρου. Ἀρχίλοχος·

ἴστη κατ᾽ ἤκην κύματός τε κἀνέμου.

213 Schol. Ar. Ran. 704, »τὴν πόλιν καὶ ταῦτ᾽ ἔχοντες κυμάτων ἐν ἀγκάλαις«

Δίδυμός (p. 249 Schmidt) φησι παρὰ τῷ Αἰσχύλῳ (cf. Cho. 587)· ἔστι δὲ ὄντως παρ᾽ Ἀρχιλόχῳ·

... ψυχὰς ἔχοντες κυμάτων ἐν ἀγκάλαις.

214 Hesych. s. v. σάλπιγξ

†σιγηνοσάλπιγξ· ἀντὶ τοῦ κῆρυξ. τινὲς δὲ ὄρνιν ποιόν. καὶ ὄργανον πολεμικόν. καὶ

θαλασσίην σάλπιγγα

παρ᾽ Ἀρχιλόχῳ· ⟨ἐκδέχονται⟩ δὲ τὸν στρόμβον. {ἐκδέχονται δέ.} καὶ Σάλπιγγος Ἀθηνᾶς ἱερὸν παρὰ Ἀργείοις.

215 Tzetz. alleg. Hom. Ω 125 sqq.

ποιεῖ ὅπερ καὶ ὕστερον Ἀρχίλοχος ἐκεῖνος· | σφῆς ἀδελφῆς γὰρ σύζυγον πνιγέντα τῇ θαλάσσῃ | περιπαθῶς ὠδύρετο, γράφειν μὴ θέλων ὅλως, | λέγων πρὸς τοὺς βιάζοντας συγγράμμασιν ἐγκύπτειν·

καί μ᾽ οὔτ᾽ ἰάμβων οὔτε τερπωλέων μέλει.

212 W = 43 D   Et. Gen. (Miller, Mélanges 146); Et. Magn. p. 424.18:

»Schneide«: Die Schärfe des Eisens. Archilochos:

Halte (das Schiff) auf der Schneide von Welle und Wind.

213 W = 21 D   Schol. Ar. Ran. 704: »Jetzt wo wir die Stadt und diese Dinge im Arm der Wogen haben.«

Didymos (p. 249 Schmidt) sagt, die Redensart komme bei Aischylos (vgl. Cho. 587) vor. Tatsächlich aber steht sie bei Archilochos:

... die Seelen im Arm der Wogen habend ...

214 W = 192 Bgk.   Hesych. s. v. Salpinx (Trompete).

Sigenosalpinx für »Herold«. Einige bezeichnen damit auch einen Vogel und ein Kriegsgerät. Das Wort bedeutet

Meeresschnecke

bei Archilochos. Man versteht darunter auch »die Schnecke«. Und der Salpinx gehört ein Heiligtum der Athena in Argos.

215 W = 20 D   Tzetz. alleg. Hom. Ω 125 ff.

Er macht dasselbe, was später auch jener Archilochos macht: Denn er beklagte in Trauer den Gatten seiner Schwester, der im Meer ertrunken war; er wollte überhaupt nicht mehr schreiben, und sagte zu denen, die ihn bedrängten, sich wieder mit der Dichtung zu befassen:

und mir machen weder Jamben noch Trinkgelage Freude.

216 Schol. Plat. Lach. 187b (p. 117 Greene), »ἐν τῷ Καρὶ ὑμῖν ὁ κίνδυνος«

παροιμία, ἐπὶ τῶν ἐπισφαλέστερον καὶ ἐν ἀλλοτρίοις κινδυνευόντων. Κᾶρες γὰρ δοκοῦσι πρῶτοι μισθοφορῆσαι, ὅθεν καὶ εἰς πόλεμον αὐτοὺς προέταττον ... μέμνηται δ᾽ αὐτῆς Ἀρχίλοχος λέγων

καὶ δὴ ʼπίκουρος ὥστε Κὰρ κεκλήσομαι.

217 Et. Gen. (Miller, Mélanges 97)

ἐγκυτί· ἐν χρῷ, ἐπίρρημα. Καλλίμαχος (fr. 281 Pf.) »σὺ δ᾽ ἐγκυτὶ τέκνον ἐκέρσω« ... Ἡρωδιανὸς δέ· ὀξυτόνως τὸ ἐγκυτὶ ἐπίρρημα γέγονε, κείμενον παρ᾽ Ἀρχιλόχῳ·

χαίτην ἀπ᾽ ὤμων ἐγκυτὶ κεκαρμένος.

218 Schol. Pind. Ol. 12. 10 (i. 351. 19 Dr.), »σύμβολον«

a. σύμβολον ἀρσενικῶς καὶ οὐδετέρως. b. συμβόλους δὲ λέγομεν πταρμούς, ἢ φήμας, ἢ ἀπαντήσεις, ὡς Ἀρχίλοχος·

μετέρχομαί σε σύμβολον ποιεόμενος.

216 W = 40 D   Schol. Plat. Lach. 187b (p. 117 Greene): »Bei dem Karer besteht für euch Gefahr.«

Sprichwort, für diejenigen, die ein besonders gefährliches und unbekanntes Risiko auf sich nehmen. Denn die Karer sind anscheinend die ersten Söldner gewesen, weshalb man sie auch im Krieg in die erste Reihe stellte ... Auf dieses Sprichwort spielt auch Archilochos an, wenn er sagt:

... ich nenne mich also Helfer (Söldner) wie ein Karer.

217 W = 39 D   Et. Gen. (Miller, Mélanges 97)

»Bis auf die Haut«. Adverb. Kallimachos (fr. 281 Pf.): »Du hast das Kind bis auf die Haut geschoren« ... Herodian aber sagt: Das Adverb ἐγκυτί hat einen Akut auf der letzten Silbe, wie es bei Archilochos belegt ist:

... sein von den Schultern herabwallendes Haar ist ihm bis auf die Haut geschoren.

218 W = 46 D   Schol. Pind. Ol. 12.10

a) Das Wort σύμβολον (»Vorzeichen«) ist ein Maskulinum oder ein Neutrum. b) σύμβολοι nennen wir das Niesen, Worte (mit Vorbedeutung) oder Begegnungen, wie Archilochos bezeugt:

Ich komme zu dir, um ein Zeichen zu bekommen.

219   P. Hibeh 173 = P. Lond. inv. 2946 (s. III a. C.)

Ὁμήρ[ου· »τεῖ]χος δ᾽ οὐ χραίσμ[ησε τετυγμένον οὐδέ τι
τάφρος« (Il. 14. 66).] Ἀρχι[λόχου·]

χραίσμησε δ᾽ οὔτεπ[

220

Ὁμήρου· ὥς π[οτ]έ τις ἐρέει· τότε μοι χ[άνοι εὐρεῖα χθών
(Il. 4. 182).] Ἀρχιλόχου·

[......ᵢₙ]. ἐμοὶ τόθ᾽ ἥδε γῆ χ[

221

Ὁμήρου· [....... ἀ]θανάτοισι θεο[ῖς   ]

Ἀρχιλόχου·

ἐξουδένιζ᾽ ἔπειτα σὺν θεοῖ[ς

219 W = Treu S. 6-7   P. Hibeh 173 = P. Lond. inv. 2946

Ein Vers des Homer: »Die Mauer aber hat nichts genützt, die fest gefügte, und auch nicht der Graben« (Il. 14.66). Von Archilochos stammt die Wendung:

... da aber nützte weder (der Turm) ...

220 W = Treu S. 6

Ein Vers des Homer: »So wird einmal jemand sprechen: Dann möge sich mir öffnen die breite Erde« (Il. 4.182). Ein Vers des Archilochos:

... mir (soll) die Erde hier (sich öffnen) ...

221 W = Treu S. 6

Ein Vers des Homer: »(Nicht) den unsterblichen Göttern im Kampf gegenübertreten ...« (Il. 5.130)

Ein Vers des Archilochos:

... verspotte sodann zusammen mit den Göttern ...

222 Et. Gud. col. 390. 42 Sturz (cf. Bekker, Anecd. 1438)

μήδεα· τὰ αἰδοῖα. παρὰ τὸ μέδειν καὶ ἄρχειν τῆς γενέσεως. ⟨*μέδεα,⟩ καὶ μέζεα κατὰ μετάθεσιν τοῦ δ εἰς ζ. ἢ *μέδεα καὶ κατὰ τροπὴν τοῦ ε εἰς η μήδεα ... ἢ καὶ ⟨μέζεα τὰ⟩ μέσα τοῦ σώματος· ⟨Ἡσίοδος⟩ (Op. 512), »οὐρὴν δ' ὑπὸ μέζε' ἔθεντο«, ὡς καὶ Ἀρχίλοχος·

ἵνας δὲ μελέων ⟨τῶν μέσων⟩ ἀπέθρισε.

223–226. Dimetri vel trimetri

223

τέττιγος ἐδράξω πτεροῦ

Luc. Pseudolog. I

τὸ δὲ τοῦ Ἀρχιλόχου ἐκεῖνο ἤδη σοὶ λέγω, ὅτι τέττιγα τοῦ πτεροῦ συνείληφας, εἴπερ τινὰ ποιητὴν ἰάμβων ἀκούεις Ἀρχίλοχον, Πάριον τὸ γένος, ἄνδρα κομιδῇ ἐλεύθερον καὶ παρρησίᾳ συνόντα, μηδὲν ὀκνοῦντα ὀνειδίζειν εἰ καὶ ὅτι μάλιστα λυπήσειν ἔμελλε τοὺς περιπετεῖς ἐσομένους τῇ χολῇ τῶν ἰάμβων αὐτοῦ. ἐκεῖνος τοίνυν πρός τινος τῶν τοιούτων ἀκούσας κακῶς τέττιγα ἔφη τὸν ἄνδρα εἰληφέναι τοῦ πτεροῦ, εἰκάζων ἑαυτὸν τῷ τέττιγι ὁ Ἀρχίλοχος, φύσει μὲν λάλῳ ὄντι καὶ ἄνευ τινὸς ἀνάγκης, ὁπόταν δὲ καὶ τοῦ πτεροῦ ληφθῇ, γεγωνότερον βοῶντι. καὶ σὺ δή, ἔφη, ὦ κακόδαιμον ἄνθρωπε, τί βουλόμενος ποιητὴν λάλον παροξύνεις ἐπὶ σεαυτόν, αἰτίας ζητοῦντα καὶ

222 W = 138 Bgk. = Treu S. 106   Et. Gud. col. 390. 42 Sturz

μήδεα: die Schamteile. Das Wort kommt von »herrschen« und von »Ursache/Anfang der Entstehung sein«, μήδεα und μέζεα (Geschlechtsteile) durch Austausch des Delta gegen Zeta. Oder μέδεα wird auch durch die Veränderung des kurzen ε (Epsilon) in ein langes η (Eta) zu μήδεα. Oder man denkt auch an die Schamteile in der Mitte des Körpers. Hesiod (Op. 512) »Sie steckten den Schwanz unter die Geschlechtsteile (zogen den Schwanz ein)«, wie auch Archilochos es formuliert:

... und die Sehnen der Glieder in der Mitte schnitt er ab ...

223–226. Dimeter oder Trimeter

223 W = 88a D

... eine Zikade hieltest du am Flügel fest ...

Luc. Pseudolog. 1:

Jenen Ausspruch des Archilochos wende ich nun auf dich an, dass du eine Zikade am Flügel gepackt hast: jedenfalls wenn du von einem Jambendichter Archilochos hörst, der aus Paros stammt, einem ausgesprochen freien und mit aller Offenheit redenden Mann, der sich in keiner Hinsicht scheute, Menschen zu beschimpfen, mochte er sie auch noch so sehr kränken, sobald sie sich dem Groll seiner Jamben ausgesetzt sahen. Als er von der üblen Nachrede eines dieser Leute gehört hatte, sagte er, der Mann habe eine Zikade am Flügel gepackt; dabei vergleicht sich Archilochos mit einer Zikade, die schon von Natur aus und ohne äußeren Anlass zirpt, sobald sie aber am Flügel gepackt werde, schreie sie noch lauter. »Und du, du unglückseliger Kerl, mit welcher Absicht bringst du einen redefreudigen Dichter, der Gründe und Anlässe für

ὑποθέσεις τοῖς ἰάμβοις; (2) ταῦτα σοὶ καὶ αὐτὸς ἀπειλῶ ...
οὕτως σύ γε παῖδας ἀπέφηνας ἐν ἁπάσῃ βδελυρίᾳ τὸν
Ὀροδοκίδην (Semon. u.v.) καὶ τὸν Λυκάμβην καὶ τὸν
Βούπαλον (Hippon.).

224 Ath. 388f

πέρδιξ ... ἔνιοι συστέλλουσι τὴν μέσην συλλαβήν. ὡς
Ἀρχίλοχος·

πτώσσουσαν ὥστε πέρδικα.

225 Ath. 653d

γενναῖα λέγει τὰ εὐγενῆ ὁ φιλόσοφος (Plato, Leg. 844d), ὡς
καὶ Ἀρχίλοχος·

πάρελθε, γενναῖος γὰρ εἶς.

226 Phot. lex. s. v. λεωκόρητος

λεωκόρητος (λεώλεθρος Naber)· ἐξωλοθρευμένος. τὸ γὰρ
λέως ἐστὶ τελέως. Ἀρχίλοχος·

λέως γὰρ οὐδὲν ἐφρόνεον.

seine Jamben sucht, gegen dich auf?« (2) Das drohe ich auch dir an ... So
hast du den Orodokides, den Lykambes und den Bupalos durch deine
allumfassende Unverschämtheit zu (harmlosen) Kindern gemacht.

224 W = 98 D   Ath. 388f

Rebhuhn ... Manche kürzen die Silbe in der Mitte wie Archilochos.

... die sich wie ein Rebhuhn duckt ...

225 W = 97 D   Ath. 653d

»Edel« nennt der Philosoph das, »was eine gute Abstammung hat«
(Plato, Leg. 844d) wie auch Archilochos:

Komm doch ruhig her, denn du bist edel.

226 W = 101 D   Phot. lex. s. v. »vollständig zerstört«

Vollständig zerstört, von Grund auf vernichtet. Das Wort λέως bedeutet
τελέως (vollständig). Archilochos:

... denn sie waren vollständig verrückt ...

227–244. Iambi vel trochaei

227 Schol. Hom. Od. 15. 534, »καρτεροί«

ἐγκρατεῖς, τὸ κράτος ἔχοντες. καὶ Ἀρχίλοχος·

ὁ δ' Ἀσίης καρτερὸς μηλοτρόφου.

228 Eust. in Hom. p. 1542. 45

ἰστέον δὲ ὅτι αἱ συνθέσεις τοῦ τρίς ἐπιρρήματος ποτὲ
μὲν ... αὐτόχρημα τριάδα δηλοῦσιν ... ποτὲ δὲ πλῆθος
σημαίνουσιν, ὡς ... καὶ ἐν τῷ »ἀλλ' ὦ τρισκεκορημένε
Σμερδίη« παρ' Ἀνακρέοντι (fr. 3 Gentili, Melici 366), ἤγουν
πολλάκις ἐκσεσαρωμένε, καὶ

Θάσον δὲ τὴν τρισοιζυρὴν πόλιν

παρ' Ἀρχιλόχῳ, ἤτοι τὴν λίαν ὀϊζυράν.

229 Porphyrius in Hom. Il. 6. 201 (p. 298. 14 Schrader)

καὶ ἔγχεα ὀξυόεντα (Il. 5. 568) τὰ ἐξ ὀξύας τοῦ δένδρου, ὡς
καὶ Ἀρχίλοχος,

ὀξύη 'ποτᾶτο,

ἀλλ' οὐ τὰ ὀξέα ὡς οἱ γραμματικοὶ ἀποδεδώκασιν.

227–244. Iamben oder Trochäen

227 W = 23 D   Schol. Hom. Od. 15.534, »Herrschende«

Diejenigen, die die Gewalt haben, die Macht besitzen. Und Archilochos sagt:

... der Herrscher über das Schafe nährende Asien.

228 W = 129 Bgk. = Treu S. 104   Eust. in Hom. p. 1542.45

Man muss wissen, dass die Komposita des Adverbs »dreifach« einmal ... tatsächlich eine Dreiheit bezeichnen ... ein anderes Mal aber eine Vielzahl benennen, wie ... auch in der Formulierung: »Ach du dreifach gesättigter Smerdias« bei Anakreon (fr. 3 Gentili, Melici 366) und

Thasos, die dreifach bejammernswerte Stadt ...

bei Archilochos, d. h. die allzu bejammernswerte Stadt.

229 W = 186 Bgk. = Treu S. 108   Porphyrius in Hom. Il. 6.201

Die spitzen Lanzen (Il. 5.568) aus dem Holz der Rotbuche, wie auch Archilochos sagt:

.. die Rotbuche flog,

aber nicht »die spitzen Lanzen«, wie die Grammatiker mitteilen.

230 Et. Gen. (Miller, Mélanges 53)

αὐονή· ξηρότης. Ἀρχίλοχος, οἷον

κακήν σφιν Ζεὺς ἔδωκεν αὐονήν.

231 Schol. Nic. Th. 158, »ἀμυδρότατον δάκος ἄλλων«

ἀμυδρὸν νῦν τὸ χαλεπὸν λέγεται, ὡς καὶ Ἀρχίλοχος·

ἀμυδρὴν χοιράδ' ἐξαλεόμενος,

ἔστι δὲ ὅτε καὶ εὐκίνητον.

232 Heraclides Lembus π. πολιτειῶν 3. 2 Müller (F. H. G. ii 211) = 14 Dilts

ὅτι δὲ ἀρχαιοτάτη τῶν πολιτειῶν ἡ Κρητική, ἐμφαίνει καὶ Ὅμηρος λέγων τὰς πόλεις αὐτῶν »εὖ ναιεταώσας« (Il. 2. 648), καὶ Ἀρχίλοχος ἐν οἷς ἐπισκώπτων τινάς φησιν

νόμος δὲ Κρητικὸς διδάσκεται.

233 Plut. de garrulitate 2 p. 503a

προσκεῖται γὰρ ἀπανταχοῦ τῶν ἱματίων ἀντιλαμβανόμενος, τοῦ γενείου, τὴν πλευρὰν θυροκοπῶν τῇ χειρί.

πόδες δὴ κεῖθι τιμιώτατοι,

230 W = 125 Bgk. = Treu S. 104   Et. Gen. (Miller, Mélanges 53)

Dürre: Trockenheit. Archilochos, z. B.

... Zeus sandte ihnen eine schlimme Dürre.

231 W = 128 Bgk. = Treu S. 104   Schol. Nic. Th. 158, »der dunkelste
Biss unter anderen«

»Dunkel« meint hier »schlimm«, wie auch Archilochos sagt:

... eine dunkle Klippe vermeidend ...

Manchmal bedeutet das Wort auch »leicht beweglich«.

232 W = 133 Bgk. = Treu S. 106   Heraclides Lembus »Über die
Staatsverfassungen« 3.2 Müller

Dass die älteste Staatsverfassung die kretische ist, zeigt auch Homer, indem er sagt, dass die Städte der Kreter »gut verwaltet sind« (Il. 2.648),
und Archilochos sagt es auch in den Versen, wo er bestimmte Leute verspottet:

... den kretischen Brauch kann man lernen.

233 W = 132 Bgk. = Treu S. 104   Plut. de garrulitate 2 p. 503a

Denn der Schwätzer ist überall, fasst dich an deinen Kleidern, berührt
deinen Bart, stößt dich mit der Hand in die Rippen,

... dann sind deine Füße am allerwertvollsten,

κατὰ τὸν Ἀρχίλοχον, καὶ νὴ Δία κατὰ τὸν σοφὸν Ἀριστοτέλην. καὶ γὰρ αὐτὸς ἐνοχλούμενος ὑπ᾽ ἀδολέσχου ...
λέγοντος »οὐ θαυμαστόν, Ἀριστότελες;« »οὐ τοῦτο«, φησί,
»θαυμαστόν, ἀλλ᾽ εἴ τις πόδας ἔχων σὲ ὑπομένει«.

234 Ath. 107f

δασυντέον ... τὸ ἧπαρ, καὶ γὰρ ἡ συναλοιφή ἐστιν παρ᾽
Ἀρχιλόχῳ διὰ δασέος. φησὶ γάρ·

χολὴν γὰρ οὐκ ἔχεις ἐφ᾽ ἥπατι.

235 Pollux 7. 41

ἔοικε δὲ καὶ τὸ ἰποῦν καὶ τὸ ἰποῦσθαι, ἐπὶ τοῦ ἀποθλίβε-
σθαι καὶ πιέζεσθαι, κναφεῦσι προσήκειν, οὐκ ἄντικρυς
μὲν ἐπὶ τούτου εἰρημένον, ὑποδηλούμενον δέ. »δώσεις
ἐμοὶ καλὴν δίκην | ἰπούμενος ταῖς εἰσφοραῖς«, Ἀριστο-
φάνης πού φησι (Equ. 923 sq.)· καὶ Κρατῖνος (fr. 98 K.-A.),
»ἰποῦμεν« ἐν Κλεοβουλίναις. καὶ Ἀρχίλοχος δ᾽ ἔφη

κέαται δ᾽ ἐν ἴπωι.

ἔστι μὲν οὖν ἶπος καὶ ἡ μυάγρα, ἀλλ᾽ ἔοικε μᾶλλον τῷ τῶν
κναφέων ἐργαλείῳ προσήκειν.

Id. 10. 135

καὶ ἶπος τὸ πιέζον τὰς ἐσθῆτας ἐν τῷ κναφείῳ, ὡς
Ἀρχίλοχος· »κέαται δ᾽ ἐν ἴπῳ«.

wie es bei Archilochos heißt, ja beim Zeus auch bei dem weisen Aristoteles. Denn als der einmal von einem Schwätzer belästigt wurde ... mit
den Worten: »Ist es nicht wunderbar, Aristoteles?«, erwiderte er:
»Nicht das ist wunderbar, sondern wenn man Füße besitzt und dich
trotzdem aushält.«

234 W = 96 D   Ath. 107f

Man muss mit Hauchlaut sprechen ... das gr. Wort für »Leber«, denn
auch bei Archilochos kommt die Vermeidung des Hiats mit Hilfe des
Hauchlauts vor. Er sagt nämlich:

... denn Zorn hast du nicht in deiner Leber.

235 W = 169 Bgk. = Treu S. 116   Pollux 7.41

Offensichtlich passen aber auch die Wörter »pressen« und »gepresst
werden«, für »gewalkt« und »gedrückt werden«, zu der Arbeit der Walker. Die Wörter bezeichnen diesen Vorgang zwar nicht direkt, sondern
wecken nur die Vorstellung davon. »Du wirst mir eine schöne Strafe
zahlen, gepresst durch das Entrichten von Vermögenssteuern«, sagt
Aristophanes irgendwo (Equ. 923 f.). Und Kratinos (fr. 98 K.-A.) sagt:
»Wir pressen« in seinen »Kleobulinai«. Auch Archilochos formuliert:

... liegt in einer Presse ...

Eine Presse ist nun auch die Mausefalle, aber sie passt anscheinend eher
zum Werkzeug der Walker.

Id. 10.135

Eine Presse ist ein Gerät für das Drücken von Kleidern in der Walkerei,
wie Archilochos es ausdrückt: »Liegt in einer Presse.«

236 Epimer. in Hom., An. Ox. i. 441. 15 Cramer

καὶ ἐπὶ τοῦ φ· καὶ γὰρ οὐδὲ μετὰ τοῦ φ εὑρίσκεται δίφ-
θογγος καταλήγουσα εἰς ϱ συμφώνου ἐπιφερομένου ... ⟨καί
πως ἀναλυομένου τούτου τοῦ λόγου⟩ ἡ φθειρσί δοτικὴ
συνέστη παρ᾽ Ἀρχιλόχῳ.

φθειρσὶ μοχθίζοντα.

λέγομεν οὖν ὅτι ἡ χείρ, ἐπὶ τῆς γενικῆς καὶ χειρός καὶ χερός
κατ᾽ ἀποβολὴν τοῦ ι· ἡ δὲ φθειρός οὐ †διὰ (δύναται?)
τοῦτο, οὐδὲ φθειρσίν.

237 Erotianus, lex. Hippocr. σ 25 (p. 79 Nachmanson)

σκύτα· τὸ μεταξὺ τῶν τενόντων τοῦ τραχήλου ... καὶ
Ἀρχίλοχος λέγων

πῶς ἀπέπϱησε σκύτα;

238 Pollux 2. 23

καὶ οὐλότριχες παρ᾽ Ἡροδότῳ (2. 104). Ἀρχίλοχος δὲ ἀνα-
στρέψας

τρίχουλον

εἴρηκεν.

236 W = 137 Bgk.   Epimer. in Hom., An. Ox. I 141.15 Cramer

Und nun zum Buchstaben Phi: Man findet nämlich normalerweise keine Silbe mit einem Doppellaut, die mit Ph anfängt und mit Rho aufhört, wobei dann noch ein Konsonant folgt ... Und da das folgende Wort irgendwie eine Ausnahme bildet, gibt es den Dativ φθειϱσί bei Archilochos:

... sich mit Läusen abplagend.

Wir sagen demnach, dass χείϱ (die Hand) im Genitiv sowohl χειϱός als auch χεϱός mit Vermeidung des Iota lautet. Beim Genitiv von φθείϱ ist es allerdings nicht so, auch nicht beim Dativ Plural φθειϱσίν.

237 W = 122 Bgk.   Erotianus, lex. Hippocr. σ 25 (p. 79 Nachmanson)

»Teil des Nackens«: der Bereich zwischen den Nackensehnen ... Auch Archilochos sagt:

Wie hat er den Nacken weggesägt?

238 W = 196 Bgk.   Pollux 2.23

... und »kraushaarig« bei Herodot (2.104). Archilochos drehte die Wortbestandteile um und hat

mit Haarkrause

gesagt.

239 Pollux 2. 27

βόστρυχος· ἀφ'οὗ καὶ τὸ

διαβεβοστρυχωμένον

παρ' Ἀρχιλόχῳ.

240 Pollux 2. 34

καὶ διεκτενισμένον μὲν εἴρηκεν Ἀρχίλοχος, καὶ Ἀναξίλας (fr. 39 Kock) »ἡμεῖς δέ γ' ἐκτενίζομεν Τελέσιππον οἰκόσιτον«.

241 Ath. (epit.) 49e

κοκκύμηλα οὖν ἐστι ταῦτα, ὧν Ἀρχίλοχός (ἄλλος codd., corr. Bergk) τε μέμνηται καὶ Ἱππῶναξ· (fr. 60).

Pollux 1. 232
κοκκύμηλα ... χρῆται δὲ καὶ Ἀρχίλοχος τῷ τῶν κοκκυμήλων ὀνόματι.

242 Hesych.

δὶς τόση

τῇ ἡλικίᾳ. Ἀρχίλοχος.

239 W = 162 Bgk. Pollux 2.27

»Haarlocke«. Davon kommt auch das Wort

sein Haar in Locken geordnet

bei Archilochos.

240 W = 165 Bgk. Pollux 2.34

Auch das Wort »gut gekämmt« benutzte Archilochos, ebenso Anaxilas (fr. 39 Kock): »Wir aber kämmten den noch zu Hause essenden Telesippos.«

241 W = 173 Bgk. Ath. (epit.) 49e

Es sind Pflaumen, an die Archilochos und Hipponax (fr. 60) erinnern.

Pollux 1.232
Pflaumen … Es gebraucht auch Archilochos den Begriff »Pflaumen«.

242 W = 163 Bgk. Hesych.

… zweimal so viel …

dem Lebensalter nach. Archilochos.

243 Hesych.

ἥμισυ τρίτον

δύο ἥμισυ. Ἀρχίλοχος.

Claudius Didymus ap. Prisc., Gramm. Lat. iii. 411. 10 Ἴωνες καὶ Ἀττικοὶ τὰ δύο ἥμισυ »ἥμισυ τρίτον« φασίν, καὶ τὰ ἓξ ἥμισυ τάλαντα »ἕβδομον ἡμιτάλαντον« (Hdt. 1. 50), καὶ τοὺς τέσσαρας ἥμισυ πήχεις »πέμπτην σπιθαμήν« (id. 2. 106), καθάπερ φησὶν Ἡρόδοτος. ⟨Ἀριστόξενος⟩ προθεὶς τὸ »ἐν δὲ Βατουσιάδης« (fr. 182. 2) ἐν τῷ περὶ μουσικῆς ἐπιφέρει »τρίτον ἡμιπόδιον« ἀντὶ τοῦ δύο ἥμισυ πόδες.

244 Cyril. lex., cod. Bodl. Misc. gr. 211 f. 233ᵛ (W. Bühler, Herm. 96, 1968, 233)

ὀθνεῖος· ξένος, ἀλλότριος, ἀλλογενής. ⟨καὶ⟩ ὀθνέος, ἐπεὶ καὶ Ἀρχίλοχος

ὀθνέην ὁδόν.

245-50. Dactyli

245 Schol. Nic. Th. 213, »ἀργίλιπες«

ἤτοι ἔκλευκοι, ὡς Ἀρχίλοχος·

ἀργιλιπὴς δ' ἐφάνη.

243 W = 167 Bgk.   Hesych.

… Einhalb vom Dritten (abgezogen) …

zweieinhalb. Archilochos.

Claudius Didymus ap. Prisc., Gramm. Lat. III 411.10: Ionier und Attiker bezeichnen die Zweieinhalb als »eine Halbes vom Dritten (abgezogen)« und die Sechseinhalb als »ein Halbes vom Siebenten (abgezogen)« (Hdt. 1.50), und die viereinhalb Ellen als »die Spanne (= die halbe Elle) von der fünften Elle (abgezogen)« (ders. 2.106), wie auch Herodot sagt … In seinem Buch über die Musik stellt ⟨Aristoxenos⟩ »ἐν δὲ Βατουσιάδης« als Beispiel hin und fügt dann hinzu »einen Halbfuß vom dritten (abgezogen)« an Stelle von zweieinhalb Füßen.

244 W   Cyril. lex., cod. Bodl. Misc. gr. 211f. 233v

ὀθνεῖος: fremd, fremdländisch, fremdartig, aus dem Ausland stammend. Ebenso ὀθνέος (fremd), da auch Archilochos das Wort benutzt

einen fremden Weg …

245–250. Daktylen

245 W = 160 Bgk.   Schol. Nic. Th. 213, »weiße« (Schlangen)

oder »ganz weiße«, wie Archilochos sagt:

… weiß erschien sie/er …

246 Et. Gen. (Miller, Mélanges 47), Magn. p. 152. 47

ἀσελγαίνειν ... Ἐπαφρόδιτος δὲ παρὰ τὸ λέχος, *λεχαίνειν ... καὶ κατὰ τροπὴν *λεγαίνειν· ἔνθεν Ἀρχίλοχος

λέγαι δὲ γυναῖκες

ἀντὶ τοῦ ἀκόλαστοι· πλεονασμῷ ἐλεγαίνειν.

247 Eust. in Hom. p. 851. 52

Ἀριστοτέλης δέ, φασί (Arist. Pseudepigraphus p. 166 Rose),
κέραι ἀγλαὸν (Il. 11. 385) εἶπεν ἀντὶ τοῦ αἰδοίῳ σεμνυνόμε-
νον ... καὶ ἔοικεν ὁ σκορπιώδης τὴν γλῶσσαν Ἀρχίλοχος
ἁπαλὸν κέρας τὸ αἰδοῖον εἰπὼν ἐντεῦθεν τὴν λέξιν πορίσ-
ασθαι.

248 Hesych.

Καρπάθιος τὸν μάρτυρα· παροιμία »Καρπάθιος δὲ λα-
γών« (κατ' ἔλλειψιν τοῦ ἐπηγάγετο). διὰ γὰρ τὸ μὴ εἶναι
λαγωοὺς ἐν τῇ χώρᾳ ἐπηγάγοντο αὐτοί, καὶ τοσοῦτοι
ἐγένοντο ὥστε τόν τε σῖτον αὐτῶν καὶ τὰς ἀμπέλους ὑπ'
αὐτῶν βλάπτεσθαι. ὁ γοῦν (οὖν?) Ἀρχίλοχος παρὰ ταύτην
τὴν παροιμίαν ἔφη

Καρπάθιος τὸν μάρτυρα.

246 W = 179 Bgk.   Et. Gen. (Miller, Mélanges 47), Magn. p. 152.47

Zügellos sein … (Der Grammatiker) Epaphroditos behauptet, vom Wort »Bett« (λέχος) sei »nach dem Bett verlangen« (λεχαίνειν) … und mit Lautveränderung λεγαίνειν abgeleitet. Daher sagt Archilochos:

Frauen aber (sind) hemmungslos, d. h. verlangen nach dem Bett,

statt »zügellos«. Pleonastisch ausgedrückt: »zornig, sinnlich, ungestüm sein«.

247 W = 171 Bgk.   Eust. in Hom. p. 851.52

Aristoteles, so heißt es (Arist. Pseudepigraphus p. 166 Rose), sagte »mit dem Horn prunkend« statt »mit dem männlichen Glied sich brüstend« … Und offensichtlich nannte der mit seiner Zunge wie ein Skorpion stechende Archilochos das männliche Glied »ein weiches Horn« und gewann auch von dort die Redensart.

248 W = 152 Bgk.   Hesych.

Der Karpather (holte sich) seinen Zeugen. Sprichwort: »Der Karpather (holte sich) einen Hasen«, unter Auslassung (Ellipse) des Prädikats »holte sich«. Weil es in dem Land keine Hasen gab, holten sie sie sich, und es wurden so viele, dass ihr Getreide und ihre Weinstöcke von den Hasen geschädigt wurden. Archilochos sagte nun in Anlehnung an dieses Sprichwort:

Der Karpather seinen Zeugen.

249 Phot. lex. = Suda iii. 422. 17 Adler

μυδαλέον

δίυγρον, παρ' Ἀρχιλόχῳ, διάβροχον. λέγει δὲ τὸ ἐπίδακρυ
καὶ κάθυγρον, »αἱματόεν, νοτερόν, ῥυπαρόν«.

250 Eust. in Hom. p. 1828. 9 (de avaris)

ἐνταῦθα δὲ χρήσιμα ἐκ τῶν παλαιῶν καὶ τ) κίμβιξ ...
καὶ ῥυποκόνδυλος, καὶ συκοτραγίδης παρ' Ἱππώνακτι
(fr. 167) καὶ Ἀρχιλόχῳ διὰ τὸ εὐτελές, φασί, τοῖ βρώματος.

251–95a. Incerti rhythmi

251 Mnesiepes, De Archilocho (SEG 15. 517) A (E₁) III 16–42

ἐν ἀρχε[τ— — —] τεῖ δ᾽ ἑορ[τεῖ — — —] παρ᾽ ἡμῖν[— — —] φασιν
Ἀρ[χίλοχον — — — (αὐτο-)]σχεδιάσ[αι — — —] τινας τῶν
π[ολιτῶν — — —] διδάξαντα[— — —] παραδεδοϝ[έν- — — —]
κεκοσμημέ[ν- — — — κή]ρυκος εἰς π[— — —]ελησενωι[— —
—] καὶ συνακολο[υθ— — —]των καὶ ἄλλω[ν — —

249 W = 182 Bgk. Phot. lex. = Suda III 422. 17 Adler

tropfend

flüssig, bei Archilochos, sehr nass. Er meint das Tränenreiche und sehr Feuchte, »blutüberströmt, nass, schmutztriefend«.

250 W = 194 Bgk. Eust. in Hom. p. 1828.9

Hier gibt es auch Nützliches aus den Werken der Alten: das Wort »Geizhals« ... und »mit schmutzigen Knöcheln«, »Feigennascher« bei Hipponax (fr. 167) und bei Archilochos, wie es heißt, wegen der Bedeutungslosigkeit des Nahrungsmittels.

251–295a. Unbestimmte Rhythmen

251 W = Treu S. 46+48 Mnesiepes, De Archilocho (SEG 15.517) A (E 1) III 16–42

Am Anfang ...
aber zu dem Fest ...
bei uns ...
soll Archilochos ...
(ein Lied) improvisiert haben ...
einige der Bürger ...
er habe es eingeübt ...
das Überlieferte ...
geschmückt ... eines
Herolds ...
nach ...
...
und begleitet ...
und der anderen ...

—]ασθέντων ταμ [— — —]ρα τοὺς ἑταίρου[ς— — —]

ὁ Διόνυσος τ̣[

———

ουλαστυαζ̣[

———

ὄμφακες α[
σῦκα μελ[

———

5   Οἰφολίωι ερ[

λεχθέντων [δὲ τούτων— — —] ὡς κακῶς ἀκ[ούοντας — — —]
ἰαμβικώτερο[ν — — —] οὐ κατανοησ[— — —] καρπῶν ἦν τα
[— — —] ῥηθέντα εἰς τὴ[ν— — —]εν τεῖ κρίσει, κτλ.

252 Choerob. can. i. 158. 9 Hilgard = Herodian., An. Ox. iii. 231. 5
Cramer (i. 61. 6, ii. 679. 5 Lentz)

(μύκης) σημαίνει δὲ καὶ αἰδοῖον τοῦ ἀνθρώπου, ὅπερ καὶ
ἰσοσυλλάβως ἔκλινεν Ἀρχίλοχος εἰπών

ἀλλ᾽ ἀπερρώγασι μύκεω τένοντες.

die Freunde ...

Dionysos ...

...

Trauben ...
Feigen ...

dem Oipholios ...

Als diese Worte gesprochen waren ...
dass sie Schlechtes über ihn hörten ...
zu spöttisch ...
sie begriffen nicht ...
von Früchten
die Rede war ...
in der Gerichtsverhandlung ...

252 W = 34 D   Choerob. can. I 158.9 Hilgard

μύκης. Das Wort bezeichnet das männliche Glied, das Archilochos mit gleicher Silbenzahl deklinierte, als er sagte:

Nun sind die Sehnen des Gliedes erschlafft.

253 Philodemus de musica p. 20 Kemke

τὸ μέλος καὶ [......]αι ταραχῶν εἶ[ναι κ]αταπ[α]υστικόν.
ὡς ἐπι [....]των καὶ τῶν ζώι[ων ....]σθαι καταπραϋνο
[μένω]γ· διὸ καὶ τὸν Ἀρχίλο[χον λ]έγειν

κηλωταιδοτισ[..(..)|.]ων ἀοιδαῖς

⟦π⟧αι[.]δε κα[ὶ ἐ]πειδὰν κτλ.

254 Schol. Arat. 1 (p. 37. 6 Martin) »ἀρχώμεσθα«

τὸ δὲ ἀρχώμεσθα μετὰ τοῦ σ· ἔστι γὰρ καὶ ἀρχαϊσμός.
Ὅμηρος· »δόρπα τ' ἐφοπλισόμεσθα« (Il. 8. 503, al.). καὶ
Ἀρχίλοχος·

οὗτοι τοῦτο δυνησόμεσθα.

255 Hesych. s. v. Θαργήλια

Θαργήλια· Ἀπόλλωνος ἑορτή. καὶ ὅλος ὁ μὴν ἱερὸς τοῦ
θεοῦ. ἐν δὲ τοῖς Θαργηλίοις τὰς ἀπαρχὰς τῶν φαινομένων
⟨καρπῶν⟩ ποιοῦνται καὶ περικομίζουσι, ταῦτα δὲ θαργ-
ήλιά φασι. καὶ μὴν Θαργηλιών. καὶ τὴν εὐετηρίαν ἐκάλουν
⟨θαργήλια, καὶ ἄρτον⟩ θάργηλον. καὶ Ἀρχίλοχός φησιν

†ὡς φαίε νῦν ἄγει τὰ θαργήλια.†

καὶ ὁ θάργηλος χύτρα ἐστὶν ἀνάπλεως σπερμάτων.

253 W = 106 D   Philodemus de musica p. 20 Kemke

Das Lied ... dient der Beruhigung von Aufregungen wie auch ... bei den Tieren ... die beruhigt werden. Deshalb heißt es auch bei Archilochos:

. beruhigt (?) ... durch Lieder

... und sobald ...

254 W   Schol. Arat. 1 (p. 37.6 Martini): »Lasst uns anfangen«

Das ἀρχώμεσθα mit dem Sigma ist nämlich eine altertümliche Form. Homer: »Und wir bereiten das Nachtmahl« (Il. 8.503). Auch Archilochos:

Wir werden dies nicht können.

255 W = 113 Bgk.   Hesych. s. v. Thargelia

Thargelia. Fest des Apollon. Und der ganze Monat ist dem Gott heilig. An den Thargelien ernten sie die Erstlinge der schon sichtbaren Früchte und bringen sie herbei. Das nennen sie Thargélia (= das aus den Ernte-erstlingen gebackene Brot). Daher kommt auch der Thargelion (= der 11. attische Monat = Mai/Juni). Und den Überfluss an Lebensmitteln nannten sie θαργήλια und das Brot θάργηλον. Auch Archilochos sagt:

... jetzt feiert er die Thargelien ...

Und der Erntetopf ist gefüllt mit Samenkörnern.

256 Schol. Plat. Hipp. mai. 295a (p. 177 Greene)

(ἀ) σημαίνει δὲ καὶ τὸ πολὺ καὶ μέγα, ὡς παρ' Ἀρχιλόχῳ,

ἀθαλέας τε ταύρους.

257 Herodian. π. διχρόνων, ii. 9. 30 Lentz

τὰ δὲ ὑπὲρ μίαν συλλαβήν (εἰς ιψ λήγοντα) συστέλλεται.
θέλουσι δὲ πεδότριψ ἐκτείνειν, πλανώμενοι ἐκ τοῦ παρ'
Ἀρχιλόχῳ

†ἄνδρες ὡς† ἀμφιτρίβας.

Hesych. ἀμφιτρίβας· περιττῶς τετριμμένους (-ον cod.).

258 Et. Gen. (Miller, Mélanges 192); Et. Magn. p. 529. 13

†κοπάεν ξίφος

παρὰ Ἀρχιλόχῳ, ἀπὸ τοῦ κοπάειν.

259 Aristides or. 45, ii. 137. 17 Dindorf

καὶ ὁ μέν γε κατ' ἰσχὺν προφέρων, εἰ καὶ ἑνὸς εἴη κρείττων,
ὑπὸ δυοῖν γ' ἂν αὐτὸν κατείργεσθαί φησι καὶ Ἀρχίλοχος
καὶ ἡ παροιμία.

256 W = 135 Bgk. = Treu S. 106   Schol. Plat. Hipp. mai. 295a (p. 177 Greene)

Das Alpha bezeichnet das Zahlreiche und Große wie bei Archilochos:

mit Lorbeer geschmückte Stiere …

257 W = 134 Bgk. = Treu S. 106   Herodian. »Über Silben, die kurz oder lang sein können«, II 9.30 Lentz

Die Wörter, die aus mehr als einer Silbe bestehen (und auf Iota + Psi ausgehen), haben eine betonte kurze Silbe. Sie wollen aber die betonte Silbe in πεδότριψ (nichtsnutzig) lang messen, irregeführt durch das Wort bei Archilochos:

… durchtriebene …

Hesych. ἀμφιτρίβας: übermäßig durchtrieben.

258 W = 174 Bgk. = Treu S. 108   Et. Gen. (Miller, Mélanges 192)

… ein zum Zuschlagen bereites (?) Schwert

bei Archilochos, von κοπάειν, zuschlagen.

259 W = 144 Bgk. = Treu S. 12   Aristides or. 45, II 137.17 Dindorf

Und dass einer, der an Körperkraft überlegen ist, von zweien niedergerungen wird, auch wenn er stärker ist als einer, sagen Archilochos und das Sprichwort.

Schol. ad loc., iii. 429. 17 Dindorf

ἡ μὲν παροιμία φησίν »οὐδὲ Ἡρακλῆς πρὸς δύο«· τὸ δὲ
Ἀρχιλόχου ῥητὸν οἷον μέν ἐστιν οὐκ ἴσμεν, ἴσως δὲ ἂν εἴη
τοιοῦτον.

260 Comm. in Eupolidis Maricam, P. Oxy. 2741 fr. 8. 2–5

        ]χ̣]ωντα[.]χαιρι[
        ]ειν· παρὰ τὸ Ἀρχιλ[όχου
           ]χοισιναιγ[
5   ]ρ̣ποκα.[

261 Eust. in Hom. p. 314. 42

ἀγέρωχοι δὲ οἱ ἄγαν γέρας ἔχοντες ... δηλοῖ δέ, φασίν.
οὕτως ἡ λέξις τοὺς σεμνούς, ὡς Ἀλκμὰν βούλεται (cf. Melici
fr. 1 (b) 4, 10 (b) 15). Ἀλκαῖος δέ, φασί (fr. 402), καὶ Ἀρχίλοχος
ἀγέρωχον τὸν ἄκοσμον καὶ ἀλάζονα οἶδε.

262 Hesych.

ἀζυγέα

ἄζευκτον. Ἀρχίλοχος.

Schol. ad loc., III 429.17 Dindorf

Das Sprichwort sagt: »Nicht einmal Herakles (schafft es) gegen zwei.«
Wir wissen aber nicht, wie die Redensart des Archilochos lautet, vielleicht aber auch genauso.

260 W   Comm. in Eupolidis Maricam, P. Oxy. 2741 fr. 8.2–5:

...

... dem Wort des Archilochos entsprechend

...

...

261 W = 154 Bgk.   Eusth. in Hom. p. 314.42

ἀγέρωχοι (reich an Ehren) heißen diejenigen, die sich zu sehr an ihren
Ehren festhalten ... Das Wort bezeichnet aber auch, wie es heißt,
die Vornehmen, wie Alkman es will (vgl. Melici 5 fr. 1 [b] 4, 10 [b] 15).
Alkaios aber, sagt man (fr. 402), und Archilochos wissen, dass der Feind
der Ordnung und der Prahler das Attribut ἀγέρωχος haben.

262 W = 157 Bgk.   Hesych.

... ungesellig ...

ungezügelt. Archilochos.

263 Hesych.

ἀηδονίς· τόπος ἔνθα ⟨οὐκ εἰσὶν⟩ ἡδοναί, ἐργαστήριον, καὶ τὸ τῆς γυναικὸς αἰδοῖον παρ' Ἀρχιλόχῳ.
ἀηδόνιον· ἐπὶ μὲν ὕπνου τὸ ἐλάχιστον (Nicochar. fr. 16 Kock), ἐπὶ δὲ λύπης τὸ σφοδρότατον (Aesch. fr. 291 Radt). ⟨καὶ⟩ ἀηδόνος νεοσσός.

264 Schol. Hom. Il. 7. 76 (P. Oxy. 1087. 22 sqq.), »ἐπὶ μάρτυρος ἔστω«

τὸ δὲ μάρτυρος παρώνυμον [τῆι γ]ενικῆ[ι] τοῦ πρωτοτύπου συμ[πέ]πτωκεν, ὡς τὸ Τροίζηνος, ἔνθεν [Τρο]ιζήνοιο (Il. 2. 847) ... (38) τὸ ἄτμενος παρ' Ἀρχιλόχωι.

265 Hesych.

γυμνόν. ἀνυ⟨πό⟩δητον, ἢ ἀπεσκυθισμένον, ὡς Ἀρχίλοχος.

266 Hesych.

ἔτρεψεν· ἐπέτρεψεν, ἠπάτησεν, παρέτρεψεν. Ἀρχίλοχος.

263 W = 156 Bgk.   Hesych.

ἀηδονίς: ein Ort, wo keine Freuden sind, ein Arbeitshaus, und die weibliche Scham bei Archilochos.

ἀηδόνιον: die kürzeste Zeit im Schlaf (Nicochar. fr. 16 Kock), die heftigste Erscheinungsform beim Schmerz (Aesch. fr. 291 Radt). Und das Junge der Nachtigal (ἀηδών).

264 W = 155 Bgk.   Schol. Hom. Il. 7.76 (P. Oxy. 1087. 22 ff.), »er soll Zeuge sein«

Die Bezeichnung des Zeugen fällt mit dem Genitiv des Grundwortes zusammen (der Genitiv des Grundwortes ist zugleich Nominativ), wie es auch bei Troízenos, woher auch Troizénoio kommt, der Fall ist (Il. 2.847) … (38) Für das Wort ἄτμενος (Diener) bei Archilochos gilt dasselbe.

265 W = 161 Bgk.   Hesych.

nackt: barfuß oder kahlgeschoren, wie Archilochos sagt.

266 W = 166 Bgk.   Hesych.

er wendete: er wandte zu, er betrog, er verdrehte. Archilochos.

267 Cyril. lex., cod. Bodl. Misc. gr. 211 f. 174ʳ (An. Par. iv. 183. 21 Cramer)

†θριαθρίκη· Ἀρχίλοχος. καὶ ὅτι ἀπὸ Θριῶν τῶν Διὸς θυγατέρων διωνομάσθησαν, ὡς Φερεκύδης (3 F 49) ἱστορεῖ. ἐπεὶ τρίαι εἰσίν, οἷον τρισσαὶ κατὰ τὸν ἀριθμόν.

268 Epimer. in Hom., An. Ox. i. 249. 27 Cramer

παρὰ τὸ ἐκεῖθι, κεῖθι, καὶ

κεῖ

παρ᾽ Ἀρχιλόχῳ.

269 Pollux 4. 71

ὁ δὲ τοῖς αὐλοῖς χρώμενος αὐλητής, καὶ κεραύλης κατὰ τὸν Ἀρχίλοχον.

270 Schol. Lyc. 771 (ii. 245. 3 Scheer), »μύκλοις«

οἱ δὲ μύκλους φασὶ τοὺς κατωφερεῖς εἰς γυναῖκας· εἴρηται δὲ ἀπὸ ἑνὸς Μύκλου αὐλητοῦ κωμῳδηθέντος ὑπ᾽ Ἀρχιλόχου ἐπὶ μαχλότητι.

271 St. Byz. p. 383. 21 Meineke

Κρήτη· ἡ μεγίστη νῆσος. ἣν Κρεήτην ἔφη Ἀρχίλοχος κατὰ πλεονασμὸν ⟨τοῦ ε⟩.

267 W = 168 Bgk.   Cyril. lex., cod. Bodl. Misc. gr. 211 f. 174r

θριαθρίκη (?). Archilochos. Und dass sie nach den Thriai, den Töchtern des Zeus, ihre Namen erhielten, wie Pherekydes (3 F 49) erzählt, da es τρίαι (drei) sind, wie »drei« der Zahl nach.

268 W = 170 Bgk.   Epimer. in Hom., An. Ox. I 249.27 Cramer

Neben den Wörtern ἐκεῖθι und κεῖθι (dort), gibt es auch

κεῖ (dort)

bei Archilochos.

269 W = 172 Bgk.   Pollux 4.71

Wer die Flöte benutzt, ist ein Flötenspieler, und bei Archilochos ist er auch ein Hornbläser.

270 W = 183 Bgk.   Schol. Lyc. 771 (II 245.3 Scheer), »μύκλοις«

Man nennt diejenigen, die sich mit Frauen abgeben, Lüstlinge. Das Wort leitet sich von einem Myklos her, einem Flötenspieler, der von Archilochos verspottet wurde wegen seiner Geilheit.

271 W = 175 Bgk.   St. Byz. p. 383.21 Meineke

Kreta, die größte Insel. Archilochos nannte sie Κρεήτη unter Hinzufügung des Epsilon.

272 Schol. A Hom. Il. 6. 507, »πεδίοιο κροαίνων«

ἡ διπλῆ ὅτι ἐλλείπει ἡ διά. καὶ ⟨ὅτι⟩ τὸ κροαίνων οὐκ ἔστιν
ἐπιθυμῶν. ὡς Ἀρχίλοχος ἐξέλαβεν, ἀλλ᾽ ἐπικροτῶν τοῖς
ποσὶ διὰ τοῦ πεδίου.
    ἄλλως. οἱ νεώτεροι ἐπιθυμεῖν τὸ κροαίνειν. καὶ Ἀρχίλο-
χος.

273 Pollux 10. 160

ἀλλὰ μὴν καὶ κύρτη {σιδηρᾶ} ἀγγεῖόν τι οἷον οἰκίσκος
ὀρνίθειος. παρὰ Ἡροδότῳ (1. 191) καὶ Ἀρχιλόχῳ.

274 Schol. Ar. Pl. 476 = Suda iii. 223. 6 Adler

κύφων δὲ δεσμός ἐστι ξύλινος ... ἔνθεν καὶ ὁ πονηρὸς
ἄνθρωπος κύφων· τάσσεται δὲ καὶ ἐπὶ πάντων τῶν δυσχε-
ρῶν καὶ ὀλεθρίων ... Ἀρχίλοχος δὲ ἀντὶ τοῦ κακὸς καὶ
ὀλέθριος.

275 Pollux 6. 79

τὰ δὲ ἐπιδορπίσματα ... ἦν δὲ τρωγάλια, κάρυα, μυρτίδες,
μέσπιλα, ἃ καὶ ὅα καλεῖται· καὶ τοὔνομά ἐστι παρὰ
Πλάτωνι τοῦτο (τὰ ὅα, Conv. 190d), ὡς παρ᾽ Ἀρχιλόχῳ
ἐκεῖνο.

272 W = 176 Bgk.   Schol. A Hom. Il. 6.507, »πεδίοιο κροαίνων«
(über das Feld stampfend)

Die Rede ist doppeldeutig, weil die Präposition διά fehlt, und weil
»stampfend« nicht gleich »begehrend« ist, wie Archilochos es deutete,
sondern »stoßend mit den Füßen über das Feld«. – Anders verstanden:
Die jungen Leute setzen das »Stampfen« dem »Begehren« gleich. So
auch Archilochos.

273 W = 177 Bgk.   Pollux 10.60

So ist denn auch ein Käfig (aus Eisen) ein Behälter wie z. B. ein Vogel-
haus bei Herodot (1.191) und Archilochos.

274 W = 178 Bgk.   Schol. Ar. Pl. 476 = Suda III 223.6 Adler

Ein Joch ist eine Fessel aus Holz ... Daher ist auch der Übeltäter ein
Joch. Das Wort wird aber auch auf alle beschwerlichen und unseligen
Dinge bezogen... Archilochos verwendet es an Stelle von schlecht
(κακός) und unselig (ὀλέθριος).

275 W = 180 Bgk.   Pollux 6. 79

Die »Speisen des zweiten Ganges« ... waren Naschereien, Kastanien,
Myrtenblätter, Mispeln, die man auch Elsbeeren nennt. Und bei Platon
kommt dieser Name vor (τὰ ὄα, Conv. 190d), wie bei Archilochos
jener.

276 Hesych.

μουνόκερα

τὸ μηκέτι ἔχον τὴν ἀλκήν, ὡς Ἀρχίλοχος.

277 Phot. lex. α 808

σημαίνει δὲ τὸ ὀργᾶν ⟨τὸ⟩ πάνυ ἐπαίρεσθαι πρὸς τὸ πρᾶξαί τι ἢ ἀκοῦσαι. καθόλου δὲ ποικίλως χρῶνται τῷ ὀνόματι. καὶ γὰρ ἐπὶ τοῦ βρέξαι, ὡς Ἀρχίλοχος. Αἰσχύλος δὲ κτλ.

278 Lex. Messan. de iota adscr. (Raabe, Rh. Mus. 47, 1892, 408) ex Ori Orthographicis

ὀρεσκ[ῷος σὺν] τῷ ι ὡς πατρῷος καὶ τῷ τ[... κ]αὶ οὐδ᾽ ὅτι σύνθετόν ἐστιν ἀναπέ[μπει] τὴν προσῳδίαν, κατεχομένην ὑπὸ [τῆ]ς γραφῆς· ὀτὲ γοῦν γίνεται ὀρέσκοος ὡς παρ᾽ Ἀρχιλόχῳ, καὶ προπαροξύνεται.

276 W = 181 Bgk. Hesych.

... mit nur einem Horn.

Das bedeutet, dass man keine Kraft mehr hat, wie Archilochos sagt.

277 W Phot. lex. α 808

Das Wort »vor Kraft strotzen« bedeutet, dass man sich ganz und gar dazu hinreißen lässt, etwas zu tun oder anzuhören. Im Allgemeinen wird der Begriff auf vielfältige Weise verwendet. Es bezeichnet nämlich auch das Regnenlassen, wie es Archilochos, Aischylos und andere bezeugen.

278 W Lex. Messan. de iota adscr.

ὀρεσκῷος (in den Bergen sich aufhaltend) mit dem Iota wie πατρῷος und ...; weil das Iota, das mit dem Omega (als Iota-Subscriptum) fest verbunden ist, (noch mitklingt,) schickt es den Akzent auch nicht zum Wortanfang hin, wird er doch auch durch die Schreibweise auf der vorletzten Silbe festgehalten. Manchmal kommt auch ὀρέσκοος vor, wie bei Archilochos, und dann wird das Wort auf der drittletzten Silbe betont.

279 Pollux 10. 27

Ἀριστοφάνης (Lys. 265) »προπύλαια πακτοῦν«, ἢ πάλιν
(fr. 721) »κἀπιπακτοῦν τὰς θύρας«, ἢ ὡς Ἀρχίλοχος

                    πακτῶσαι

τὸ κλεῖσαι.

280 Eust. in Hom. p. 711. 40

λέγει δὲ ⟨ὁ⟩ αὐτὸς (Arist. Byz. u. v., fr. 186 Slater) καὶ τὰς
πρόκας παρ᾽ Ἀρχιλόχῳ ἐπὶ ἐλάφου τεθεῖσθαι, παρ᾽ ᾧ καί
τις διὰ δειλίαν προσωνομάσθη πρόξ.

281 Choerob. can. i. 296. 5 Hilgard

ῥώξ δ᾽ ἐστιν εἶδος φαλαγγίου, τουτέστιν εἶδος σκορπίου·
ἐπὶ γὰρ τῆς σταφυλῆς ῥάξ ῥαγός λέγεται θηλυκῶς … ῥάξ
δ᾽ ἐστιν ὁ κόκκος τῆς σταφυλῆς. εὑρίσκομεν δὲ καὶ ἐπὶ τῆς
σταφυλῆς διὰ τοῦ ω λεγόμενον, οἷον ῥώξ ῥωγός παρ᾽ Ἀρχιλόχῳ.

282 Hesych.

                    σκελήπερον

νήπιον. Ἀρχίλοχος.

279 W = 187 Bgk.   Pollux 10.27:

Aristophanes (Lys. 265): »Den Eingang zur Akropolis fest verschließen«
oder auch an anderer Stelle (fr. 721) »auch die Türen fest verschließen«,
oder wie Archilochos

fest verschließen

statt »schließen« sagt.

280 W = 188 Bgk.   Eust. in Hom. p. 711.40

Es sagt aber derselbe (Arist. Byz. u. v., fr. 186 Slater), dass auch die
Hirschkälber dem (ängstlichen) Hirsch bei Archilochos zugeordnet
sind, bei dem dann auch mancher aufgrund seiner Feigheit als Hirsch-
kalb bezeichnet wurde.

281 W = 191 Bgk.   Choerob. can. I 296. 5 Hilgard

ῥώξ (Giftspinne) ist eine Spinnenart, d. h. eine Art von Skorpion. Denn
für Weintraube wird das Femininum ῥάξ, ῥαγός gebraucht ... ῥάξ ist
aber eigentlich nur der Kern der Weintraube. Wir finden aber auch für
die Weintraube das Wort mit Omega, wie ῥώξ, ῥωγός bei Archilochos.

282 W = 193 Bgk.   Hesych.

töricht

dumm. Archilochos.

283 Erotianus lex. Hippocr. τ 13 p. 85. 7 Nachmanson

τράμιν· τὸν ὄρρον. ὅνπερ καὶ ὑποταύριον καλοῦμεν. ὡς καὶ Ἱππῶναξ φησιν· (fr. 114a) ... μέμνηται καὶ Ἀρχίλοχος.

284 Herodian. ap. Eust. in Hom. p. 1746. 8 (i. 445. 16 Lentz, cf. i. 393. 30, ii. 903, 13)

καὶ κνύος δὲ τὴν φθορὰν κατὰ γένος οὐδέτερον. ὁμοίως τῷ θῶ θύος. καὶ φλῶ φλύος παρ' Ἀρχιλόχῳ ἐπὶ φλυαρίας.

285 Ath. 86a

ἐν δὲ τῷ ἐπιγραφομένῳ Ὁλιεὺς (Sophron fr. 44 Kaibel) τὸν ἀγροιώταν (κόγχον) χηράμβας ὀνομάζει. καὶ Ἀρχίλοχος δὲ τῆς χηράμβης μέμνηται.

286 Dio Chrys. 60. 1 (ii. 134. 11 von Arnim)

ἔχεις μοι λῦσαι ταύτην τὴν ἀπορίαν. πότερον δικαίως ἐγκαλοῦσιν οἱ μὲν τῷ Ἀρχιλόχῳ. οἱ δὲ τῷ Σοφοκλεῖ. περὶ τῶν κατὰ τὸν Νέσσον καὶ τὴν Δηιάνειραν. ἢ οὔ; φασὶ γὰρ οἱ μὲν τὸν Ἀρχίλοχον ληρεῖν ποιοῦντα τὴν Δηιάνειραν ἐν τῷ βιάζεσθαι ὑπὸ τοῦ Κενταύρου πρὸς τὸν Ἡρακλέα ῥαψῳδοῦσαν. ἀναμιμνήσκουσαν τῆς τοῦ Ἀχελῴου μνηστείας καὶ τῶν τότε γενομένων. ὥστε πολλὴν σχολὴν εἶναι τῷ Νέσσῳ ὅτι ἐβούλετο πρᾶξαι· οἱ δὲ τὸν Σοφοκλέα πρὸ τοῦ καιροῦ πεποιηκέναι τὴν τοξείαν. διαβαινόντων αὐτῶν ἔτι τὸν ποταμόν (Tr. 562 sqq.).

283 W = 195 Bgk.   Erotianus lex. Hippocr. τ 13 p. 85.7 Nachmanson

τράμις (Linie, die den Hodensack teilt) ist gleich ὄρρος, die Stelle, auf der man sitzt und die wir auch als den Bereich zwischen Scham und After bezeichnen, wie auch Hipponax sagt (fr. 114a) … das erwähnt auch Archilochos.

284 W = 197 Bgk.   Herodian. ap. Eust. in Hom. p. 1746.8

Auch κνύος (die Krätze, das Jucken) (meint) den Schaden (und steht) im Neutrum, ebenso wie das θῶ, θύος (das Opfer) und das φλῶ, φλύος bei Archilochos für φλυαρία (Geschwätz).

285 W = 198 Bgk.   Ath. 86a

In der Strafschrift nennt Olieus (Sophron fr. 44 Kaibel) die wilde Muschel »Kammuschel«. Auch Archilochos erwähnt die Kammuschel.

286 W = 147 Bgk.   Dio Chrys. 60.1

Kannst du mir diese Frage beantworten, ob einige mit Recht Archilochos, andere Sophokles Vorwürfe machen wegen ihrer Darstellung der Ereignisse um Nessos und Deianeira, oder nicht? Denn die einen sagen, Archilochos lasse Deianeira zu viel reden, als ihr von dem Kentauren Gewalt angetan werde, indem sie Herakles ausgiebig ansinge und ihn an die Werbung des Acheloos und die damaligen Vorgänge erinnere, so dass Nessos viel Zeit gehabt hätte, das auszuführen, was er gewollt habe. Die anderen sagen, dass Sophokles den Schuss mit dem Pfeil zu früh habe stattfinden lassen, während sie noch dabei waren, den Fluss zu überqueren (Tr. 562 ff.).

287 Schol. *BE⁴ Hom. Il. 21. 237 (Porphyrius?), »μεμυκὼς ἠΰτε ταῦρος«

ἐντεῦθεν ὁρμηθέντες τὸν Ἀχελῷον ἐταύρωσαν Ἡρακλεῖ ἀγωνιζόμενον. Ἀρχίλοχος μὲν οὐκ ἐτόλμησεν Ἀχελῷον ὡς ποταμὸν Ἡρακλεῖ συμβαλεῖν, ἀλλ᾽ ὡς ταῦρον. Ὅμηρος δὲ πρῶτος ποταμοῦ καὶ ἥρωος ἠγωνοθέτησε μάχην. ἑκάτερος οὖν τὴν αὐτὴν ὑπόθεσιν ἐμέτρησε τῇ δυνάμει.

288 Schol. Ap. Rhod. 1. 1212–19a

φεύγων οὖν τὸν φόνον (Hercules) καὶ σὺν τῇ γαμετῇ (Deianira) στελλόμενος ἀνεῖλεν ἐν Εὐήνῳ ποταμῷ Νέσσον Κένταυρον, ὡς καὶ Ἀρχίλοχος ἱστορεῖ.

289 Plut. de Herod. malign. 14 p. 857f

καίτοι τῶν παλαιῶν καὶ λογίων ἀνδρῶν οὐχ Ὅμηρος, οὐχ Ἡσίοδος, οὐκ Ἀρχίλοχος, οὐ Πείσανδρος, οὐ Στησίχορος, οὐκ Ἀλκμάν, οὐ Πίνδαρος Αἰγυπτίου ἔσχον λόγον Ἡρακλέους ἢ Φοίνικος, ἀλλ᾽ ἕνα τοῦτον ἴσασι πάντες Ἡρακλέα τὸν Βοιώτιον ὁμοῦ καὶ Ἀργεῖον.

290 Ath. (epit.) 30f (unde Eust. in Hom. p. 1633. 48)

Ἀρχίλοχος τὸν Νάξιον (οἶνον) τῷ νέκταρι παραβάλλει. Sequitur fr. 2.

287 W = 147 Bgk.   Schol. BE⁴ Hom. Il. 21.237 »brüllend wie ein Stier«

Von dort brachen sie auf und verwandelten den Acheloos in einen Stier, als er mit Herakles kämpfte. Archilochos traute sich nicht, den Acheloos als Flussgott mit Herakles zusammentreffen zu lassen, sondern nur als Stier. Homer ließ aber als erster den Kampf zwischen dem Flussgott und dem Helden stattfinden. Beide befassten sich mit demselben Gegenstand ihren Kräften gemäß.

288 W = 147 Bgk.   Schol. Ap. Rhod. 1.1212–1219a

Herakles musste wegen dieses Mordes das Land verlassen und unterwegs mit seiner Frau tötete er im Fluss Euenos den Kentauren Nessos, wie auch Archilochos erzählt.

289 W   Plut. de Herod. malign. 14 p. 857f

Doch von den gelehrten Männer der alten Zeit haben weder Homer, noch Hesiod, noch Archilochos, noch Peisander, noch Stesichoros, noch Alkman, noch Pindar einen ägyptischen oder phönizischen Herakles erwähnt, sondern alle kennen nur einen einzigen, unseren eigenen Herakles, der zugleich Boiotier und Argiver ist.

290 W = 151 Bgk.   Ath. (epit.) 30f

Archilochos vergleicht den Wein aus Naxos mit Nektar.
Folgt fr. 2.

291 Harpocr. p. 281. 4 Dindorf

μνημονεύει τῶν Θασίων πρὸς Μαρωνείτας περὶ τῆς Στρύμης ἀμφισβητήσεως Φιλόχορος ἐν ε′ (328 F 43). Ἀρχίλοχον ἐπαγόμενος μάρτυρα.

292 Plut. Marius 21

τὴν δὲ γῆν, τῶν νεκρῶν καταναλωθέντων ἐν αὐτῇ καὶ διὰ χειμῶνος ὄμβρων ἐπιπεσόντων, οὕτως ἐκλιπανθῆναι καὶ γενέσθαι διὰ βάθους περίπλεω τῆς σηπεδόνος ἐνδύσης ὥστε καρπῶν ὑπερβάλλον εἰς ὥρας πλῆθος ἐξενεγκεῖν, καὶ μαρτυρῆσαι τῷ Ἀρχιλόχῳ λέγοντι πιαίνεσθαι πρὸς τοῦ τοιούτου τὰς ἀρούρας.

293 Ath. 167d

τοιοῦτος ἐγένετο καὶ Αἰθίοψ ὁ Κορίνθιος, ὥς φησι Δημήτριος ὁ Σκήψιος (fr. 73 Gaede)· οὗ μνημονεύει Ἀρχίλοχος. ὑπὸ φιληδονίας γὰρ καὶ ἀκρασίας καὶ οὗτος, μετ' Ἀρχίου πλέων εἰς Σικελίαν ὅτε ἔμελλε κτίζειν Συρακούσας, τῷ ἑαυτοῦ συσσίτῳ μελιτούττης ἀπέδοτο τὸν κλῆρον ὃν ἐν Συρακούσαις λαχὼν ἔμελλεν ἕξειν.

291 W = 146 Bgk.   Harpocr. p. 281.4 Dindorf

Es erinnert an den Streit der Thasier mit den Maroniten über Stryme Philochoros im fünften Buch (328 F 43); dabei führt er Archilochos als Zeugen an.

292 W = 148 Bgk.   Plut. Marius 21

Die Erde aber sei, nachdem die Leichen in ihr verwest und durch den Winterregen verfallen waren, so stark gedüngt und von der tief eingedrungenen Fäulnis so sehr getränkt worden, dass sie im nächsten Frühling eine übermäßige Menge an Früchten getragen und die Auffassung des Archilochos bestätigt habe, dass durch solche Vorgänge die Äcker fett würden.

293 W = 145 Bgk.   Ath. 167d

Ein solcher Mensch war auch Aithiops, der Korinther, wie Demetrios von Skepsis sagt (fr. 73 Gaede). Ihn erwähnt auch Archilochos. Überwältigt von seiner Lust am Vergnügen und aufgrund seiner Unmäßigkeit verkaufte er, als er sich zusammen mit Archias auf der Reise nach Sizilien befand und Syrakus gründen wollte, seinem Tischgenossen für einen Honigkuchen das Landlos, das er in Syrakus hätte erhalten sollen.

294 Euseb. praep. ev. 5. 33. 5 ex Oenomao Gadar.

τί πράττειν κελεύεις ἡμᾶς; ἢ δηλαδὴ τὰ Ἀρχιλόχου, εἰ
μέλλοιμεν ἄξιοι φανεῖσθαι τῆς ὑμετέρας ἑστίας, λοιδορῆ-
σαι μὲν πικρῶς τὰς οὐκ ἐθελούσας ἡμῖν γαμεῖσθαι, ἅψα-
σθαι δὲ καὶ τῶν κιναίδων, ἐπειδὴ τῶν ἄλλων πονηρῶν
πολὺ πονηρότεροί εἰσιν ... (13) εἰσὶ καὶ νῦν ἕτοιμοι κωμ-
ῳδεῖσθαι καὶ †Σαβαῖοι καὶ Λυκάμβαι, πρὸς δέ γε τὸ τραγ-
ῳδεῖσθαι κτλ.

295 Ael. V. H. 10. 13 (Critias 88 B 44 Diels-Kranz)

αἰτιᾶται Κριτίας Ἀρχίλοχον ὅτι κάκιστα ἑαυτὸν εἶπεν. εἰ
γὰρ μή, φησίν, ἐκεῖνος τοιαύτην δόξαν ὑπὲρ ἑαυτοῦ ἐς
τοὺς Ἕλληνας ἐξήνεγκεν, οὐκ ἂν ἐπυθόμεθα ἡμεῖς οὔτε
ὅτι Ἐνιποῦς υἱὸς ἦν τῆς δούλης (a), οὔθ᾽ ὅτι καταλιπὼν
Πάρον διὰ πενίαν καὶ ἀπορίαν ἦλθεν ἐς Θάσον (b), οὔθ᾽
ὅτι ἐλθὼν τοῖς ἐνταῦθα ἐχθρὸς ἐγένετο (c), οὐδὲ μὴν
ὅτι ὁμοίως τοὺς φίλους καὶ τοὺς ἐχθροὺς κακῶς ἔλεγε
(d). πρὸς δὲ τούτοις, ἦ δ᾽ ὅς, οὔτε ὅτι μοιχὸς ἦν (e) ᾔδειμεν
ἄν, εἰ μὴ παρ᾽ αὐτοῦ μαθόντες, οὔτε ὅτι λάγνος καὶ
ὑβριστής (f), καὶ τὸ ἔτι τούτων αἴσχιον, ὅτι τὴν ἀσπίδα
ἀπέβαλεν (g). οὐκ ἀγαθὸς ἄρα ἦν ὁ Ἀρχίλοχος μάρτυς
ἑαυτῷ τοιοῦτον κλέος ἀπολιπὼν καὶ τοιαύτην ἑαυτῷ ⟨πε-
ριάψας⟩ φήμην. ταῦτα οὐκ ἐγὼ Ἀρχίλοχον αἰτιῶμαι, ἀλλὰ
Κριτίας.

295a Phot. lex. s. v. χύτραν· καὶ Ἰώνων τινές, ὥσπερ
Ἀρχίλοχος.

294 W   Euseb. praep. ev. 5.33.5

Was befiehlst du uns zu tun? Oder nähmen wir die Verse des Archilochos ernst, wenn wir uns eures Hauses würdig erweisen wollten, dass wir einerseits diejenigen bitter beschimpfen, die sich nicht mit uns vermählen wollen, andererseits auch die unzüchtigen Kerle angreifen, da sie noch viel verruchter sind als die anderen Verruchten ...? (13) Es sind auch heute noch Leute wie Sabaios und Lykambes bereit, verspottet zu werden und dazu eine Tragödie zu spielen usw.

295 W = 149 Bgk.   Ael. V. H. 10.13 (Critias 88 B 44 Diels-Kranz)

Kritias beschuldigt Archilochos, dass er sich selbst am schlimmsten beschimpft habe. »Wenn er nämlich nicht«, so sagt er, »eine solche Meinung über sich unter den Hellenen verbreitet hätte, hätten wir nicht erfahren, dass er der Sohn der Sklavin Enipo war (a), dass er Paros aus Armut und Not verließ und nach Thasos kam (b), dass er sich, nachdem er angekommen war, mit den Menschen dort verfeindete (c), dass er auf gleiche Weise Freunde und Feinde schmähte (d). Und dass er außerdem«, so sprach er, »ein Ehebrecher war (e), wüssten wir nicht, wenn wir es nicht von ihm selbst erfahren hätten, und dass er ein Lüstling und ein unverschämter Kerl war (f), und was schändlicher als alles andere war, dass er seinen Schild fortwarf (g). Demnach war Archilochos also kein guter Zeuge für sich selbst, nachdem er sich einen solchen Ruhm hinterlassen und sich einen solchen Ruf zugezogen hatte.« Das werfe nicht ich Archilochos vor, sondern Kritias.

295a   Phot. lex. s. v. χύτραν (Topf): Auch einige Ionier, wie Archilochos, verwenden das Wort.

296-321. DUBIA

296 Et. Gen. (Miller, Mélanges 254); Et. Magn. p. 689. 4 (quae praecedunt v. ad fr. 200)

... ὁ δὲ Ἡρωδιανὸς (i. xxxii Lentz) παρὰ τὸ ἴσσω, ὡς Ἀρχίλοχος

προτείνω χεῖρα καὶ προΐσσομαι.

297 Orion, etym. col. 37. 4 Sturz; Et. Gen. et Sym. β 3 (pp. 1-2 Berger); Et. Magn. p. 184. 49

βάβαξ· λάλος, φλύαρος ... Ἀρχίλοχος·

κατ᾽ οἶκον ἐστρωφᾶτο μισητὸς βάβαξ.

298 Aristides or. 45, ii. 51. 17 Dindorf

οὐ γὰρ ὁμοίως, οἶμαι, οἵ τε θεοὶ τὰ μέλλοντα ἴσασι καὶ τῶν ἀνθρώπων ὅσοι φάσκουσιν. οἱ μὲν γὰρ ἃ μέλλουσι ποιεῖν ἐπίστανται καὶ πρόκειται τὰ πράγματα αὐτοῖς ὥσπερ ἐν ὀφθαλμοῖς· διὰ τοῦτο

Ζεὺς ἐν θεοῖσι μάντις ἀψευδέστατος,

καὶ ὅτι γε δι᾽ αὐτὸ τοῦτο, ὁ αὐτὸς οὗτος ποιητὴς μαρτυρεῖ· τὸ γὰρ δεύτερόν ἐστιν αὐτῷ

καὶ τέλος αὐτὸς ἔχει.

296–321. ZWEIFELHAFTES

296 W = 130 Bgk.   Et. Gen. (Miller, Mélanges 254)

… Herodian (I. XXXII Lentz) zu dem Wort ἰσσω (ich bitte / strecke die Hand aus), wie Archilochos sagt:

… ich strecke die Hand aus und bitte um eine Gabe …

297 W = 32 D   Orion, etym. col. 37.4 Sturz

βάβαξ: geschwätzig, unnützer Schwätzer … Archilochos:

… ganz zu Hause fühlte sich der ekelhafte Schwätzer.

298 W = 84 D   Aristides or. 45, II 51.17 Dindorf

Denn die Götter wissen um die Zukunft nicht alle gleichermaßen, glaube ich, wie die Menschen es sich vorstellen. Sie verstehen nämlich nur das, was sie vorhaben zu tun, und die Dinge stellen sich ihnen so dar, wie sie sie vor Augen haben. Deswegen heißt es:

Zeus ist unter den Götter der wahrhaftigste Seher.

Und dass es deswegen so ist, bezeugt dieser Dichter ebenfalls. Sein zweiter Ausspruch lautet nämlich:

… und er hat das Ende selbst in der Hand.

299 Mnesiepes, De Archilocho (SEG 15. 517) A (E₁) II 53-III 9

π]αραγενομένων δ᾽ αὐτῶν εἰς Πάρον τοῖς Ἀρτε[μ]ισίοις ...
ἐρωτήσαντος τοῦ Τελεσικλέους εἴ τι τῶν [ἀ]ναγκαίων ὑπ-
άρχει. ὡς ἂν ὀψὲ τῆς ἡμέρας [

εἱ[
οἱ[
αρ[

ῥ[ηθέντων δὲ τούτων — — —

300 Schol. Hom. Il. 21, P. Oxy. 221 = P. Lond. inv. 1184 fr. (e) 5-9
(v. Phil. 97, 1948, 336)

]α Πινδ[αρ — — —]ρκητα[— — —] Ἀρχιλ[οχ — — —]τῃσδ ε
[— — —]φεδι[

301 Colotes in Plat. Lys. p. 10 b* 6-9 (P. Hercul. 208; Crönert,
Studien z. Palaeogr. u. Papyruskunde 6, 1906, 164)

]μαιμειποι[— — —]αρχιλοχα[— — —]γαειηιαχ[— — —]ρου-
σια ατο[

302 Ael. V. H. 4. 14

πολλάκις τὰ κατ᾽ ὀβολὸν μετὰ πολλῶν πόνων συναχθέντα
χρήματα κατὰ τὸν Ἀρχίλοχον εἰς πόρνης γυναικὸς ἔντε-
ρον καταίρουσιν. ὥσπερ γὰρ ἔχιν λαβεῖν μὲν ῥᾴδιον, συνέ-
χειν δὲ χαλεπόν, οὕτω καὶ τὰ χρήματα.

299 W = Treu S. 44   Mnesiepes, De Archilocho (SEG 15.517) A (E₁) II 53- III 9:

Als sie nach Paros zu den Artemisien gekommen waren ..., fragte sie Telesikles, ob von den notwendigen Dingen genug vorhanden sei, da es schon spät am Tage sei ...

. . .

. . .

. . .

als dies gesagt worden war ...

300 W   Schol. Hom. Il. 21, P. Oxy. 221 = P. Lond. inv. 1184 fr. (e) 5–9

... Pindar ... Archilochos...

301 W   Colotes in Plat. Lys. p. 10b 6–9:

... Archilochos ...

302 W = 142 Bgk.   Ael. V. H. 4.14:

Oft stecken sie das Geld, dass sie Obolos um Obolos unter großen Anstrengungen zusammengebracht haben, nach Archilochos in den Leib einer Hure. Denn wie man eine Schlange leicht fangen, aber schwer festhalten kann, so auch das Geld.

303 Eustrat. in Arist. Eth. Nic. 6. 7 (Comm. in Arist. Graeca xx. 320. 36)

παράγει δ᾽ εἰς μαρτυρίαν τοῦ εἶναι τὸν ὅλως σοφὸν ἕτερον παρὰ τόν τινα σοφὸν καί τινα ποίησιν Μαργίτην ὀνομαζομένην Ὁμήρου. μνημονεύει δ᾽ αὐτῆς οὐ μόνον αὐτὸς Ἀριστοτέλης ἐν τῷ πρώτῳ περὶ ποιητικῆς (1448b30). ἀλλὰ καὶ Ἀρχίλοχος καὶ Κρατῖνος (fr. 368 K.-A.) καὶ Καλλίμαχος ἐν τοῖς ἐπιγράμμασιν (fr. 397 Pf.). καὶ μαρτυροῦσιν εἶναι Ὁμήρου τὸ ποίημα.

304 Hesych.

πυρριχίζειν· τὴν ἐνόπλιον ὄρχησιν καὶ σύντονον πυρρίχην ἔλεγον. οἱ μὲν ἀπὸ Πυρρίχου τοῦ Κρητός ... οἱ δὲ ἀπὸ Πύρρου τοῦ Ἀχιλλέως· ἐφησθέντα γὰρ τῷ Εὐρυπύλου φόνῳ ὀρχήσασθαί φησιν Ἀρχίλοχος.

305 Malalas p. 68. I Dindorf

τῶν δὲ Ἀργείων μετὰ τὸν Ἴναχον ἐβασίλευσεν ὁ Φορωνεὺς καὶ ἄλλοι πολλοὶ ἕως τῆς βασιλείας Λυγκέως τοῦ ἀγαγομένου τὴν Ὑπερμνήστραν γυναῖκα τῶν Δαναοῦ θυγατέρων. ὅστις Λυγκεὺς πολεμήσας τῷ Δαναῷ βασιλεῖ τοῦτον ἐφόνευσε καὶ ἔλαβε τὴν βασιλείαν καὶ τὴν θυγατέρα αὐτοῦ. καθὼς Ἀρχίλοχος ὁ σοφώτατος συνεγράψατο.

306 deletum (Sophoclis est, fr. 33a Radt)

303 W = 153 Bgk.   Eustrat. in Arist. Eth. Nic. 6.7 (Comm. in Arist.
Graeca XX 320.36):

Er erwähnt als Beweis dafür, dass sich der vollkommene Weise von einem beliebigen Weisen unterscheidet, auch eine Dichtung Homers mit
dem Titel »Margites«. Es erwähnt sie nicht nur Aristoteles selbst im ersten Buch seiner Poetik (1448b 30), sondern auch Archilochos und Kratinos (fr. 368 K.-A.) und Kallimachos in seinen Epigrammen (fr. 397 Pf.),
und sie bezeugen, dass das Werk von Homer stammt.

304 W = 190 Bgk.   Hesych.

»die Pyrrhichē tanzen«. Sie nannten den anstrengenden Waffentanz
Pyrrhichē. Die einen leiten das Wort her von dem Kreter Pyrrhichos ...
die anderen von Pyrrhos, dem Sohn des Achilleus. Denn dass Pyrrhos
aus Freude über den Tod des Eurypylos getanzt habe, sagt Archilochos.

305 W = 150 Bgk.   Malalas p. 68.1 Dindorf

Über die Argiver herrschten nach Inachos Phoroneus und viele andere,
bis Lynkeus König wurde, der Hypermnestra, eine der Töchter des Danaos, heiratete. Lynkeus hatte gegen König Danaos Krieg geführt, diesen getötet und dann die Königsherrschaft und dessen Tochter bekommen, wie Archilochos, der weiseste aller Dichter, schrieb.

306 W   verloren (Sophoclis est, fr. 33a Radt)

307 Phot. lex.

εὕδοντι δ' αἱρεῖ κύρτος

παροιμία. καθεύδουσι γὰρ καθέντες τοὺς κύρτους. παρὰ
τοῦτο ἐποίησε Κρατῖνος Ἀρχιλόχοις (fr. 3 K.-A.) »εὕδοντι
δ' αἱρεῖ πρωκτός«.

308 Hesych.

ἐπ' Αἰννύρων ὁδῶν· Αἴννυρα χωρίον τῆς ⟨Θάσου κατε-
ναντίον τῆς Σαμο⟩θρᾴκης, ἀπὸ Αἰννύρου ὀνομασθέν.

309 Hesych.

μύσχης· †εὖρος, ὡς Ἀμφίλοχος.
μύσχον· τὸ ἀνδρεῖον καὶ γυναικεῖον μόριον.

310 Pollux 6. 100

ὁλκαίου δὲ (μέμνηται) Ἀντίοχος· ἔστι δ' ὁλκαῖον ᾧ τὰ ἐκ-
πώματα ἐναπονίπτουσιν.

311 Hesych.

πάγη δέ τις· παγὶς δέ τις.

307 W   Phot. lex.

Für einen Schlafenden fängt die Fischreuse.

Sprichwort. Sie schlafen nämlich, wenn sie die Fischreusen ins Wasser
gelassen haben. Dem entsprechend dichtete Kratinos in archilochischen
Rhythmen (fr. 3 K.-A.): »Für einen Schlafenden fängt der Hintern.«

308 W   Hesych.

Auf den Straßen von Ainnyra. Ainnyra ist ein Ort auf Thasos in Richtung Samothrake, nach Ainnyros benannt.

309 W = 185 Bgk.   Hesych.

μύσχης: Breite, wie Amphilochos (= Archilochos) sagt.
μύσχον: das männliche und das weibliche Geschlechtsteil.

310 W   Pollux 6.100

Ein ὁλκαῖον (große Schale) erwähnt Antiochos (= Archilochos). Ein
ὁλκαῖον ist ein Gefäß, in dem man die Becher abwäscht.

311 W   Hesych.

πάγη oder παγίς (Schlinge).

312 Hesych.

ψαυστά· †ψαυστά. Ἀρχίας.

313 Tzetz. in Lyc. 91 (ii. 50. 23 Scheer), v. ad fr. 178.

πύγαργος

314–21. Testimonia de metris fide minus digna

314 Apthonius, Gramm. Lat. vi. 122. 23

$$-\overline{\cup\cup}-\overline{\cup\cup}-\overline{\cup\cup}-\cup\cup-\cup-\cup-$$

315 Apthonius, Gramm. Lat. vi. 142. 31

$$\cup\cup-\cup\cup-|-\cup-\cup--$$

316 $$\qquad x-\cup-|-\cup\cup-$$

317 $$\cup\cup-\cup\cup-\cup\cup-\cup\cup-|x-\cup-\cup--$$

318 Diomedes, Gramm. Lat. i. 509. 3

$$-\cup\cup-\cup--$$

319 Diomedes, Gramm. Lat. i. 510. 11

312 W = 199 Bgk.   Hesych.

ψαυστά (berührt). Archias (= Archilochos).

313 W = 189 Bgk.   Tsetz. in Lyc. 91 (II 50.23 Scheer)

Weißsteiß

314–321. Zeugnisse für weniger zuverlässige Metren

‒ ‒ ‒ ⏑ ⏑ ‒|‒ ⏑ ⏑ ‒|‒ ⏑ ⏑ ‒ ⏑ ‒

320 Diomedes, Gramm. Lat. i. 515. 14 ex Varrone

‒ ⏑ ⏑ ‒ ⏑ ⏑ ‒ ⏑ ⏑ ‒

321 Diomedes, Gramm. Lat. i. 516. 4

‒ ‒ ⏑ ⏑ ‒ ‒

322-33. SPURIA

322-8. Pseudepigrapha

322-3 IOBAKXOI

322 Hephaest. Ench. 15. 16

ἄλλο ἀσυνάρτητον κατὰ τὴν πρώτην ἀντιπάθειαν, ἐξ ἰαμβικοῦ διμέτρου ἀκαταλήκτου καὶ τροχαϊκοῦ ἐφθημιμε-
ροῦς τοῦ καλουμένου Εὐριπιδείου, οἷόν ἐστι τὸ ἐν τοῖς
ἀναφερομένοις εἰς Ἀρχίλοχον Ἰοβάκχοις

Δήμητρος ἁγνῆς καὶ Κόρης
τὴν πανήγυριν σέβων.

322–333. UNECHTES

322–328 Pseudepigraphisches

322–323. Aus den »Iobakchen«

322 W = 119 D   Hephaest. Ench. 15.16

Ein weiteres Asynarteton (Versgruppe, die aus eigentlich nicht zusam-
menpassenden Teilen besteht), das im Sinne des ersten rhythmischen
Gegensatzes aus einem akatalektischen iambischen Dimeter und einer
trochäischen Hephthemimeres (= aus dreieinhalb Versfüßen = sieben Silben bestehend), dem sogenannten Euripideion, gebildet ist, findet man
z. B. in den Archilochos zugeschriebenen »Iobakchen«:

… das Fest der heiligen Demeter und der Kore
feiernd…

323 St. Byz. p. 166. 11 Meineke

Βέχειρ· ἔθνος Σκυθικόν, ὡς Σάπειρ ... Λίγειρ ποταμὸς περὶ Γαλατίαν.

χρυσοέθειρ

παρ᾽ Ἀρχιλόχῳ ἐν Ἰοβάκχοις, ὅπερ ἀποκέκοπται τοῦ χρυσοέθειρος.

324 Schol. Pind. Ol. 9. 1 sqq.

⊗   τήνελλα καλλίνικε
χαῖρε ἄναξ Ἡράκλεις,
αὐτός τε καἰόλαος, αἰχμητὰ δύω.   ⊗

Pind. Ol. 9. 1 sqq.

τὸ μὲν Ἀρχιλόχου μέλος φωνᾶεν Ὀλυμπίᾳ, καλλίνικος ὁ τριπλόος κεχλαδὼς ἄρκεσε Κρόνιον παρ᾽ ὄχθον ἀγεμονεῦσαι κωμάζοντι φίλοις Ἐφαρμόστῳ σὺν ἑταίροις.

Schol. ad loc., i. 268. 14-23 Dr.

Ἐρατοσθένης δέ (241 F 44) φησι μὴ ἐπινίκιον εἶναι τὸ Ἀρχιλόχου μέλος ἀλλ᾽ ὕμνον εἰς Ἡρακλέα· »τριπλόον« δὲ (οὐ διὰ τὸ ἐκ τριῶν στροφῶν συγκεῖσθαι ἀλλὰ) διὰ τὸ τρὶς ἐφυμνιάζεσθαι τὸ »καλλίνικε«. περὶ δὲ τοῦ »τήνελλα« Ἐρατοσθένης φησὶν ὅτι ὅτε ὁ αὐλητὴς ἢ ὁ κιθαριστὴς μὴ παρῆν, ὁ ἔξαρχος αὐτὸ μεταλαβὼν ἔλεγεν ἔξω τοῦ μέλους, ὁ δὲ τῶν κωμαστῶν χορὸς ἐπέβαλλε τὸ »καλλίνικε«, καὶ οὕτω συν-

323 W = 121 Bgk.   St. Byz. p. 166. 11 Meineke

Βέχειρ. Skythischer Stamm, wie Σάπειρ … Λίγειρ, der Fluss in Gala-
tia,

… mit goldenem Haar …

bei Archilochos in den »Iobakchen«, eine Kurzform für χρυσοέθειρος.

324 W = 120 D   Schol. Pind. Ol. 9. 1ff.

Hurra, Siegreicher!
Sei gegrüßt, Herrscher, Herakles!
Du selbst und Aiolaos, ihr zwei Lanzenkämpfer.

Pind. Ol. 9.1-4

Das Lied des Archilochos, das erklang in Olympia, der Siegesheilruf der
dreimal brausend ertönte, reichte aus, um am Kronoshügel Anführer zu
werden, dem Epharmostos, als er am Festzug teilnahm mit seinen lieben
Gefährten.

Schol. ad loc., I 268. 14-23 Dr.

Eratosthenes aber (241 F 44) sagt, das Lied des Archilochos sei kein Sie-
geslied, sondern ein Hymnos auf Herakles. »Dreimal« (nicht weil das
Lied aus drei Strophen besteht, sondern), weil dreimal das Wort »Siegreicher!« gerufen wurde. Über das »Hurra!« sagt Eratosthenes, dass einmal, als der Flötenspieler oder der Kitharist nicht da war, der Anführer
dies aufnahm und es dann außerhalb des Liedes rief und der Chor der
Festzugsteilnehmer das »Siegreicher!« hinzufügte, und so das »Hurra!

εἰρόμενον γέγονε τὸ »τήνελλα καλλίνικε«. ἡ δὲ ἀρχὴ τοῦ
μέλους ἐστίν· »ὦ καλλίνικε χαῖρε ἄναξ Ἡράκλεες«.

Ib. p. 268. 5–10 + 12–14

τὸ μὲν Ἀρχιλόχου μέλος, ὃ τοῖς νικῶσι τὰ Ὀλύμπια ἐπή-
δετο, ἦν τρίστροφον, κοινῶς δυνάμενον ἁρμόζειν ἐπὶ
παντὸς νικηφόρου διὰ τὸ κατὰ τῆς πράξεως αὐτῆς ψιλὸν
ἔχειν τὸν λόγον, μήτε δὲ ὄνομα μήτε ἰδίωμα ἀγωνίσματος.
ἐφυμνίῳ δὲ ἐχρῶντο τούτῳ, »τήνελλα καλλίνικε«. ... τὸ δὲ
»τριπλόος« ὅτι τρὶς ἐπεκελάδουν τὸ »καλλίνικε«· οὐ καθόλου δὲ τρίς, ἀλλ᾽ ὅτι τριπλῆν ἔχει τὴν στροφὴν καὶ πάλιν
ἀναλαμβάνεται.

325 Anth. Pal. 7. 441

   ὑψηλοὺς Μεγάτιμον Ἀριστοφόωντά τε Νάξου
   κίονας, ὦ μεγάλη γαῖ᾽, ὑπένερθεν ἔχεις.

326 Anth. Pal. 6. 133

   Ἀλκιβίη πλοκάμων ἱερὴν ἀνέθηκε καλύπτρην
   Ἥρηι, κουριδίων εὖτ᾽ ἐκύρησε γάμων.

327 Cod. Vat. Barb. gr. 69 f. 104ʳ

⊗   σίδηρός ἐστι μοῦνος ὃν στέργει Κάπυς,
     τὰ δ᾽ ἄλλα λῆρος ἦν ἄρ᾽ αὐτῶι πλὴν πέους
     ὀρθοστάδην δύνοντος ἐς γλουτῶν μυχούς·
     καὶ μέχρι τοῦδ᾽ ἐραστὴν ἀσμένως ὁρᾶι,
5   ἕως ὑπ᾽ αὐτοῦ τέρπεται κεντούμενος.

Siegreicher!« als Einheit entstand. Der Anfang des Liedes lautet: »Siegreicher! Sei gegrüßt, Herrscher, Herakles!«

Schol. Pind. p. 268. 5–10 und 12–14

Das Lied des Archilochos, das den Siegern in Olympia gesungen wurde,
bestand (in Wirklichkeit doch) aus drei Strophen. Es passte ganz allgemein auf jeden Sieger; denn über die Leistung (des Herakles) als solche
wird nur ganz kurz gesprochen. Weder ein Name noch eine Besonderheit des Wettkampfes wird erwähnt. Man benutzte diesen Refrain:
»Hurra! Siegreicher!« … Das »dreimal« bedeutet, dass sie dreimal »Siegreicher!« riefen. Aber nicht einfach dreimal, sondern weil das Lied drei
Strophen hat und der Ruf wiederholt wird.

325 W = 16 D   Anth. Pal. 7.441

Die hochragenden Säulen von Megatimos, Aristophon und Naxos,
    hältst du, mächtige Erde, tief in deinem Inneren fest.

326 W = 17 D   Anth. Pal. 6.133

Alkibia nahm den Schleier von ihrem Haar und weihte ihn
    Hera, als sie es geschafft hatte, rechtmäßig vermählt zu sein.

327 W   Cod. Vat. Barb. gr. 69 f. 104r

Eisen ist das einzige, was Kapys liebt.
Alles andere war wirklich nur ein Witz an ihm –, abgesehen von seinem Schwanz,
wenn er aufrecht stand und eintauchte in die Klüfte des Arsches.
Aber nur solange sieht er seinen Liebhaber gern,
bis er von ihm genagelt wird und Lust empfindet.

ἐπὰν δὲ λήξηι τοῦτο, τὸν πάρος φίλον
ἀφεὶς ὀχευτὰς εὗρε νευρωδεστέρους.
ὄλοιτο τοίνυν κἀξόλοιτο, Ζεῦ, γένος
ἄπιστον ἄστοργόν τε τῶν κινουμένων.   ⊗

328 Ibidem

⊗   ἴσος κιναίδου καὶ κακῆς πόρνης ὁ νοῦς·
χαίρουσιν ἄμφω λαμβάνοντες κέρματα
κινούμενοί τε καὶ διατρυπώμενοι
βινούμενοί τε καὶ διεσπεκλωμένοι
5   γομφούμενοί τε καὶ διασφηνώμενοι
χορδούμενοί τε καὶ κατασποδούμενοι.
ἀμφοῖν δ' ὀχευτὴς οὐκ ἀπέχρησέν ποθ' εἷς,
ἀλλ' αἰὲν ἄλλο κἄλλο λασταύρων ὅλον
†εἰδήνον ἐκροφοῦντες ἥδονται πέος,
10   πειρώμενοί τε μειζόνων καὶ πασσόνων
νεύρων, κυβιστώντων τε διφώντων θ' ὁμοῦ
ἄπαντα τἄνδον σύν τε δηιούντων βαθὺ
δεινοῦ βερέθρου χάσμα, καὶ διαμπερὲς
μέσου προκοπτόντων παράχρις ὀμφαλοῦ.
15   τοιγὰρ καπρῶσα μαχλὰς ἄρδην ἐρρέτω
πασχητιώντων εὐρυπρώκτων σὺν γένει·
ἡμῖν δὲ Μουσῶν καὶ βίου σαόφρονος
μέλοι φρέαρ τε, τοῦτο γινώσκουσ', ὅτι
ἥδ' ἐστὶ τέρψις, ἥδ' ἀκίβδηλος χαρά,
20   ἥδ' ἡδονὴ πέφυκε, μὴ συνειδέναι
αἰσχρᾶι ποθ' ἡδυνθεῖσιν αὐτοῖς ἡδονῆι.   ⊗

Sobald dies aber vorbei war, jagte er den bisherigen Geliebten
fort und fand sehnigere Kerle, die ihn bespringen konnten.
Zugrunde gehen und völlig ausgerottet werden soll, Zeus, das
treulose und lieblose Geschlecht dieser Vögelbrüder.

328 W   wie 327

Ein Lustknabe und eine üble Hure haben dasselbe im Sinn:
Sie freuen sich beide, wenn sie die Münzen in Empfang nehmen,
während sie gevögelt und durchbohrt,
bedrängt und beschlafen,
genagelt und verkeilt,
verstöpselt und in den Staub geworfen werden.
Beiden genügte niemals nur ein Beschäler,
sondern ständig haben sie ihre Freude daran,
einmal diesen, einmal jenen Schwanz ganz auszuschlürfen
und größere und dickere Knüppel zu erproben,
die Purzelbäume schlagen und alle Innereien zugleich durchwühlen
und dabei den tiefen Schlund
des gewaltigen Abgrunds verwüsten
und mitten hindurch bis zum Bauchnabel vorstoßen.
Darum nun soll die brünstige Wildsau vollständig zugrunde gehen
mitsamt dem Geschlecht der abartig geilen Klaffärsche.
Uns aber sollen nur noch der Brunnen der Musen und ein Leben in Weisheit
etwas bedeuten, da wir erkennen, dass
dies das wahre Vergnügen ist und die unverfälschte Freude,
und dass nur dies wirkliche Lust bedeutet: nichts mit denjenigen zu tun zu haben,
die sich an schändlicher Lust ergötzen.

329-33. Errores

329 Et. Gen. α 149 (cod. B), Magn. α 394 L.-L.

ἀθῷος· ... ἔχει δὲ τὸ ι ἐκ παραδόσεως, ἐπειδὴ εὕρηται
θωΐή, ὡς παρ᾿ Ἀρχιλόχῳ·

<blockquote>ὡς δ᾿ ἄν σε θωΐὴ λάβοι.</blockquote>

330 Et. Gen. (Miller, Mélanges 210)

μακκοᾶν· ... διαλέγεσθαι, ἔνθεν καὶ τὸ ἀκκίζεσθαι παρ᾿
αὐτὴν λελέχθαι· *ἀκκῶ οὖν, *ἀκκοῶ, καὶ πλεονασμῷ τοῦ
μ μακκοῶ, οἷον

<blockquote>βίος δ᾿ ἀπράγμων τοῖς γέρουσι συμφέρει,
μάλιστα δ᾿ εἰ τύχοιεν ἁπλοῖ τοῖς τρόποις
ἢ μακκοᾶν μέλλοιεν ἢ ληρεῖν ὅλως,
ὅπερ γερόντων ἐστίν.</blockquote>

Cedrenus, Hist. ii. 612. 5 Bekker

Μιχαὴλ ... ἤδη παρηβηκότα καὶ τῆς πρεσβυτικῆς ἁψάμε-
νον ἡλικίας, ᾗτινι συμφέρειν τὴν ἀπραγμοσύνην
Ἀρχίλοχος ὁ ποιητὴς ἀπεφήνατο.

329–333. Fälschlich Zugewiesenes

329 W = 91 D   Et. Gen. α 149 (cod. B), Magn. α 394 L.-L.

ἀϑῷος (straffrei) … Das Wort hat das Iota durch Übertragung/Anpassung, da ϑωϊή (Strafe) belegt ist, wie bei Archilochos

… so könnte dich die Strafe einholen.

330 W = 50 D   Et. Gen. (Miller, Mélanges 210)

Dummes Zeug reden … Sich unterhalten, daher kommt auch das Wort »sich zieren«. ἀκκῶ (Akk. Sg. die Verrückte), ἀκκοῶ (ich bin wahnsinnig) und durch Hinzufügung des My μακκοῶ (ich bin wahnsinnig), wie in folgenden Versen:

Ein tatenloses Leben ist den alten Leuten nützlich,
besonders aber wenn sie einfältig in ihrer Art sind
oder dummes Zeug reden wollen oder überhaupt herumschwätzen,
was den Alten zukommt.

Cedrenus, Hist. III 612.5 Bekker

Michael … schon über das Mannesalter hinaus und dem Greisenalter verfallen, dem die Tatenlosigkeit nützt, wie der Dichter Archilochos äußerte.

331 Ath. 594cd

ἐφ' οἷς Ἴωνες ἀγασθέντες, ὥς φησι Μενέτωρ ἐν τῷ περὶ
ἀναθημάτων (F. H. G. iv. 452), Πασιφίλαν ἐκάλεσαν τὴν
Πλαγγόνα, μαρτυρεῖ δὲ καὶ † Ἀρχίλοχος περὶ αὐτῆς ἐν
τούτοις·

συκῆ πετραίη πολλὰς βόσκουσα κορώνας,
εὐήθης ξείνων δέκτρια Πασιφίλη.

332 Hesych.

ἄκομψον· ἀπάνουργον, ἁπλοῦν, Ἀρχίλοχος, οὐκ εὖ δια-
κείμενον.

333 Syrianus in Hermog., i. 47. 21 Raabe (Rhet. Gr. vii. 984. 11
Walz)

καὶ μέλη δέ τινα ἐκάλουν ἰθυφαλλικά, εὐφημίας περιέ-
χοντα τοῦ θεοῦ (Διονύσου), οἷα καὶ Ἀρχίλοχος γέγραφεν.

331 W = 15 D   Ath. 594 cd

Weil die Ionier stolz darauf waren, wie Menetor sagt in seinem Buch
über die Weihgeschenke (F. H. G. IV 452), nannten sie Plangon (Puppe)
»Pasiphile«(Liebchen für jedermann). Das bezeugt auch Archilochos (?)
in folgenden Versen über diese Frau:

Du alte Feige – viele Krähen fütterst du,
   freundlich nimmst du die Fremden auf, Liebchen für jedermann.

332 W = 158 Bkg.   Hesych.

ἄκομψον: schlicht, ungeschickt, einfach. Archilochos: in keinem guten
Zustand.

333 W   Syrianus in Hermog., I 47.21 Raabe (Rhet. Gr. VII 984.11
Walz)

Und bestimmte Lieder nannte man »Ithyphallika«, die dem Lob des
Gottes Dionysos dienten, wie sie auch Archilochos schrieb.

ANHANG

ANMERKUNGEN

1 W = 1 D

Es ist bemerkenswert, wie sich Archilochos in diesen Versen – offensichtlich mit einem hohen Selbstbewusstsein – als individuelle Persönlichkeit vorstellt (ganz anders als Homer, der hinter seinem Werk zurücktritt und die Muse sprechen lässt). Das Thema des lyrischen Dichters ist er selbst, nicht die Taten großer Helden. Archilochos spricht im Präsens über seine gegenwärtige Situation. Er erzählt nicht aus seiner Vergangenheit. Dass er sich als Diener oder Gefolgsmann eines Gottes vorstellt und über ein »Geschenk« der Musen verfügt, ist wahrscheinlich nicht auf eine besondere Religiosität zurückzuführen. Der hier artikulierte Bezug zu den göttlichen Mächten verleiht dem Dichter nicht nur höheren Glanz, sondern begründet auch seinen Anspruch, etwas Besonderes zu leisten – als Soldat und als Dichter.

Es ist nicht auszuschließen, dass Archilochos bei seiner Selbstvorstellung die Äußerung des Odysseus vor dem Phäakenkönig im Ohr hat: »Ich bin Odysseus, der Sohn des Laertes ...« (εἴμ᾽ Ὀδυσσεὺς Λαερτιάδης ...).

Schon in der Ilias (20.69 und 13.519) ist Enyalios mit Ares, dem Kriegsgott, identisch (vgl. U. v. Wilamowitz-Moellendorf: Der Glaube der Hellenen, Bd. 1, Darmstadt ³1955, 101–103). Wie z. B. Xenophon, Anabasis 1.8.18 und 5.2.14, nahelegt, wird Enyalios durch den Schlachtruf oder den Kriegsgesang vor dem eigentlichen Angriff geehrt. – Wenn Archilochos sich hier als Gefolgsmann des Enyalios vorstellt, dann knüpft er nicht nur bewusst an Homer an,

sondern bringt auch zum Ausdruck, dass für ihn der Unterschied
zwischen dem Singen oder Schreien vor und in der Schlacht und
dem lyrischen Gesang durchaus nicht so tief ist, wie es auf den ersten Blick erscheint, sondern nur situationsbedingt ist. Dazu passt
126 W = 66 D, wo Archilochos sagt: »Eines aber beherrsche ich
wirklich: Wenn mir jemand Böses antut, es mit mächtig Bösem zu
vergelten.« Diese Vergeltung kann ebenso mit physischer Gewalt,
d. h. non-verbal, wie verbal, d. h. mit Schmähreden, vollzogen
werden. – Zu 1 W vgl. auch: Richard Harder: Zwei Zeilen von Archilochos. In: Antike Lyrik, hg. von W. Eisenhut, Darmstadt 1970,
1–6. – Aßmann, AU (= Der altsprachliche Unterricht) 7, 5, 1964,
7–9 (mit weiterer Literatur); der Aufsatz von Reinhard Aßmann
wird im Folgenden mehrfach erwähnt, weil er gute Argumente für
die Lektüre der Archilochos-Fragmente auch im Griechischunter-
richt liefert.

2 W = 2 D

Auch Odysseus war in Ismaros (Homer, Od. 9.40.189ff.). In der
thrakischen Stadt bekommt er den Wein, mit dem er später den
Kyklopen Polyphem betrunken macht. Das Motiv der Trunkenheit durch Wein: 4 W = 5a D. – Den homerischen Helden dienten
die Waffen nicht zum Broterwerb. Sie hatten für sie einen hohen
Symbolwert und brachten Ruhm und Ehre, wenn man sie tapfer
gegen den Gegner oder Feind einsetzte. Davon distanziert sich Archilochos mit aller Entschiedenheit: Waffen sind Mittel und Werk-
zeuge, mit denen es den Gegner niederzustrecken gilt. Deshalb ist
es auch keine Schande, sich von ihnen zu trennen, wenn es denn nötig ist. Vgl. 5 W = 6 D. – Dass sich auch Helden wie Aias und Achilleus auf ihre Lanzen stützten, während sie sich in einer Kampf-
pause einem unkriegerischen Vergnügen hingeben, dem Brettspiel,
zeigt ein Bild auf der schwarzfigurigen Amphora des Exekias (Vati-
kan), um 540–530 v. Chr. – Aßmann, AU 7, 5, 1964, 7–9.

3 W = 3 D

Die »Herren von Euboia« sind Angehörige der griechischen Adelsschicht und mit den homerischen Helden vergleichbar, von denen sich Archilochos distanziert.

4 W = 5a D

Der Weingenuss ist neben der Liebe ein Urmotiv der lyrischen Dichtung: Hier soll der Wein die Beschwerlichkeit des Wachehaltenden erträglich machen. Vgl. auch 120 W = 77 D, wo sich der Dichter seiner Kunst rühmt, den Dithyrambos anzustimmen, wenn er Wein getrunken hat.

5 W = 6 D

Die Saier sind Angehörige eines Volksstammes in Thrakien, gegen die Archilochos als Söldner im Kampf um Thasos eingesetzt war (vgl. 21 + 22 W = 18 D; 102 W = 54 D). Archilochos konfrontiert den Symbolwert des Schildes mit seinem Gebrauchswert. Er polarisiert: Entweder die Rettung des Schildes oder des Lebens. Dass der Schild allerdings auch einen bedeutenden materiellen Wert darstellt, sagt Archilochos unter Hinweis darauf, dass das Gerät noch völlig intakt (»tadellos«) war. – Es versteht sich von selbst, dass die Spartaner diesen Dichter für untragbar hielten (Plut. inst. Lac. 34 p. 239b). – Horaz (Carmen 2,7: »Mit dir hab ich Philippi und die hastige Flucht / erlebt, als ich verlor unrühmlich meinen Schild, als zerbrach Mannesmut ...«) spielt anscheinend auf Archilochos an. Allerdings ist sein Eingeständnis der militärischen Niederlage nicht als Ausdruck einer Distanzierung von Vorurteilen oder als Affront gegen herrschende Werturteile zu verstehen. Für Horaz bleibt der Schildverlust unrühmlich. – Das Motiv des Rhipsaspis, des Schildwegwerfers, findet sich auch bei Alkaios (49 D). – Aßmann, AU 7, 5, 1964, 12–15. – Überblick über Interpretationsversuche bei M. Treu, 192. – Latacz 1996, 42 erklärt das Verhalten des Archilochos als »Pragmatismus zweckbezogener Güterabwägung«; für ihn sind die Verse »das Manifest einer autonomen neubewerteten Persönlichkeit«.

6 W = 4 D

Das Wort »Gastgeschenke« ist ironisch gemeint. Das deutet der Dichter selbst an, indem er diese als »Schmerzen bereitende« charakterisiert.

7 W

Das Fragment spiegelt zwar das homerische Heldenideal wider. Allerdings beschreibt der vierte der erhaltenen Verse offensichtlich eine reale Situation: Die Kämpfer verlieren angesichts der Stärke der Feinde ihren Mut, der wieder aufgerichtet werden muss.

7a W

Vielleicht lautete der Text etwa folgendermaßen: »Ihr habt Herzen aus den Leibern von Hirschkühen ...«, d. h., »ihr seid feige.« Die epische Wendung (Ilias 1.225) ἔχων κραδίην δ' ἐλάφοιο bedeutet so viel wie »feige«.

8 W = 12 D

Der Vergleich des »schöngewellten« Meeres mit dem wohlfrisier-
ten Kopf eines Menschen ist ein Sarkasmus. Denn die wilde, unge-
zügelte Natur des menschenfeindlichen Meeres bleibt hinter dem
Bild gepflegter menschlicher Kultur nicht verborgen, sondern ist
nur noch um so schmerzlicher spürbar.

9 W = 10.1–2 (a) D

Der Mann ist ertrunken und konnte deshalb auch nicht in allen
Ehren bestattet, d. h. verbrannt, werden.

10 W = 10.1–2 (b) D

Welche Rolle der Kriegsgott Ares in diesem Zusammenhang
spielte, ist nicht klar. Ist der Schwager in einer Seeschlacht umgekommen?

11 W = 10.3–4 D

Archilochos sieht die Situation ganz realistisch. Er hält die äußeren
Formen der konventionellen Trauer für wenig sinnvoll.

12 W = 11 D

Die »schmerzlichen Gaben des Herrschers Poseidon« sind wahrscheinlich die Opfer des Schiffbruchs, die umgekommenen Menschen und die verlorenen Schiffe. Was hier »verbergen« bedeutet,
ist unklar.

13 W = 7 D

In der Odyssee (18.130–142) heißt es: »Nichts Armseligeres nährt die Erde als den Menschen unter allem, was auf der Erde Atem hat und kriecht. Da meint er, niemals werde ihm hernach ein Übel widerfahren, solange die Götter Gedeihen geben und sich seine Knie regen! Jedoch wenn die seligen Götter auch Bitteres vollenden, trägt er auch dies nur widerwillig in seinem ausdauernden Mute. Denn immer nur so ist der Sinn der Erdenmenschen, wie den Tag heraufführt der Vater der Menschen und der Götter. Auch ich konnte einst unter den Männern glücklich sein. Allein, ich beging viel frevelhafte Dinge, meiner Gewalt und Überlegenheit nachgebend, vertrauend auf meinen Vater und meine Brüder. Darum möge sich nie ein Mann von dem, was Brauch und Satzung ist, entfernen, sondern in Schweigen wahre er die Gaben der Götter, was sie auch geben mögen« (Übers. Schadewaldt). – Vgl. auch das kurze Selbstgespräch des Odysseus, als in ihm der Zorn über die Verhältnisse in seinem Palast aufsteigt (Od. 20.18–21 zum Motiv des »Ertragens«): »Halte aus, Herz! Einst hast du noch Hündischeres ausgehalten an dem Tage, als mir der Kyklop, der Unbändige in seinem Drange, die trefflichen Gefährten verzehrte. Du aber hieltest aus, bis dich ein kluger Einfall aus der Höhle führte, der du schon wähntest, dass du sterben müsstest!« (Übers. Schadewaldt).

Gewiss sind die Götter den Sterblichen unendlich überlegen; aber diese haben auch eine Kraft von den Göttern verliehen bekommen, die alle Schläge des Schicksals ertragen hilft: die κρατερὴ τλημοσύνη (Vers 6). Diese Kraft wird dadurch verstärkt, dass man sich dessen versichern kann, dass das Leid alle trifft.

Die Eingangsverse sind schwierig: Wird die Stadt auf das Feiern verzichten, da doch so große Trauer herrscht, oder wird sie feiern, obwohl Trauer herrscht? Trauern und Feiern zugleich? Oder kein Feiern angesichts der Trauer? Die einen trauern, die anderen feiern? Niemand nimmt dem anderen übel, was er jeweils empfindet. Denn auch für die Trauernden gilt, dass das Leben weiter

geht. – Vier Übersetzungsmöglichkeiten: a) »Weil weder einer
der Bürger noch die Stadt Leid und Trauer missbilligen, werden sie
keine Freude am Feiern haben …« b) »Nicht weil einer der Bürger
oder die Stadt keine Rücksicht nimmt auf Leid und Trauer, werden
sie Freude am Feiern haben…« Die Möglichkeit b) ist die Reaktion
auf Leid und Trauer, aber nicht der Verzicht auf die Freude am
Feiern, sondern der Entschluss, trotzdem zu feiern: c) »Obwohl
weder einer der Bürger noch die Stadt Leid und Trauer missbilligen, werden sie Freude am Feiern haben.« d) »Weil sich weder
einer der Bürger noch die Stadt etwas aus Leid und Trauer machen, werden sie Freude am Feiern haben.«

Das Fragment stammt aus einer Elegie auf den Tod des Schwa-
gers. Das Gedicht ist eine Totenklage (Threnos). – Eine ausführ-
liche Interpretation bei M. Treu, 1959, 166–171. Vgl. auch Aßmann,
AU 7, 5, 1964, 17–19. Theunissen 2000, 174 f.

Aus Theunissens Pindar-Buch wird im Folgenden mehrfach ausführlich zitiert[*]. Die Zitate tragen ganz erheblich zum besseren Ver-
ständnis des Archilochos bei: »Die Elegie, aus der uns fr. 13 W = 7 D
überliefert ist, beklagt die wehrhaften Männer, welche die Woge des
Meeres überflutet *hat*. Demgegenüber schaut in fr. 105 W = 56 D
der Sprecher, den wir uns hoch oben am Mast eines schwankenden
Schiffes vorstellen müssen, auf ein von Wogen aufgewühltes Meer
hinaus, das ihn und seinen Steuermann, dem er schildert, was er
sieht, unter sich begraben *kann*. Das Drohende an der Überwältigung unterstreicht Archilochos noch dadurch, dass er das Bild der
Woge durch das der Wolke ergänzt. Auch seine Wolkenmetapher
bereitet die Bildersprache Pindars vor. Beide, Archilochos und Pindar, assoziieren die Wolke mit Zukunft. Während jedoch Pindar
das Bild als Symbol für das über die Zukunft gebreitete Dunkel
gebraucht, malt Archilochos mit ihm deren Bedrohlichkeit aus.
Die Wolke, die sich am Horizont, bei den Felsspitzen von Gyrai
zusammenballt, hängt als Zeichen eines heraufziehenden Sturms

---

[*] Michael Theunissen, Pindar, München: Verlag C. H. Beck, 2000.

am Himmel, und das Gefühl, das ihr Anblick hervorruft, ist φόβος, Furcht ... Furcht begreift Archilochos als die Stimmung, welche die im Nachsatz zur Abhängigkeitsthese umrissene Realität, also die Welt, in den Menschen hervorruft. Als solche ist sie mehr als ein Vorgefühl drohenden Unheils, nämlich das Erschrecken des schon Überwältigten davor, vollends überwältigt zu werden ...«

Theunissen 2000, 182: Archilochos »bringt die Haltung, die eine überwältigende Realität den Menschen abverlangt, in fr. 13 auf den Begriff, auf den der κρατερὴ τλημοσύνη, einer Kraft, die dazu befähigen soll, uns auf die Realität so einzulassen, dass sie uns nicht verschlingt ... Der Begriff hat mehr als die Sache zum Gegenstand, die in der Anschauung gegeben war. Er spiegelt einen fortgeschrittenen Stand der Überlegungen zur Sache wider, ein Denkstadium, in dem bereits vorausgesetzt ist, dass es möglich ist, aus den Wogen aufzutauchen und die Oberhand zu gewinnen. Unter jener Kraft versteht Archilochos eine Haltung, die es gegenüber der grundsätzlich gemeisterten Realität zu bewahren gilt. Auf sie glaubt er um so mehr vertrauen zu dürfen, als sie, allerdings in anderer Ausprägung, die Haltung seines Vorbilds Odysseus war. Auf seiner Irrfahrt musste der Held des jüngeren Epos als der sich erweisen, der zu sein ihm schon die Ilias unterstellt: ὁ τλήμων Ὀδυσσεύς (Il. 10.231; 498). Die Odyssee ist das wahre Hohelied der τλημοσύνη (Wehrli), und als solches hat Archilochos sie zweifellos auch aufgefasst.« 183 f.: »In Wahrheit ist die archilocheisch gedachte τλημοσύνη auch gegenständlich auf das Zukünftige ausgerichtet; und sie ist unterschiedlich gefärbt, je nachdem, ob sie vergangenes Unglück hinter sich oder das in die Zukunft projizierte Reihum des Unglücks vor sich hat. Unter ihrem Namen treten bei Archilochos gewissermaßen zwei Haltungen auf, eine, die sich mit dem Schlimmen konfrontiert, und eine andere, die sich durch den Gedanken beschwichtigen lässt, dass aufs Ganze des Zeitlaufs gesehen, das Schlimme so schlimm doch nicht sei.«

Theunissen 2000, 185: »Auch das uns jetzt vorliegende Gedicht erhebt eine konkrete, persönlich erfahrende Situation zum Gleichnis für die *conditio humana* ...«

»Geschwollen sind uns vom Schmerz die Lungen ...« 4b-5a: Hier verschmelzen die Herzen der Trauernden, die voll Schmerz sind, mit den Lungen der Betrauerten, die voll Wasser waren. Die Überlebenden drohen in den Fluten des Schmerzes zu ertrinken, wie die Ertrunkenen in den Fluten des Wassers ertrunken waren.

Heilmittel gegen das Unheilbare: Die Götter haben für unheilbare Leiden ein Heilmittel verordnet: eine starke Kraft zu ertragen 5-7.

Theunissen 2000, 186: »Wird uns da nicht das Paradox einer Heilung von Unheilbarem zugemutet? Erweist sich eine objektive ἀμηχανία, die keine subjektive nach sich zieht, nicht als ein unauflöslicher Widerspruch? Die, welche Archilochos umstandslos auf den Standpunkt der Hilflosigkeit festlegen, versuchen den Widerspruch auf Kosten der Duldekraft zu beseitigen. Sie lesen den zentralen Satz so, als befinde sich das Heilmittel ausschließlich im Besitz der Götter, als stünde es mithin den Menschen gar nicht zur Verfügung. ... Allerdings kann eine Strategie ..., die Archilochos von dem Widerspruch durch Bagatellisierung der Hilflosigkeit selbst entlasten möchte, das Problem ebenso wenig lösen. Das Heilmittel gegen Hilflosigkeit wird man allein dann adäquat auffassen, wenn man den ἀμηχάνοισι κήδεσιν rückhaltlos gerecht zu werden versucht. Die Anerkenntnis unheilbaren Leidens muss das Zugeständnis einschließen, dass die seinsmäßige ἀμηχανία tatsächlich keine μηχάνη zulässt, also jede wirksame Hilfe verwehrt. Dies räumt ja Archilochos selbst ein, eben durch seine Charakterisierung der Duldekraft: Ein Pharmakon ist keine μηχανή. Einem ruinösen Widerspruch entgeht er auf einem Wege, der anders verläuft als die Linie der ihm beispringenden Konfliktvermeidungsstrategie ...«

Theunissen 2000, 187: »Archilochos schuf mit dem Ausdruck κρατερὴ τλημοσύνη eine neue, im Epos nicht anzutreffende Wortverbindung. Dabei vereinte er aber lediglich Elemente, die er im Epos getrennt vorfand. Er kombinierte das τλῆναι, *Dulden*, der Odyssee mit dem θυμὸς κρατερός, dem *starken Wagemut*, der Ilias (5.806). Nun hebt das Attribut der Stärke eine Bedeutungsnuance nur hervor, die τλῆναι schon für sich mitumfasst. Dieses Wort meint neben dem primär bezeichneten Dulden sekundär ein Wagen, das sich sogar bis zur Tollkühnheit steigern kann. Der τλήμων Ὀδυσσεύς ist als Vielduldender zugleich einer, der viel wagt. So ist zu fragen, ob Archilochos seine τλημοσύνη durch den Zusatz κρατερή auf den Wagemut einschränkt oder, bei aller Betonung des Wagens, weiterhin auch für ein Dulden nimmt. … Wäre doch ein Widerspruch allein unter der Voraussetzung eines Duldens zu vermeiden. In Wirklichkeit ist Archilochos aber weit davon entfernt, τλῆναι auf eine der beiden Sinnkomponenten des Wortes einzuengen. Er treibt vielmehr beide auf die Spitze. Das Dulden spitzt sich zu einem Erleiden zu, dessen Ohnmacht der schlagendste Beweis für die ἀμηχανία ist. Das Wagen steigert sich zu einem Ertrotzen, das diese nicht minder glaubwürdig bezeugt; basiert doch Trotz auf dem Bewusstsein der Unaufhebbarkeit dessen, wogegen er sich auflehnt. Erleiden und Ertrotzen waren denn ja auch die Erscheinungsweisen des Ertragens, das der Anfangsteil des Gedichts vorgeführt hat, das eine als Trauer um das Unglück, das andere als Freude trotz des Unglücks.« 189: »Es ist verlockend anzunehmen, dass Archilochos mit der Wahl von ἔθεσαν, *sie setzten ein*, das Missverständnis abwehren möchte, als sei uns die Kraft einfachhin gegeben, als falle sie uns in den Schoß. Sie wird uns lediglich zur Verfügung gestellt, als eine Anlage, die zu entwickeln bei uns liegt. Darin vor allem besteht unsere Freiheit.« – Vgl. auch Dalfen, Probata-Probanda, 27f.

14 W = 9 D

Ob sich hier eine »autonome Ethik« (Treu S. 193) andeutet, sei dahin gestellt. Vgl. dagegen 172 W = 88 D, wo durchaus die Wirkung eines bestimmten Verhaltens auf die Öffentlichkeit gesehen und argumentativ genutzt wird. Wer Aisimides war, ist nicht bekannt.

15 W = 13 D

Der Söldner hatte offensichtlich nur einen funktionalen Wert. Vgl. Steinmann, Archilochos 1998 zu dieser Stelle. – Die Erfahrung, dass man einen Söldner nur so lange schätzt, wie er kämpft, passt gut zu der nüchternen Feststellung, dass man nach seinem Tod keine Ehre mehr erlange. Was zählt, ist der Lebende, nicht der Tote. Diese Äußerung steht in einem krassen Gegensatz zur Verherrlichung gefallener Helden auch noch lange Zeit nach Archilochos (vgl. den spektakulärsten Heldentod im Krieg gegen die Perser: Leonidas und die 300 Gefallenen an den Thermopylen: Herodot 7.228 mit dem berühmten Epigramm).

16 W = 8 D

Ob aus diesen Versen ein Schicksalsglaube spricht, ist fraglich. Wenn man den Akzent auf das erste Wort (»alles«) legt, ist eine positive, lebensbejahende Deutung möglich: Alle Wege stehen offen. Wenn dagegen das Gewicht auf Tyche und Moira gelegt wird, kommt die Schicksalsbestimmtheit in den Blick: Der Mensch ist chancenlos, wenn Tyche und Moira wirksam sind.

17 W = 14 D

Treu S. 192 bezweifelt die Echtheit des Fragments. Die Darstellung von Mühe und Arbeit als Voraussetzung eines guten Lebens ist ein wesentliches Thema der hesiodeischen Erga.

18 W = 31 D

Unklar bleibt, wer mit dem »Sohn des Ares« gemeint ist: In der Mythologie sind Phobos (Furcht) und Deimos (Grauen) die Söhne des Ares.

19 W = 22 D

Gyges war der erste einheimische König von Lydien. Herodot (1.12.2) weist darauf hin, dass Archilochos aus Paros, »der zur gleichen Zeit lebte«, Gyges in einem jambischen Trimeter erwähnte. – Siehe auch M. Treu S. 198f.. – Wenn man das Fragment vor dem Hintergrund der 2. Epode des Horaz (Beatus ille ...) liest, kann man mit einer überraschenden Pointe rechnen. Dazu vgl. Eduard Fraenkel: Horaz, Darmstadt 1963, 71f. Wie Horaz spricht auch Archilochos hier nicht in seinem eigenen Namen. Nach Aristoteles, Rhetorik 1418b 23, hatte er die Worte einem Schreiner namens Charon in den Mund gelegt. Vielleicht verdankt Horaz den Kunstgriff, die Glorifizierung des Landlebens durch den Wucherer Alfius vornehmen zu lassen, Archilochos. – Aßmann, AU 7, 5, 1964, 12–15.

20 W = 19 D

Die hier von Archilochos erwähnte Zerstörung von Magnesia am Lethaios, einem Nebenfluss des Mäander, durch das iranisch-thrakische Reitervolk der Kimmerier (um 657 v. Chr.) galt als ein Exemplum für ein besonders großes Unglück (vgl. auch Theognis 603.1103). Wenn Archilochos das schlimme Los der Thasier noch darüber stellt, nimmt er sich das Recht, eine selbsterlebte Katastrophe über alles andere zu stellen; auch damit setzt er sich wieder über Konventionen hinweg. Heute würde man sagen: Er missachtet die political correctness. – Die Elegien des Kallinos (fr. 3 D) spiegeln die Bedrohung durch die Kimmerier wider. Allerdings weiß Kallinos noch nichts von der Zerstörung Magnesias.

21 W = 18.1–2 D

Für Archilochos ist Thasos kein locus amoenus wie etwa die Insel der Phäaken für Odysseus (Od. 5.281). Offensichtlich hat er Heimweh nach Paros.

22 W = 18.3–4 D

Ob Archilochos die Gegend am unteritalischen Fluss Siris am Golf von Tarent selbst gesehen hat, ist fraglich. Auf jeden Fall ist ihm der Kontrast zu Thasos wichtig.

23 W

Die Probleme, die dieses Stück aufwirft, hat M. Treu, 1959, 177–185, auführlich beschrieben.

Es wird kaum möglich sein, aus dem erhaltenen Text eine in sich schlüssige Geschichte zu rekonstruieren. Ein Detail sei aber doch noch erwähnt: »... So auch die Ameise. Was man von ihr erzählt, zeigt sich als wahr.« Der Dichter könnte sich mit der Ameise identifizieren oder vergleichen, die in der Tierfabel (Aesop 176 H.) zwar als unscheinbar, aber bissig gilt; denn sie kann beißen, wenn man sich ihr in feindlicher Absicht nähert. – Abweichend von Treu unterscheidet West zwei Teile: 23 W mit den Zeilen 1–21 und 24 W mit den Zeilen 22–39.

24 W

Auch dieses Fragment ist schwer zu deuten. Der Autor bringt dem oder der Angeredeten offensichtlich das Gefühl tiefer, echt empfundener Dankbarkeit für eine Rettung aus großer Not zum Ausdruck.

25 W = 41 D

Der Bezug auf Homer, Od. 14.228 (Odysseus zum Sauhirten Eumaios: »Der eine hat an diesem, der andere an jenem Werk seine Freude«) ist deutlich. Vielleicht spielt das Gedicht auch auf die ganze Trugrede des Odysseus vor Eumaios (Od. 14.192–359) an, zumal sich Archilochos mit dem Mann, den Odysseus hier dem Schweinehirten vorspielt, weitgehend identifizieren konnte: Archilochos hätte sich in diesem Mann wiedererkennen können (Archilochos als n o v u s   U l i x e s).

Könnte diese Rede des Odysseus nicht auch die literarische Produktion des Archilochos grundlegend bestimmt haben? Wie schon Odysseus dem Sauhirten frei Erfundenes erzählt, so erfindet auch Archilochos seine Geschichten, die dann zur Grundlage einer entsprechenden Legendenbildung werden? Vor diesem Hintergrund dürfte es schwierig (oder gar sinnlos) sein, aus den Fragmenten des Archilochos eine Biographie zu rekonstruieren.

Zurück zum vorliegenden Fragment. Theunissen 2000, 167 f.: »Die Gedankenfolge scheint gewesen zu sein: Die Menschen besitzen eine je bestimmte und je andere Charakteranlage, und darum vergnügen sie sich auch mit je anderem. Der von Pindar zum Leitwort erhobene Ausdruck φυή bezeichnet hier ›in erster Linie die seelische Art des Menschen‹ (Anton Scherer, 1964, 95), aber auf eine Weise, die es verbietet, vom Menschen im Kollektivsingular zu sprechen. Schon im ersten Vers kann nur *ein* Mensch, der je einzelne, gemeint gewesen zu sein. Der Ausdruck zielt auf die psychische Beschaffenheit, durch die ein Mensch sich von einem anderen unterscheidet. Dies geht aus dem mutmaßlichen Fortgang des Gedichts hervor, über den uns ein Papyrus-Fund belehrt. Der Fund hat uns über zweierlei aufgeklärt. Erstens: Der Hinweis auf die verschiedenen Sorten individuellen Vergnügens bildet nur die Folie, auf die Archilochos seine eigene Individualität abzieht. Zweitens: Er dient der ›ideologiekritischen‹ Absicht zu demonstrieren, dass die realen Bedürfnisse der Menschen ganz andere sind als die, die ihnen eine hehre Dichtung zutraut, nämlich ziemlich niedrige, derb-sinnliche. Beides zusammen entlarvt die Individualität als eine Besonderheit, die sich nicht ins Allgemeine übersetzen kann und will. Die Exhibition der eigenen Individualität und die Reduktion der individuellen Bedürfnisse auf grobschlächtige Begierden führen vor, dass dem Individuum die objektiv-allgemeine Unterlage abhanden gekommen ist ...« – M. Treu 1959, 203 vermutet, Archilochos habe sich in diesem Gedicht über seine Zeitgenossen lustig gemacht, indem er ihre unterschiedlichen Vorlieben erwähnte.

26 W = 30 D

Die Funktion des Gottes Apollon als Sühne- oder Rachegott ist vielfach belegt. So sendet er z. B. Pest und Tod in das Lager der Griechen vor Troja (Il. 1.43 ff.) und tötet die Söhne der Niobe (Ovid, Met. 6.146–312). Man kann die Verse mit der Lykambes-Legende in Verbindung bringen.

27–29 W

Aus diesen Resten lässt sich zurzeit noch kein Zusammenhang rekonstruieren. Dazu sind neue Funde notwendig.

30–31 W = 25.1–2 und 3–4 D

Das hier gezeichnete Bild meint wahrscheinlich nicht die geliebte Neobule (vgl. 118 W = 71 D), sondern eine Hetäre (vgl. Synesios, laud. calv. 75). – Vgl. ein ähnliches Bild bei Menander, Dyskolos 950–953: »Und eine von den Mägden, weingenetzt, / des jugendlichen Angesichtes Blüte / umschattet, stand zum Tanzen auf, in Scham / erglühend, sang und zitterte dabei.« (Übers. W. Kraus). – Aßmann, AU 7, 5, 1964, 16–17.

32 W

Das Bruchstück ist erhalten, weil es die Präposition *diéx* statt *diá* enthält und das Substantiv *mýrton* statt *myrsíne* benutzt. Zahlreiche Fragmente aus den Gedichten des Archilochos sind durch die »etymologischen« und grammatischen Werke der späteren Antike und des Mittelalters überliefert: z. B. durch das Etymologium Genuinum (2. Hälfte des 9. Jh.s) und das Etymologium Magnum (1. Hälfte des 12. Jh.s).

33 W

Hier ist Neobule, die Tochter des Lykambes, gemeint, in der man die »Muse« des Archilochos sehen kann (wie z. B. die Lesbia des Catull, die Sulpicia des Tibull oder die Cynthia des Properz). Dass sich auch in der Gestalt der Neobule des Archilochos Wahrheit und Fiktion mischen, dürfte wohl zutreffen. Die von Ps.-Lukian gebrauchte Formulierung »in die Erinnerung ... verliebt« soll wohl auch andeuten, dass sich das Objekt des Verliebtseins im Bewusstsein des sich Erinnernden im Laufe der Zeit verändert hat.

34 W = 47 D

Möglicherweise gehört dieses Fragment in einen Zusammenhang mit 286 W = 147 Bgk., wo von den Geschehnissen bei der Flussüberquerung durch den Kentauren Nessos und Deianeira die Rede ist. Den »Lohn« erwartet Nessos dadurch, dass Deianeira ihm zu Willen ist, was allerdings durch Herakles noch rechtzeitig verhindert werden kann.

35 W = 48 D

Das Fragment gehört zu der (von Archilochos auf seine Weise erzählten) äsopischen Fabel (235 Hausrath) von den Wespen, den Rebhühnern und dem Bauern: Wespen und Rebhühner kamen einst, von Durst gepeinigt, zu einem Bauern und baten ihn um einen Trunk. Als Gegenleistung für das Wasser versprachen die Rebhühner, die Erde um die Weinstöcke aufzuhacken und für schöne Trauben zu sorgen, und die Wespen versprachen, rings um den Weingarten Posten zu beziehen und mit ihren Stacheln die Diebe zu verjagen. Und der Bauer sagte darauf: »Ich hab ja zwei Ochsen, die mir nichts versprechen, aber alles besorgen. Besser, ich gebe ihnen zu saufen als euch!« (Übers. M. Treu S. 39).

36 W = 33 D

Dem Interesse des Harpokration an dem Wort *palískion* verdanken wir einen vollständigen iambischen Trimeter, ohne zu wissen, worauf sich der Vers bezieht.

37 W = 35 D

Das Bedürfnis, ein einzelnes Wort zu klären, hat – wie so oft – zur Erhaltung eines ganzen Archilochos-Verses geführt.

38 W = 24 D

Die »jüngere« Tochter des Lykambes war wohl die dem Dichter zuerst versprochene, dann aber verweigerte Tochter Neobule. – Vielleicht wollte Archilochos hier sagen: Ich liebe nur Neobule, die jüngere Tochter des Lykambes (nicht die ältere). Dieser Satz ist der entscheidende Bezugspunkt für einen großen Teil seiner Gedichte.

39-44 W

Vielleicht standen die Fragmente 39–44 W in einer engeren Verbindung zueinander: Sie beschreiben offensichtlich einen sexuellen Zusammenhang. Dann hätte der Text der Verunglimpfung/Bloßstellung der Töchter des Lykambes oder des Lykambes selbst dienen können.

45 W = 37 D

Ob die Töchter des Lykambes gemeint sind? Dann wäre die Hybris / der Hochmut gegenüber Archilochos auf diese drastische Weise gesühnt. Der Dichter hätte das Ziel seiner Rache erreicht. Vgl. Anth. Pal. 7.351. Aber alles hängt davon ab, ob die ganze Geschichte um Lykambes und seine Töchter mehr ist als ein »Märchen«. Crusius (RE II 494f.) meinte, Archilochos habe sich die Geschichte nur ausgedacht, »um die Macht der Jambenpoesie herauszuspinnen«. Diese Sicht hat sehr viel für sich, vor allem, wenn man die ursprünglich »bannende« Wirkung der Jamben im Blick behält.

46 W = 5b D

Obwohl es müßig ist, aus den Bruchstücken Zusammenhänge herzustellen, könnte man vermuten, dass hier wieder eine obszöne Anspielung vorliegt. Eine inhaltliche Verbindung zu 4 W = 5a D ist unwahrscheinlich.

47 W

Man kann sich aus diesen Resten eines Trimeters durchaus eine Szene ableiten, die einen handgreiflichen Streit beinhaltet.

48 W = 26 D

Die Begeisterung für das Mädchen nährt sich aus drei Quellen: ihrem Duft, ihren Haaren und ihren Brüsten.

49 W = 36 D

Wer mit der »Frau« gemeint ist, lässt sich nicht klären. Ist mit »Feind« Lykambes gemeint? Der »Dieb«, von dem hier die Rede ist, könnte natürlich auch Lykambes sein, hat er doch Archilochos etwas »gestohlen«.

50 W

Zuverlässig lesbar ist auf dem Papyrusfetzen wohl nur das gr. Wort für »schön«.

51–54 W

Die geringen Reste auf Papyrus geben nur wenige Informationen über die einstigen Inhalte preis. Vgl. Treu 1959, 186. In fr. 4 sind noch einzelne Wörter lesbar.

55–57 W

Der Name Dotades (= Sohn des Dotas) verweist auf Lykambes.

58 W = Treu S. 17

Die Erwähnung des Flötenspielers verweist vielleicht auf eine Szene während eines Symposions. Jemand singt mit (eigentlich: unter) einem Flötenspieler? Die Verbindung »singend mit einem Flötenspieler« ist auch zitiert von Schol. Ar. Av. 1426 und Schol. A Hom. Il. 18.492. Beide Schol. verweisen unter Berufung auf Archilochos darauf, dass die Präposition ὑπό (unter) an Stelle von μετά (mit) verwendet wird.

66–67 W = 136 Bgk. + 42 D

Lasserre (140) bezieht das Fragment auf Horaz, Ep. 8: »Zu fragen – selber schon seit Ewigkeiten morsch –, / was mir wohl meine Kraft entnervt! / Da du doch schwarze Zähne hast, mit Runzeln hohes /

Alter dir die Stirne furcht / und weitauf klafft so scheußlich zwischen dürren Backen / der Hintern wie bei einer magren Kuh! / Doch es erregt vielleicht der Busen mich? die Brüste welk / wie Stuteneuter! Der schlaffe Bauch, die Schenkel, strotzenden / Waden dürre angefügt? ...« (Übers. B. Kytzler) Vgl. auch 188 W = 113–114 D.

82 W = Treu S. 18

Ob das Fragment in die Nähe von 43 W = 102 D zu stellen ist? Aber was haben *sáthe* und *pólis* gemeinsam?

88 W = 62 D

Erxies war wohl ein Freund des Dichters, der möglicherweise auch in 110 W = 38 D angeredet ist. Allerdings darf man dann nicht ἔρξω lesen (so West), sondern wie in 88 W Ἐρξίη.

89 W = Treu S. 50 ff.

Dass sich Archilochos trotz seiner Flucht vor den Seiern (5 W = 6 D) als tapferer Krieger bewährt hat, bestätigt die Inschrift des Archilocheion auf Paros mit dem Textfragment. Nicht zuletzt fiel er im Kampf gegen einen Naxier (vgl. die historisch-biographischen Zeugnisse bei M. Treu S. 122–125).

91 W = 55 D

»Stein des Tantalos«: Das mythische Bild richtet wahrscheinlich den Blick auf eine Gefahr für die Insel Thasos. Vielleicht beschreibt aber Archilochos seine eigene Befindlichkeit auf der unwirtlichen und zugleich gefährlichen Insel. Vgl. 102 W, wo Archilochos vom »Elend der Welt« spricht, das sich auf Thasos versammelt habe. – Die Vorstellung vom Felsen über dem Haupt des Tantalos findet man später u. a. bei Pindar, Olymp. 1.55 ff.

92 W

Anscheinend haben die Parier durch die Ermordung des Thrakers Oisydres erreicht, dass eine Belagerung beendet wurde. Das delphische Orakel verlangte dann von den Pariern, den Beisalten, d. h. den Mördern des Oisydres, den von ihnen dafür verlangten Preis zu zahlen.

93 W = 51 D

M. Treu 1959, 212: »Das erste der wirklich historischen Ereignisse, die wir bei Sosthenes verzeichnet finden, spielt sich zwischen den parischen Siedlern in Thasos und den Thrakern ab. Das Gold, das der von Archilochos als eigennütziger Volksführer gebrandmarkte Sohn des Peisistratos heranbringt, sollte möglicherweise die Thraker friedlich stimmen und ihren Abzug erreichen: wenn es nicht gar – trotz der Bezeichnung als ›Geschenk‹ – das Blutgeld war, dass die Parier auf Weisung des delphischen Orakels für die Tötung des Thrakers Oisydres zahlen mussten ...«

94 W = Treu S. 56

Ein Sieg der Parier über die Bewohner der Insel Naxos ist hier das Thema. Mit der Erwähnung der Göttin Athene wird die Nähe zum homerischen Odysseus beschworen. Siehe auch 98 W.

98 W = 51 D

Vgl. 121 W = 76 D zum »lesbischen Paian«.

101 W = 61 D

Das Fragment enthält eine ernüchternde Festellung über den wah-
ren Wert mancher sogenannten Heldentat: Sieben Feinde sind erschlagen, aber tausend Mann erheben den Anspruch auf diese
»Heldentat«. Plutarch, Galba 27.9, bezieht diesen Vers auf die
Situation nach der Ermordung Galbas: Viele haben später für sich
beansprucht, an dieser Tat beteiligt gewesen zu sein. »Gegen derlei
Angeber und Renommisten wendet sich Archilochos, und die er-
frischende Aufrichtigkeit dieser Ironie zeigt sich gerade darin, dass
sie nicht vor der Gemeinschaft haltmacht, zu der er selbst gehört«
(M. Treu, 1959, 219).

102 W = 54 D

Auf Thasos versammelte sich das Elend der Welt. Hier wollte jeder
sein Glück (Reichtum) machen. Vgl. 21–22 W = 18 D.

105 W = 56 D

Siehe die Hinweise zu 13 W. – Dass mit den »Felsen von Gyrai« die
Felsen an der Südküste der Kykladeninsel Tenos gemeint seien,
hält Steinmann, Archilochos 1998, 122 für möglich. Laut Stein-
mann ist es aber nicht wahrscheinlich, dass das Fragment eine
Allegorie für das Staatsschiff ist (vgl. Alkaios 46a D und Horaz,
Carm. 1.14).

106 W = 56a D

Auch das Erlebnis von Seenot und Schiffbruch hat Archilochos mit seinem Vorbild Odysseus gemeinsam.

107 W = 63 D

»Hundsstern« (Sirius) meint die Sonnenhitze der »Hundstage« (23. Juli bis 23. August). – Anscheinend wünscht sich Archilochos, dass die Leichen seiner Feinde in der glühenden Sonne verdorren. Texte wie dieser veranschaulichen wieder, dass Archilochos seinen Jamben eine »bannende« Wirkung unterstellt. – Aßmann, AU 7, 5, 1964, 15–16.

108 W = 75 D

Archilochos bittet den Gott des Feuers darum, ihn in der Schlacht mit Feuer zu unterstützen, das den Feind vernichten soll. Vgl. Il. 21.331 ff., wo Hephaistos den Fluss Skamander und seine Ufer in Brand setzt, um Achilleus zu helfen.

109 W = 52 D

In dem Aristophanes-Zitat (Pax 603 sq.) ist mit »sie« Eirene, die Friedensgöttin, gemeint.

110 W = 38 D

Vielleicht muss statt ἔρξω wie in 88 W = 62 D Ἐρξίη gelesen werden. – Zu Enyalios vgl. 1 W = 1 D. – Auch Archilochos wurde schließlich im Krieg erschlagen. Er fiel im Kampf seiner Heimat-insel Paros mit Naxos. Zur Legende vgl. M. Treu 1959, 122–125.

111 W = 57 D

Der Hinweis auf die Macht der Götter, den Sieg zu verleihen, soll den Mut der jungen Kämpfer erhöhen. Dass die Götter aber auch auf der Seite des Gegners sein können, weiß Archilochos ohne Zweifel.

112–113 W = Treu S. 8f.

M. Treu 1959, 176f.: Vielleicht handelt es sich um ein »aphrodisi-sches« Thema. Das Wort στρατός muss keinen militärischen Sinn haben; es kann auch einfach die »Schar«, die »Menge« bedeuten. Vielleicht geht es um dasselbe Thema wie in 302 W = 142 Bgk.

114 W = 60 D

Wenn der Dichter sagt: »Ich mag nicht …«, geht es ihm nicht da-rum, einen neuen Maßstab zu setzen. Er sagt nur, was ihm und nur ihm nicht gefällt. Dass er sich damit in einen Gegensatz zu dem Schönheitsideal seiner Zeit gebracht hat, ist offensichtlich. Man vergleiche nur die zeitgenössische (archaische) Plastik mit ihren Lockenköpfen und ebenmäßig gebildeten Körpern. Der Kuros-Typus mit seiner strengen Frontalität, dem Schrittstand und der Haltung der anliegenden Hände spiegelt dieses Ideal wider. Vgl. bes. den New Yorker Kuros, der um 610/600 v. Chr. in Attika ge-schaffen wurde, oder den um 540 v. Chr. entstandenen archaischen Kuros in der Glyptothek in München (mit der schönen Interpreta-tion von Ludwig Curtius: Interpretationen von sechs griechischen

Bildwerken, Bern/München ²1965, 9–34). – Zum Vergleich von Text und Bild vgl. R. Bode, AU 45, 5, 2002, 43–50.–

Archilochos polarisiert in diesem Fragment, indem er negative und positive Merkmale gegenüberstellt: Größe gegen Kleinheit; Schönheit und Stattlichkeit gegen Unansehnlichkeit und »innere Werte«; raumgreifende Bewegung und Standfestigkeit; Ornamentales und Funktionales. – Vielleicht hat Archilochos die Mauerschau in der Ilias (3.166–170) vor Augen, wo Priamos auf Agamemnon zeigt und von Helena wissen will, wer denn der »tüchtige und große« Mann sei: »Wahrhaftig! mit dem Haupt sind andere noch größer, / doch so schön habe ich noch keinen gesehen mit den Augen / noch so ehrfurchtgebietend, denn einem königlichen Manne gleicht er« (Übers. Schadewaldt).

Die Verse des Archilochos gelten traditionell als entschiedene Absage an das homerische Heldenideal. Vgl. auch noch Ilias 3.191–224, wo Odysseus vorgestellt und mit Menelaos verglichen wird: Hier werden die persönliche Qualität und die äußere Erscheinung der Personen nicht voneinander getrennt. – Am radikalsten wird die Distanz zur homerischen Adelsethik in 5 W = 6 D hörbar.

Die Diskrepanz zwischen körperlicher Erscheinung und innerer Größe wird später in der Agesilaos-Vita des Cornelius Nepos thematisiert: »Im übrigen hatte die Natur, die diesem so bedeutenden Mann voll Güte Geistesgaben in reicher Zahl gespendet hatte, bei der Gestaltung seines Leibes neidvoll gegeizt. Er war klein, schmächtig und auf einem Bein hinkend, Züge, die ihn geradezu stark entstellten und bei seinem Anblick Geringschätzung bei denen hervorriefen, welche ihn nicht kannten. Wer aber um seine inneren Qualitäten wusste, wurde nicht müde, ihn zu bewundern« (8.1. Übers. P. Krafft / F. Olef-Krafft).* Über die körperliche Erscheinung des Agesilaos spricht auch Plutarch, Ages. 2.

---

* Cornelius Nepos, De viris illustribus / Biographien berühmter Männer, lat.-dt., übers. und hrsg. von Peter Krafft und Felicitas Olef-Krafft, Stuttgart: Reclam, 1993 [u. ö.].

Die menschlichen Werte, um die es der in der lyrischen Dichtung sich spiegelnden Zeit geht, sind vor allem im letzten Vers verdeutlicht. – Aßmann, AU 7, 5, 1964, 13-15.

115 W = 70 D

Herodian zitiert die Verse, um zu demonstrieren, was ein »Polyptoton« ist. Bei Archilochos ist »Leophilos« wahrscheinlich ein sprechender Name für jemanden, »der beim Volk beliebt ist«. Die Überlieferung des Textes ist unsicher. Der Text bei Diehl (70 D) lässt folgenden Wortlaut zu:

> »Jetzt herrscht Leophilos, Leophilos hat die Macht,
> von Leophilos hängt alles ab, auf Leophilos hört man.«

Möglicherweise war Leophilos (»Volksfreund«) ein (politischer) Gegner des Archilochos.

116 W = 53 D

Der Dichter fordert dazu auf, die Insel Paros zu verlassen (oder zu vergessen). Mit den »Feigen« ist vielleicht die landwirtschaftliche Arbeit, mit dem »Leben am Meer« der Fischfang als Nahrungsquelle gemeint. Aber auch auf Thasos, der neuen Heimat, war das Leben für Archilochos wohl nicht besser (vgl. 21-22 W = 18 D). Vgl. auch 216 W = 40 D, wo er sich als Söldner für Thasos darstellt.

117 W = 59 D

Glaukos wird hier mit dem Feldherrn (114 W = 60 D) in Verbindung gebracht, der auf seine Haarlocken stolz ist. Vgl. auch 239 W, wo sich Archilochos anscheinend auch über die »Lockenpracht«

eines Mannes lustig macht.- Vielleicht ist »Hornbildner« auch eine
obszöne Anspielung.

118 W = 71 D

Die Liebe zu Neobule ist für Archilochos die treibende Kraft seiner
Dichtung (vgl. auch 38 W = 24 D): Da ihr Vater die Verlobung auf-
löste, zog er den unstillbaren Hass des Dichters auf sich, der ihn
u. a. des Eidbruches bezichtigt (173 W = 95 D) und ihm vorhält,
dass er sich vor allen Menschen lächerlich gemacht habe (172 W =
88 D). Man sollte nicht übersetzen »Wollte mir doch zuteil werden ...« (Schadewaldt 1989, 112) oder »Wär' es mir doch vergönnt ...« (Steinmann). Das klingt zu feierlich und zu umständlich
für das Gemeinte: »Ich möchte Neobule einfach nur berühren.«
Dass Archilochos χειϱὶ (mit der Hand) hinzufügt, soll zum Ausdruck bringen, dass er sich wirklich nur eine zärtliche Berührung
wünscht – und nicht mehr.

119 W = 72 D

Der Euripides-Vers (Medea 697), auf den sich das Scholion bezieht,
gibt ein Orakel des Apollon wieder: Aigeus soll den zugebunde-
nen Zipfel, d. h. den Hals des Schlauches, nicht eher öffnen, bis er
nach Hause zurückgekehrt ist. Dann erst werde er den erwünsch-
ten Sohn bekommen. Bis dahin soll er mit keiner Frau zusammen
sein (vgl. die Deutung des Orakels bei Plutarch, Theseus 3). Demnach bedeutet »Schlauch« soviel wie »Leib«: »... und sich mit ganzer Kraft auf ihren ›Schlauch‹ werfen ...« – Dass das Erotische bei
Archilochos nicht nur eine zarte Seite hat (vgl. 118 W = 71 D), veranschaulichen auch noch andere Fragmente: 252 W = 34 D; 191 W
= 112 D; 193 W = 104 D; 196 W = 118 D. Die Liebe kann nicht nur
gewalttätig, sondern auch zerstörerisch sein.

120 W = 77 D

Der Dichter erklärt selbstbewusst, dass er es verstand, den »Dithyrambos« anzustimmen, d. h. die Kunst beherrschte, Texte zu im-
provisieren, aus denen nach Aristoteles, Poetik 4, 1449a 10 der dramatische Dialog in der Tragödie hervorging. Auch aus den Tafeln
des Monumentum Archilochium (51 D: E 1, Kolumne III) geht
hervor, dass Archilochos zu Ehren des Dionysos ein Lied impro-
visierte, für das er später allerdings gerichtlich belangt wurde, weil
es angeblich zu respektlos gewesen sei. – Zum Dithyrambos als
einer Wurzel der Tragödie vgl. z. B. Albin Lesky: Die tragische
Dichtung der Hellenen, Göttingen ²1964, 16 f.: »Wenn sich Archilochos (77 D.) rühmt, dass er es verstehe, des Herrn Dionysos
schönes Lied, den Dithyrambos, anzustimmen, wenn ihm der
Wein den Sinn überwältigt, dann werden wir hier bereits an den
Vorsänger vor seinem Chore denken.« – Dass Archilochos nicht
nur im Kult des Dionysos, sondern auch der Demeter gesungen
hat, bezeugt 322 W = 119 D.

121 W = 76 D

Der »lesbische Päan« ist ein Kultlied auf den Gott Apollon, das
vielleicht auch anläßlich eines Festgelages angestimmt wurde. Die
Sänger aus Lesbos waren in der Antike berühmt (Sappho 115 D).
Vgl. auch 98 W = 51 D (A IV 52). Da der Paian auch vor einer
Schlacht und nach einem Sieg angestimmt wurde, könnte der Text
auf eine Siegesfeier verweisen. Archilochos wäre dann nicht nur
Kämpfer, sondern auch »Tambourmajor«. In dieser Rolle konnte
er seine in 1 W skizzierte Doppelqualifikation beweisen.

122 W = 74 D

Es gibt nichts mehr, was man nicht erwarten könnte (d. h. womit man nicht zu rechnen hätte), nichts, was sich noch ableugnen ließe, nichts, worüber man sich noch zu wundern brauchte ... (1–2a): Theunissen 2000, 190ff.: »Den Grundgedanken des Gedichts gibt vornehmlich der Ausdruck ἄελπτον wieder. Er meint, näher besehen, noch mehr als bloß dies, dass nichts unerwartbar ist. Die Schwere des Gewichts, das Archilochos ihm beimisst, macht er dadurch sinnfällig, dass er ihn nach der knappen Charakterisierung der Zeus-Tat in abgewandelter Form wiederholt. Da übersetzt er ihn aber in zwei Wörter, die den Bedeutungsgehalt ausdifferenzieren: Den Menschen ist καὶ πιστὰ πάντα κἀπίελπτα, *alles glaubhaft und erwartbar* geworden. Demnach meint die anfängliche Wendung auch, dass nichts mehr unglaubhaft ist, nichts undenkbar. Die Ausdifferenzierung ist wichtig, weil Archilochos sagen will, dass beides – das Gegenwärtige und das Zukünftige – sich gewandelt haben. Ebenso wichtig ist, dass er die doppelte Negation in eine Position überführt ... Die Folge der Zeus-Tat ist keineswegs, dass nichts mehr Glauben findet; die Tat bewirkt im Gegenteil, dass alles glaubhaft wird ... Alles erscheint *möglich*. Mit dem Modalbegriff der Möglichkeit zu arbeiten, ist auch in Anbetracht der Art und Weise sinnvoll, wie Archilochos Gegenwärtiges und Zukünftiges gewichtet. ... Der Vorschein des Zukünftigen im Gegenwärtigen lässt sich mittels des Möglichkeitsbegriffs ausdrücken. Einerseits fällt das Mögliche als solches in die Zukunft. Andererseits erscheint bereits in der Gegenwart alles möglich. ... Bewertet wird die totalisierte Möglichkeit in dem Gedicht schlechterdings negativ. Dem Sprecher eröffnen sich keine ›ungeahnten Möglichkeiten‹, keine, die den Handlungsspielraum ins Unendliche ausweiteten. Statt dessen beschleicht ihn die Ahnung, dass Handeln gerade unmöglich werden könnte, weil die Verwischung der Grenze, die Mögliches von Unmöglichem scheidet, jede Orientierung vereitelt, im Handeln wie auch im Denken.

Mit anderen Worten: Anstelle unbeschränkter Freiheit sieht er die Möglichkeit schrankenloser Willkür auf sich zukommen. Ein Zeus, der die Naturgesetze willkürlich außer Kraft setzt, steht im Verdacht, die ganze Welt seiner Willkür auszuliefern. Die Sonnenfinsternis entlarvt seine Herrschaft als potentiell totale Willkürherrschaft ... Jetzt erweist sich, dass alles immer schon möglich war. Demnach wäre seine Behauptung die, dass Zeus seit je nichts als eine Willkürherrschaft gewesen ist.« – Zum Begriff der »Furcht« (δέος) ist zu vergleichen: 105 W = 56 D, wo es heißt ... κιχάνει δ' ἐξ ἀελπτίης φόβος ... *plötzlich ereilt einen Furcht*: Die Furcht kommt unerwartet oder wider Erwarten (wie hier in 122 W = 74 D). – Zum Unterschied zwischen φόβος und δέος: Theunissen 196: »Gegen φόβος kann man sich wehren (vgl. 56a D) ... Des δέος kann man sich hingegen nicht erwehren.«

Die Erwähnung der Sonnenfinsternis (6. April 648 v. Chr.) soll veranschaulichen, dass von nun an mit allem zu rechnen ist. Laut Aristoteles, Rhetorik 1418 b 28, hat der Dichter die Worte einem Vater in den Mund gelegt, der über seine Tochter spricht. Der Vater könnte Lykambes gewesen sein, der sich über die vom Dichter kolportierten Taten seiner Tochter Neobule nicht mehr wundern konnte. Möglicherweise hat Archilochos in diesem Zusammenhang auch die Fabel vom Fuchs und Adler (Äsop 1 Hausr.) erzählt, die die bestrafte Untreue zum Thema hat.

Dass die Verse des Dichters Lykambes und seine Töchter in den Tod getrieben haben, ist aufgrund antiker Zeugnisse nicht unwahrscheinlich: Vgl. z. B. Horaz, Epist. 1.19.31 (sponsae laqueum famoso carmine nectit); Schol. Horaz, Epod. 6.13ff.; Eusth. in Od. 1684.45 (s. M. Treu, 1959, 136f.; 251f.).

Archenaktides könnte der Rivale des Archilochos sein, dem Lykambes seine Tochter eher als Archilochos geben wollte, falls die ganze Geschichte nicht doch nur eine Legende ist. Eine »Hochzeit« ist ja auch erwähnt, zu der es aber nicht kam (vielleicht aufgrund der Angriffe des Dichters gegen Lykambes und seine Töchter).

124 W = 78 D

Eigentlich zählt Archilochos Perikles zu seinen Freunden: 13.1 W = 7.1 D. Aber schon Kritias bemerkte (295 W), dass Archilochos Freund und Feind gleichermaßen schmähte. – Dass der Magen eine treibende Kraft zu mancher schändlichen Tat ist oder den Menschen Unheil schafft, ist in der Literatur mehrfach belegt: Homer, Od. 7.216ff.; 17.286ff. Vgl. auch Steinmann 1998, 129.

125 W = 69 D

Der Satz bezieht sich sicher nicht auf einen Gegner in der Schlacht. Vermutlich ist Lykambes gemeint, dem der Hass des Dichters gilt.

126 W = 66 D

Mit diesem Satz zielt Archilochos auf den Kern seines Selbstverständnisses. Vgl. schon 1 W: Der Dichter versteht es, mit gewaltiger Kraft und Wirkung zurückzuschlagen, wenn ihm jemand etwas Böses antut. Vgl. auch 23.14-15 W: »... Ich verstehe mich gewiss darauf, den, der mich liebt, zu lieben und den Feind zu hassen und ihm Böses anzutun ...«

Wenn Archilochos sich dessen rühmt, dass er für das ihm angetane Unrecht Rache nehme, spricht er aus, was den Griechen (zumindest bis Sokrates) als Tugend galt (z. B. Aischylos, Choe. 123). – Aßmann, AU 7, 5, 1964, 15-16.

127 W = 73 D

Der Jambus kann sich auf unterschiedliche Lebenssituationen bezogen haben. Wer dies sagt, drückt Enttäuschung über missbrauchtes Vertrauen aus.

128 W = 67a D

Vgl. 13 W = 7 D. – Das Maßhalten in Freude und Schmerz – formelhaft fixiert in dem apollinischen μηδὲν ἄγαν (»Nichts im Übermaß!«) ist ein weit verbreitetes Motiv (vgl. u. a. Platon, Prot. 343A f.; Arist., Rhet. 2.21.1395a 21f.). Nach Stobaios 3.1.172 eröffnet das Wort die Reihe der Solonischen Weisheitslehren. Vgl. auch das lat. *Ne quid nimis* (u. a. bei Terenz, Heaut. 519; Cicero, Fin. 3.73. – Aßmann, AU 7, 5, 1964.

Theunissen 2000, 173: »Der Soldat, der Archilochos war, ermahnt sich in dem Gedicht, bedrängt vom Feind, zur Gegenwehr. Es imaginiert eine Kampfsituation. … Unser Gedicht verlangt eine … ›allegorische‹ Deutung. … Als ein Bild gibt sich der soldatische Kampf dadurch zu erkennen, dass seine Darstellung von einem zweiten Bild überlagert wird. Gleichsam hinter dem Feld, auf dem Landstreitkräfte miteinander im Kampf liegen, wird das Meer sichtbar, auf dem Schiffe in schwerer Seenot mit den Wogen kämpfen. … (Das Bild) tritt bei ihm auch in einzelnen Gedichten für sich hervor, so in den Fragmenten 13, 105 und 213 W, bisweilen, wie in fr. 13, abgewandelt zu einem Bild von Schwimmern, die alle Kraft aufbringen müssen, um nicht von den Wogen verschlungen zu werden …« 174: »In dem Hintergrundbild ist die Woge das Identische, das sich im Wechsel von Schiffen und Schwimmern durchhält. Ihre übergeordnete Modellfunktion verdankt sie aber dem Umstand, dass sie … eine überwältigende Realität symbolisiert. Gerade das Denken des Archilochos kann in ihr seinen bildhaften Ausdruck finden, weil es um die Überwältigung durch die Realität kreist. So lässt sich denn auch am Bild der Woge die Zeitlichkeit der Überwältigung veranschaulichen. Archilochos denkt des näheren an eine Woge, die das Schiff oder den Schwimmer bereits in ihrer Gewalt hat. Wenn auch noch nicht über ihm zusammenschlägt, so bäumt sie sich doch schon über ihm auf. Das ist eine ins Allgemeinmenschliche ausgeweitete Grundsituation ...«

175f.: »Auch in fr. 128 redet er mit θυμέ sich selbst als einen an, den der Mut verlassen hat. Im Sich-Anrufen ruft er sich eigentlich zurück: aus der Furcht. Und in den ἀμηχάνοισι κήδεσιν, *ausweglosen Kümmernissen*, kommt zum Ausdruck, dass er als ein von Überwältigung Bedrohter immer schon überwältigt ist ... Die κήδεα sind Leiden, die uns zu schaffen gemacht, Krankheiten, die uns befallen haben ... Wie ernst es dem Parier mit dem Leiden ist, denen wir rettungslos ausgeliefert sind, zeigt die Parallele, die der Ausdruck in den ἀνηκέστοισι κακοῖσιν, den unheilbaren Leiden, von fr. 13 W = 7 D hat. Ein ἀνηκέστατον κακόν ist bei Hesiod (Theog., V. 612) ein Übel, dem niemand zu widerstehen vermag, eines, dem gegenüber gilt: *Abwehr ist ausgeschlossen* (Erga, V. 201). Gegen die Leiden gibt es demnach insofern keine μηχανή, kein *Mittel*, als sie keinen Widerstand zulassen. Ihnen widerstandslos preisgegeben, sind wir Menschen immer schon von ihnen überwältigt. Offenkundig unterwirft die so verstandene ἀμηχανία jede Paränese, die glaubwürdig sein will, einer äußerst restriktiven Bedingung. Eine genuin archilochische Paränese wird keine Aktion mobilisieren dürfen, die unsere Hilflosigkeit ignoriert. Sie kann nur an eine Aktion appellieren, die an der Zeitstruktur der Überwältigung teilhat. Ob sie diese Bedingung erfüllt, ist allerdings eine Frage, die sich wegen der Zweifelhaftigkeit des überlieferten Textes gar nicht unmittelbar an Archilochos selbst richten lässt. Zur Prüfung steht der Imperativ an, mit dem Archilochos nach der Schilderung seiner ausweglosen Lage fortfährt. Überliefert ist uns in den Handschriften des Stobaeus, denen die Ausgabe von West folgt: ἀναδευ δυσμενῶν δ' ἀλέξεο ...« 177f.: »Der Adressat des Appells ist primär immer schon überwältigt und nur sekundär einer,

der überwältigt zu werden droht. Aus alledem folgt, dass die not-
wendige Korrektur der verkrüppelten Wortgestalt das Verb selbst,
das uns augenscheinlich in dieser Gestalt überliefert ist, nicht mit
preisgeben darf. Die Konjekturen, die den Imperativ entweder zu
einem einseitigen *Steh auf!* oder einem einseitigen *Halte stand!* ver-
kürzen, sind am vordergründigen Bild orientiert. Archilochos
selbst hingegen spinnt hier den Gedanken von dem Herzen fort,
das vom Leiden aufgerührt ist wie das Meer von Wogen: Er scheint
das Verb ἀναδύεσθαι, *auftauchen*, zu verwenden, und auftauchen
soll das Herz aus der Tiefe, in welche die Woge es gerissen hat. Wir
können mit Schadewaldt [1989, 124: ἀναδύευ μένων δ᾽] lesen:
›tauche auf‹. Die verdorbene Stelle so zu heilen, hätte nicht nur
den Vorteil einer Restauration des Bildes, von dem Züge im unmittelbar Vorhergehenden erkennbar sind. Diese Art Heilung mag
sich auch dadurch empfehlen, dass sie der Ausdifferenzierung des
Ausrufs in zwei Imperative, der mutmaßlichen Ergänzung von
ἀναδύεσθαι durch ἀλέξειν, sich wehren, Rechnung trägt. ... In
der Tat gibt die Verdoppelung des Postulats die zeitliche Abfolge
von zwei Schritten wieder. Sie expliziert aber nur die Schrittfolge,
durch die das Auftauchen über sich hinausweist. In der Gewalt der
Woge, die sich über ihm aufbäumt, versucht der gegen sie Ankämpfende aufzutauchen, in dem Streben, sich oben zu halten und
womöglich die Oberhand zu gewinnen ... Die Paränese ermahnt
nicht zur Verteidigung; sie fordert zum Angriff auf.« 179 f.: »Mahnt
das Gedicht in seiner ersten Hälfte die Haltung an, die in der aktuellen Kampfsituation einzunehmen ist, so wirbt es in seiner zweiten für eine vernünftige Verarbeitung von Sieg und Niederlage ...
Trotz des Perspektivenwechsels herrscht zwischen den beiden Teilen des Gedichts eine vollkommene Symmetrie. Die Teile sind
spiegelbildlich angeordnet. Dem breit ausgeführten Schluss des
ersten Teils entspricht der ebenso ausladende Anfang des zweiten.
Hier wie dort bewegt sich Archilochos auf der Erscheinungsober-
fläche. Schwört er sich dort auf die Taktik für den Kampf ein, so
verständigt er sich hier über eine Strategie für die Bewältigung der

Folgen: Juble nicht über einen Sieg, verzweifle nicht über eine Niederlage, halte in Freud und Leid das rechte Maß ein! [Archilochos
und Horaz!] Gipfelt der Schluß des ersten Teils im wirkungsvoll
nachgesetzten ἀσφαλῶς, so der Anfang des zweiten in dem μὴ
λίην, *nicht zu sehr*, das auf gleiche Weise durch ein Enjambement
hervorgehoben ist. Aber in die Tiefe, aus der man auftauchen muß,
um den Kampf mit den leibhaftigen Gegnern bestehen zu können,
steigt Archilochos erst wieder am Ende hinab, mit den Worten, die
im letzten Vers dem μὴ λίην folgen: γίνωσκε δ᾽ οἷος ῥυσμὸς
ἀνθρώπους ἔχει, *erkenne, was für ein Rhythmus die Menschen
›hat‹*. Erst mit diesen Worten deckt er den Grund auf, der das in
der Erscheinungswelt an den Tag zu legende Verhalten ermöglicht.
Zur Symmetrie der Teile gehört demnach vor allem der Zusam-
menklang der Imperative ἀναδύευ und γίνωσκε ... Die zeitliche
Distanz, aus der er dem Ausgang des Kampfes nachsinnt, subli-
miert sich zur Distanziertheit seiner Stellungnahme. Der Imperativ
Erkenne! ruft dazu auf, die zeitliche Distanz in eine mentale um-
zusetzen. Gleichwohl reproduziert das Erkennen den Prozeß des
Auftauchens ...«

181 f.: »In der bestimmenden Fernperspektive des Erkennens erscheint der Rhythmus in der Tat als eine geordnete Bewegung oder
vielmehr als die Ordnung einer Bewegung, als Bewegungsform.
Eine solche Form erschließt sich nur dem, der in eine ferne Zukunft hinaus- oder aus ihr zurückblickt. Denn nur wer eine lange
Reihe von Ereignissen überschaut, kann in das Gesetz eindringen,
das den Ereigniszusammenhang selbst regelt. Dessen Erkenntnis
bildet die, überpointiert ausgedrückt, theoretische Voraussetzung
für das praktische Maßhalten ... Der Rhythmus trägt die Menschen, sofern er ihnen als ein auf die Dauer sich durchsetzendes
Gesetz Sicherheit gewährt, und er beherrscht sie, sofern er sie je
und je in ein Auf und Ab hineinreißt ... Was in der Erinnerung tatsächlich schon die halbfeste Gestalt eines Auf und Ab annimmt,
war im gelebten Augenblick sozusagen ein Ab und Auf, das Hinab
ins Wellental und das Hinauf zum Wellenkamm. Aus der erinner-

ten Nahperspektive taucht der Rhythmus in dem buchstäblichen
Sinne auf, dass in seiner Erscheinung das Auftauchen aus den Wogen gegenwärtig wird und damit auch die Überwältigung, welcher
der gegen die Wogen Ankämpfende durch Auftauchen zu entkom-
men trachtete.«

Zum Motiv des Glückswechsels unter Berücksichtigung der Ar-
chilochos-Stelle: Helmut Storch, AU 20, 5, 6. Vgl. auch Livius
45.8: Der römische Feldherr L. Aemilius Paullus nach dem Sieg
über den Makedonenkönig Perseus: »Ihr seht hier ein hervorra-
gendes Beispiel für den Wechsel einer menschlichen Lage. Euch
sage ich dies vor allem, ihr jungen Männer. Daher steht es uns wohl
an, in keiner Weise in glücklichen Verhältnissen gegen irgend jemanden hochmütig und rücksichtslos zu verfahren und dem im
Augenblick greifbaren Glück zu vertrauen, da, was der Abend
bringt, ungewiss ist. Denn erst wird sich als ein Mann erweisen,
dessen Sinn weder günstige Umstände durch ihren Rückenwind
anschwellen lassen noch widrige Umstände knicken werden.« Vgl.
auch schon Polybios 29.20: »Denn so allein, und auch dann nur
schwer, könne sich ein Mensch im Glück als maßvoll erweisen«
(Übers. Drexler). So hatte auch schon Kyros bei Herodot 1.86 Er-
barmen mit seinem Gegner Kroisos, »weil er bedachte, dass er,
selbst ein Mensch, einen anderen Menschen, dessen Glück nicht
geringer gewesen war als sein eigenes, lebendig dem Feuer überge-
ben wolle«, wo er doch wusste, »dass nichts im Menschenleben sicher sei«. Siehe auch Cicero, De officiis 1.90. – Zu 128 W vgl. auch
Horaz, Carmen 2.3.1: Aequam memento …

129 W = 67b D

»Unterkriegen« ist euphemistisch formuliert: ἀπάγχεαι bedeutet
eigentlich »du wirst erdrosselt« oder »du lässt dich erwürgen«. Ob
es sich hier wieder um einen Reflex auf einen Verrat handelt?

130 W = 58 D

Die hier geschilderte Willkür der Götter lässt den Gedanken von
Lohn und Strafe, Schuld und Sühne gar nicht aufkommen. Hier
wird auch nichts gerechtfertigt. Es ist ganz einfach so. Tröstlich ist
nur, dass man auch wieder aufgerichtet werden kann, wenn man
einmal gestürzt ist. Das alles ist unbegreiflich und undurchschau-
bar, vom *nóos* weit entfernt. Vielleicht spielt Archilochos auf das
Proömium der Erga Hesiods an (5–8). – Die Empfindung der Un-
beständigkeit des menschlichen Lebens ist für die Weltwahrneh-
mung des Archilochos konstitutiv (vgl. auch 13 W, 122 W, 128 W). –
Aßmann, AU 7, 5, 1964, 10–12. – Dalfen, Probata-Probanda, 27.

131/132 W = 68 D

Vgl. Homer, Odyssee 18.130–142. Theunissen 162: »Zu dem Archi-
lochos-Fragment finden wir den leichtesten Zugang, wenn wir uns
zunächst über seinen Traditionsbezug verständigen und uns sodann seiner Eigenständigkeit versichern. Die Odyssee-Passage, in
welche die Betrachtung über die Abhängigkeit vom Tage eingebet-
tet ist, war für die Lyriker so etwas wie ihre Magna Charta. Sie hat
ihnen auch andere Stichworte gegeben. Archilochos selbst greift
auf sie mit seiner Forderung nach τλημοσύνη zurück, nach Mut
zum Erdulden und Ertragen: τετληότι θυμῷ, geduldigen Her-
zens, müssen die Menschen, heißt es unmittelbar vor jener Betrachtung, ihre peinvolle Lage ertragen ...« 163f.: »Erst in der
Frage, wie die Herrschaft des Gottes über den Tag einzuschätzen
sei, können sich der Epiker und Lyriker unterscheiden ... Ob Archilochos Willkür ins Spiel bringt, ist offen. Die Frage wurde in der
Literatur als die nach seinem Pessimismus diskutiert, und der Auffassung derer, die ihn darunter umstandslos subsumieren, steht die
Meinung gegenüber, dass ihn gerade seine Einsicht in die Zeusbe-
stimmtheit des Tages vom Verdacht einer pessimistischen Lebens-

anschauung freispreche ...« 164f.: »Welche der beiden möglichen
Antworten Archilochos gibt, wird erst erkennbar vor dem Hintergrund der unzweifelhaften Unterschiede zwischen seiner Sentenz
und deren epischer Vorlage. Die Unterschiede lassen sich an seiner
Beziehung zu Odysseus festmachen ... Sobald Archilochos auf das
ihm Wesentliche zu sprechen kommt, wendet er sich auf Reden
zurück, die Odysseus im Munde führt. Auch die Überlegungen
zur Gebrechlichkeit des Menschen und zu dessen Abhängigkeit
vom gottgewirkten Tage stellt ja Odysseus an. Bemerkenswert am
archilochischen Odysseus-Ideal ist nicht nur die Orientierung an
der bestimmten Erfahrung, die der Vielerfahrene mit sich und seiner Welt gemacht hat. Aufschlussreich ist auch das Grundsätz-
liche, dass Archilochos sich an einer reflexiven Erfahrung orientiert. Dies nämlich zeigt: Er drückt in allem, was ihm wichtig
erscheint, Selbsterfahrung aus, eine, die noch als odysseisch ver-
fremdete seine eigene ist. Was mehr oder weniger für die gesamte
archaische Lyrik gilt: dass in der dritten Person formulierte Sätze
über die Menschen eigentlich Übersetzungen von Gedanken sind,
die ihren Erfahrungsgehalt erst preisgeben, wenn man sie in die
erste Person zurückübersetzt, das trifft am meisten auf die Aussa-
gen zu, die Archilochos in die distanziert-neutrale Sie-Form klei-
det. Es kennzeichnet auch unsere Sentenz. Die beiden das odyssei-
sche Abhängigkeitsmotiv aufnehmende Verse lauten vollständig:
*Den sterblichen Menschen wird, mein Glaukos, Sohn des Leptines, je-
weils so zumute, wie der Tag beschaffen ist, den Zeus heraufführt.* Die
Anrede ist kein äußerliches Beiwerk. Indem Archilochos das Gedicht an seinen besten Freund adressiert, tritt hinter der dritten
Person die erste hervor, als die, die sich an eine zweite wendet.«
166f.: »Die ganze bei Archilochos sich anbahnende Lyrik scheint
Selbsterfahrung noch tiefer zu verankern als Odysseus in seinen
Meditationen über das menschliche Dasein ... Das Totale an der
Tagesherrschaft zeigt sich im Kontrast zu der Odyssee-Passage, die
Archilochos variiert. In dieser Passage spricht Odysseus als einer,
der in die Rolle eines Bettlers geschlüpft ist, aber kraft seines Geis-

tes auch in seinem Bettlerdasein er selbst bleibt. Die lyrische Varian-
te hingegen gibt uns zu verstehen, dass Menschen, alle Menschen
Bettler *sind*; sie spielen nicht bloß die Rolle von Bettlern ... Den
Schritt, den Archilochos über die Selbsterfahrung des Odysseus
hinaus macht, treibt ihn auch über die epischen Ansätze zu einer
›Anthropologie‹ des Ephemeren hinaus. Fehlt den Menschen die
Festigkeit, die ein stehendes Beiwort suggeriert, so sind sie auf ein
ganz und gar ephemeres Dasein eingeschränkt. Ihre von Odysseus
beklagte Abhängigkeit vom Tage wird bei Archilochos tatsächlich
zu einer vollständigen, sie restlos durchdringenden ... Er malt das
Bild eines Menschen, der sich angesichts des Zerfalls der alten
Adelsgesellschaft, der Bildung neuer Gesellschaftsschichten, der
Revolutionierung überkommener Strukturen durch Handel und
Gewerbe einem raschen, unaufhörlichen Wechsel unterworfen
fühlte. Vom Angriff des Tages auf die Eigensubstanz des Menschen
ging jedoch auch eine positive Wirkung aus: Er setzte Individualität frei ...« – Aßmann, AU 7, 5, 1964, 9–10. – Dalfen, Probata-Probanda, 27–28. Vgl. auch H. Fränkel: Ἐφήμερος als Kennwort für
die menschliche Natur, in: Wege und Formen frühgriechischen
Denkens, München ²1959, 28ff.; 31 Anm. 6. Fränkel weist darauf
hin, dass das Fragment zeige, wie das Denken des Archilochos
»auf das flüchtige Jetzt, Hier und Ich« gerichtet ist; »und durch die
ganze archaische Periode bis zu Pindar hin trug der Gedanke von
der Passivität mit der das Innere des Menschen jedem äußeren
Druck nachgibt, wesentlich zu dem herrschenden Bewußtsein der
Hilflosigkeit (ἀμηχανία) bei, von dem wir so oft in der Literatur
hören« (29). – Fränkel sieht eine gewisse Verwandtschaft zwischen
Archilochos und Empedokles (VS 31 B 2, 2–5), während Heraklit
(VS 22 B 17) die Auffassung des Archilochos nicht teile; denn laut
Heraklit gleichen die Menschen ihre Gedanken keineswegs an ihre
Erlebnisse an, weil sie unfähig sind, die Sprache der Wirklichkeit
zu verstehen. Protagoras drehe den Satz vollständig um: »Wäh-
rend wir nach Archilochos die Dinge so sehen, wie sie gerade im
Augenblick für uns sind, behauptet Protagoras (80 A 13–18, B 1),

dass die Dinge so sind, wie wir sie gerade im Augenblick sehen«
(31 Anm. 6).

Glaukos, der Sohn des Leptines, wird von Archilochos mehrfach erwähnt und angeredet: 15 W. 105 W. 117 W.

132 W = 68. 3 D

Theunissen 169: *und sie* (die Menschen) *denken entsprechend den
Realitäten, auf die sie stoßen* ... Theunissen 172: »Die ἔργματα
meinen hier noch nicht ... die Taten ..., sondern gerade die allem
Tun zuvorkommenden Zeitumstände, in die wir Menschen ver-
strickt sind. Das auf sie bezogene Verb unterstreicht diese Bedeutung nicht nur; es verschärft sie, indem es die Umstände als *Wider-
stände* kennzeichnet, als eine zumindest potentiell feindliche
Realität: ἐγκυρεῖν ist ein Stoßen auf etwas, *an* dem man sich stößt.«

133 W = 64 D

Was Archilochos hier einfach nur feststellt, ist bei Semonides (2 D)
eine Maxime: »Wir gedenken doch wohl eines Verstorbenen,
wenn wir vernünftig sind, nicht länger als einen einzigen Tag.« Archilochos hat diese nüchterne Feststellung wahrscheinlich auch aus
seiner Existenz als Söldner gewonnen. Vgl. 15 W: Einen Söldner
schätzt man nur so lange, wie er kämpft oder kämpfen kann. –
Eine ganz andere Einstellung findet man bei dem Elegiker Tyrtaios, der den unvergänglichen Ruhm der Gefallenen preist (Fragment 9.29–32). Tyrtaios sagt dann auch folgerichtig (fr. 6): Schön
nämlich ist es, als tapferer Mann für sein Vaterland kämpfend in
vorderster Front zu fallen und zu sterben (Τεθνάμεναι γὰρ καλὸν ἐνὶ προμάχοισι πεσόντα / ἄνδρ' ἀγαθὸν περὶ ᾗ πατρίδι
μαρνάμενον). Man vgl. auch die 2. Römerode des Horaz (Carm.
3.2): *Dulce et decorum est pro patria mori* ... (13). –

Pindar (fr. 110 Snell) hingegen gibt Folgendes zu bedenken: Süß
aber ist der Krieg für diejenigen, die ihn nicht kennen; wer ihn aber
kennt, der fürchtet sich vor ihm, wenn er kommt, im Herzen
übermäßig (Γλυκὺ δὲ πόλεμος ἀπείροισιν, ἐμπείρων δέ τις
ταρβεῖ προσιόντα νιν καρδίᾳ περισσῶς). Das wird wohl auch
Archilochos bestätigen können. – Aßmann, AU 7, 5, 1964, 12–15.

134 W = 65 D

Odysseus (Od. 22.412) verbietet Eurykleia, sich mit dem Tod der
Freier zu brüsten. Sie solle sich freuen, aber nicht jubeln. Denn es
sei kein frommes Tun, über Erschlagene zu frohlocken, auch wenn
sie im Leben noch so schändlich handelten. Was Odysseus ablehnt, weil es nicht fromm ist, verbietet Archilochos, weil es seinen
menschlichen Wertvorstellungen nicht entspricht. Wahrscheinlich
war es nicht mit dem Ehrenkodex des Söldners zu vereinbaren,
den erschlagenen Gegner auch noch zu schmähen. Darüber hinaus
wird es Archilochos bewusst gewesen sein, dass auch er ein er-
schlagener Gegener sein kann.

135–167 W

Die Fragmente (»Kleinere Papyrusfragmente«) lassen nur wenig
erkennen. Zumeist sind aufgrund des Erhaltungszustandes nur
Einzelwörter zu erschließen. Es sind Gedankenfetzen, die sich auf
Kampfszenen beziehen (z. B. 140 und 146 W), auf Überheblichkeit
verweisen (148 W), eine Frau erwähnen (152 und 154 W) und vielleicht vom Heimweh nach dem »lieblichen Paros« sprechen (166
W). Vor dem Hintergrund der umfangreicheren Fragmente mögen
diese Fetzen schon Sinn vermitteln, aber jeder Rekonstruktions-
versuch bleibt zur Zeit noch spekulativ.

171 W = 109 D

Vielleicht formuliert Archilochos hier eine Zumutung: einen Verhassten zu lieben, ohne mit ihm reden zu müssen. Das wäre für
den Dichter ganz undenkbar.

172–181 W

Die Fragmente 172–181 stammen aus dem Lied gegen Lykambes,
in dem die Fabel vom Fuchs und dem Adler erzählt wurde. – Zum
Metrum: Terent. Maurus 2454 ff., Gramm. Lat. IV 398.

> »Ibis Liburnis inter alta navium,
> amice, propugnacula« (Hor. epod. 1.1)
> Archilochus isto saevit iratus metro
> contra Lycambam et filias.

»Du wirst fahren auf einem liburnischen Boot zwischen die hohen
Schiffstürme, Freund.«

Archilochos wütet zornentbrannt in diesem Metrum (= Iambischer Trimeter und iambischer Dimeter) gegen Lykambes und
seine Töchter.

Horaz sagt in der Epode 6.11–14 (Übers. B. Kytzler):

> »So hüte, hüte dich! Denn wider die Boshaften wütend wild
> hebe die kampfbereiten Hörner ich
> wie gegen den treulosen Lykambes der verschmähte Schwiegersohn,
> wie der grimmige Feind gegen Bupalos.«

Wie Lykambes von Archilochos, so wurde Bupalos von Hipponax
geschmäht.

Horaz, Epist. 1.19.23–31: »Ich war es, der als erster Paros' Jamben
in Latium hat vorgestellt, dem Rhythmus und dem Geiste des Archilochos bin ich gefolgt, doch seinen Themen nicht und nicht der
Schelte des Lykambes. Nur schmücke nicht die Stirn mir mit ge-
ringerem Lorbeerkranze darob, dass ich mich scheute, des Liedes
Vermaße und Kunstart abzuändern, so wie männlich im Rhythmus Sappho sich des Archilochos Muse aneignet, wie auch Alkaios das tut, in Thema und Ordnung doch abweicht: Nicht sucht
er einen Schwiegervater, ihn mit bösen Versen zu beschmieren,
nicht knüpft er für die Braut mit Schmähgedichten einen Strick.«
(Übers. B. Kytzler)

Wie Archilochos die Fabel vom Fuchs und dem Adler benutzt ha-
ben könnte, zeigt M. Treu (S. 232) an folgender Gliederung:
 I.   Anrede an Lykambes
 II.   Beginn der Fabel
 III.   Raub der Füchslein durch den Adler
 IV.   Klage und Drohung des heimgekehrten Fuchses
 V.   Hohn- und Rechtfertigungsrede des Adlers
 VI.   Gebet des Fuchses
 VII.   Bericht über die Bestrafung
 VIII.   Epilog: Anwendung der Fabel auf das Verhältnis des Ly-
         kambes zu Archilochos

172 W = 88 D

Einleitung einer Rahmenerzählung, in die mehrere Tierfabeln ein-
gebettet waren (M. Treu 1959, 230–236). Diese Komposition hatte
anscheinend das Ziel, Lykambes bloß zu stellen (zu Inhalt und
Gliederung vgl. M. Treu 1959, 232).

173 W = 95 D

Der Text ist an Lykambes gerichtet, der die Verlobung seiner Tochter mit dem Dichter aufgelöst hatte. Vgl. 172 W = 88 D. - Zu diesem Fragment passt auch 79a D, das West Archilochos abspricht und bei Hipponax einordnet (Hipponax 115 W; vgl. auch 116 und 117 W). - Die Verfasserfrage wird ausführlich von M. Treu (S. 225-228) erörtert, der das Gedicht Archilochos zuweist. Vgl. auch Albin Lesky: Geschichte der griechischen Literatur, Bern/München ³1971, 138.

174 W = 89 D

Das Fragment gehört ebenfalls zur Rahmenerzählung der Fabel.

177 W = 94 D

Der in seinem Recht schwergekränkte Fuchs betet zu Zeus: Der Gott wird als Garant von Recht und Ordnung angerufen. Ansonsten ist Zeus der menschlichen Welt weit entrückt. An seine Stelle ist das unpersönliche Schicksal getreten, das ein ständiges Auf und Ab garantiert (vgl. 128 W = 67a D).

178 W = 93 D

Nach Hesych bedeutet die Redensart »... dass du nur nicht auf einen Schwarzschwanz triffst« so viel wie, »dass du nur keinen tapferen und starken Gegner bekommst«.

182-183 W = 85 D

Batusiades war der Sohn eines Selleus (Hesych. 183 W).

184 W = 86 D

Das kann das Bild einer Frau sein, die den Mann zugleich abstößt und anzieht. Ob man mit M. Treu (1959, 229) von einer »großartigen Charakteristik des widerspruchsvollen Wesens einer Frau« sprechen sollte, sei dahingestellt. Das Bild beeindruckt in seiner Unmittelbarkeit und Schlichtheit.

185-187 W = 81-83 D

Fragmente aus der Fabel vom Fuchs und dem Affen.

188 W = 113-114 D

Vielleicht wird hier die schon gealterte Neobule verhöhnt. Vgl. auch Horaz, Epode 8.3f. und Carmina 4.2f., wo eine frühere Geliebte wegen ihres Alters verhöhnt wird. Archilochos könnte Horaz dazu angeregt haben, mit diesem Motiv der Verhöhnung einer gealterten Geliebten zu spielen. Vgl. auch 66-67 W = 136 Bgk.

189 W = 115 D

Es ist nicht auszuschließen, dass die »blinden Aale« einen obszönen Sinn haben und der Vers der in 188 W angeredeten Dame gilt.

190 W = 116 D

Erinnerung an eine ereignisreiche Jugendzeit?

191 W = 112 D

Archilochos empfindet hier die Liebe als eine Krankheit, die sich ins Herz schleicht, die Augen verdunkelt und den Verstand raubt. Vgl. auch 193 W = 104 D: Die quälenden Schmerzen der Liebessehnsucht dringen bis tief ins Mark. In 196 W = 118 D wird die Liebesleidenschaft als »gliederlösend« bezeichnet. Vgl. dieselbe Bezeichnung auch bei Hesiod, Theogonie 121, und Sappho 137 D. – Archilochos greift mit der Formulierung ὑπὸ καρδίην ἐλυσθείς einen Vers aus der Odyssee auf (9.433), wo geschildert wird, wie Odysseus sich heimlich unter dem Bauch des Widders festkrallt: ὑπὸ γαστέρ᾽ ἐλυσθείς. – Aßmann, AU 7, 5, 1964, 16–17.

193 W = 104 D

Zu vergleichen ist Sappho 50 D: »(es) hat geschüttelt die Sinne mir Eros, so wie ein Sturm in die Eichen des Bergwalds fällt« oder Sappho 137 D: »Gliederlösender Eros treibt wieder mich um, süß-bitter, unzähmbar, ein wildes Tier …« (Übers. M. Treu). – Aßmann, AU 7, 5, 1964, 16–17. – Vgl. Horaz, Carmen 1, 28; Epod. 14, 15.

194 W = 111 D

Bakchos ist ein anderer Name für Dionysos. Es dürfte sich hier wohl nicht um eine Anspielung auf den orgiastischen Kult der Bakchosfeiern handeln, da dieser vornehmlich von Frauen gefeiert wurde (vgl. Euripides, Bakchen). Archilochos will hier wohl nur

sagen, dass die Männer draußen (vor dem Zelt) saßen und Wein
tranken.

195 W = 105 D

Wer oder was ist mit dem »Übel« gemeint? Eine Frau? Neobule?

196 W = 118 D

Das Bild vom gliederlösenden Eros findet man auch bei Hesiod:
Theogonie 121 und 191. Vgl. auch Sappho 137 D. – Bei Homer ist
der Schlaf »gliederlösend« (z. B. Od. 20.57). – Aßmann, AU 7, 5,
1964, 16–17.

196a W

Inzwischen ist wohl erwiesen, dass die »Kölner Epode« Archilochos nicht abzusprechen ist. Zu den unterschiedlichen Deutungen
des Textes vgl. Steinmann 1998, 130f.

197 W = 29 D

Der Jambus spielt wohl auf die »verlorene Braut« an.

198 W

»Maenalische Verse«: Von Mainalion, einem Gebirge in Akadien,
mainalisch = dem Pan heilig (vgl. Theocr. 1.124), auch: arkadisch.
Mit Flaccus dürfte Horaz, bzw. seine Epodendichtung gemeint sein.

199 W

Definition des Epodos: Ursprünglich wurde nur der zweite Vers eines aus zwei verschiedenen Verszeilen bestehenden Distichons, dann das Distichon selbst so genannt. Schließlich wurde der Begriff auf Gedichte übertragen, die aus derartigen Distichen bestehen (z. B. die Epoden des Horaz).

200 W = 87 D

M. Treu 1959, 229 verweist auf eine Paraphrase des Verses (Et. Gud.): »Niemand wird mir ein Geschenk abverlangen, sondern er wird mir den Lohn für das geben, was er mir angetan hat.« Die Paraphrase habe man in einem »Kommentar« zu den Epoden des Archilochos gefunden. Von diesem Kommentar sind bisher noch keine weiteren Spuren gefunden worden.

201 W = 103 D

Ob sich Archilochos selbst als den Igel sieht, der im Falle der Bedrohung seine Stacheln aufstellt? – Aßmann, AU 7, 5, 1964, 15–16.

205 W = 27 D

Dass eine junge Frau nach Myrrhe duften darf, sagt Archilochos 48.5–6 W = 26 D. Nach Plut. Pericl. 28.7 soll Kimons Schwester Elpinike nach einer Gedenkrede des Perikles auf die im Krieg der Athener gegen Samos Gefallenen an diesen herangetreten sein und gesagt haben, dass der Sieg wohl nicht besonders rühmenswert sei. Perikles habe darauf lächelnd den Vers des Archilochos zitiert: »Weil du ein altes Weib bist, solltest du dich nicht mit Myrrhe salben!«

210 W = 45 D

M. Treu 1959, 204 verweist auf Catull 40: »Welche Verblendung treibt dich nur, mein armer Ravidus, kopfüber in meine Iamben? Welcher von dir zur Unzeit angerufene Gott schickt sich an, so wahnwitzigen Streit zu erregen?« (1–4. Übers. M. v. Albrecht). Catull will damit sagen, dass man einen Jambendichter nicht reizen darf; denn Jamben sind nun einmal aggressiv, wie man seit Archilochos weiß.

211 W = 44 D

Wen Archilochos mit dem »Tüchtigen« bzw. »Umsichtigen« vor Augen haben könnte, ist nicht erkennbar. Ob er sich selbst so sieht oder einen erfolgreichen Fischer?

212 W = 43 D

M. Treu 1959, 204 glaubt, Archilochos meine damit das Segeln gegen den Wind und gegen die Wellen. »Das einmalige Bild ist für Archilochos charakteristisch. Er hat einen besonderen Blick für Situationen des Äußersten, für Grenzsituationen …: ein besonders sensibles Empfinden für kritische Momente (vgl. fr. 56 D).« Siehe 105 W.

213 W = 21 D

Hier ist von Ertrinkenden die Rede, die sozusagen in der »Umarmung« der Wellen einen schrecklichen Tod erleiden. Ob der Anonymus De sublimitate 10.7 auf dieses Bild anspielt, ist unklar. Von Schiffbruch ist auch in den Fragmenten 9 W, 11 W, 13 W (an Perikles) die Rede.

216 W = 40 D

Archilochos diente den parischen Kolonisten auf der felsigen Insel Thasos als Krieger und Helfer gegen Feinde. Der Dichter hatte aus Armut seine Heimatinsel Paros verlassen, um auf der Insel Thasos eine neue Existenz zu gründen. Dem dürftigen Leben auf Paros (vgl. 116 W = 53 D) folgte aber auf Thasos kein besseres (vgl. 21–22 W = 18 D). – Es war wahrscheinlich keine besondere Ehre, als »Karer« bezeichnet zu werden.

219–221 W = Treu S. 6

Dazu ausführlich M. Treu 1959, 174–176: Der Papyrus stammt aus der Zeit um 270–240 v. Chr. Als Verfasser kommt der Aristoteles-schüler Herakleides Pontikos in Frage, da er eine – verlorene – Abhandlung in zwei Büchern »Über Archilochos und Homer« (fr. 178 Wehrli) verfasst hatte. Die Fragmente lassen erkennen, dass es dem Autor der Zusammenstellung darauf ankam, direkte Beziehungen zwischen Archilochos und Homer zu zeigen. – Zu dieser Frage: O. v. Weber: Die Beziehungen zwischen Homer und den älteren griechischen Lyrikern, Diss. Bonn 1955 (noch ohne Kenntnis des P. Hibeh 173). Weber hat eine Liste von »direkten Beziehungen zwischen Homer und Archilochos« aufgestellt:

6 W = 6 D – Il. 18.131; 17.472f.
110 W = 38 D – Il. 18.309
111 W = 57 D – Il. 7.102
101 W = 61 D – Il. 22.201; 21.574
(79.4 D – Il. 4.533)
193 W = 104.2–3 D – Il. 5.399
191 W = 112.3 D – Il. 14.217

P. Hibeh 173 – Il. 14.66; 4.182; 5.130

25 W = 41 D – Od. 14.228
134 W = 65 D – Od. 22.412
131 + 132 W = 68 D – Od. 18.136f.
191 W = 112 .1 D – Od. 9.433

»Direkte Beziehungen sagen zunächst noch nichts über die Priorität des einen oder andren Dichters aus, aber an einigen Stellen erweist sich Archilochos als der spätere, auch gegenüber der Odyssee« (Treu 1959, 175).

222 W = 138 Bgk.

Hier könnte die Verstümmelung Gefallener gemeint sein.

223 W = 88a D

Für Lukian ist Archilochos nicht nur der Erfinder der Jambendichtung. Mit dem Jambus hat Archilochos die literarische Form des aggressiven Spott- oder Schmähgedichtes entdeckt. Wenn Lukian den Adressaten seiner Schrift den von den Dichtern geschmähten Personen gegenüberstellt und sagt, sie seien »harmlose Kinder« im Vergleich mit seinem Adressaten, dann gibt er zu verstehen, dass über diesen noch viel Schlimmeres gesagt werden könnte als über die von Archilochos angegriffenen Personen.

224 W = 98 D

Vielleicht gehört das Fragment zu den Fragmenten 174ff. (Fabel vom Fuchs und dem Adler): Bevor ein Junges der Fuchsmutter vom Adler gepackt wird, duckt es sich wie ein Rebhuhn.

225 W = 97 D

Ob dieser scheinbar so freundliche Satz in die Fabel vom Löwen, Fuchs und Hirsch gehört, sei dahingestellt: Sollte das der Fall sein, dann handelte es sich um die Aufforderung des Fuchses an den Hirsch, er möge doch in die Höhle des Löwen eintreten.

227 W = 23 D

Mit dem »Herrscher« könnte Gyges gemeint sein. Vgl. 19 W = 22 D.

228 W = 129 Bgk.

Dass Archilochos sich auf Thasos nicht wohlfühlte, bringt er mehrfach zum Ausdruck. Vgl. 20–22 W. Offensichtlich fand Archilochos auch auf Thasos keine besseren Lebensbedingungen vor als auf seiner Heimatinsel, die er aus Armut verließ. Vgl. 295 W.

229 W = 186 Bgk.

Das Wort ὀξυόεντα (Il. 5.568) kommt nach Ansicht des Scholiasten also nicht von ὀξύς »spitz«, sondern von ὀξύη »Rotbuche«.

233 W = 132 Bgk.

Plutarch meint, es sei unbezahlbar, vor einem Schwätzer davon laufen zu können. Von einem widerlichen Schwätzer spricht Archilochos 297 W = 32 D.

234 W = 96 D

Wer sich nicht einmal richtig aufregen und nicht einmal mit der
Faust auf den Tisch schlagen kann, ist kein richtiger Mann. Die Be-
herrschung des Zornes wurde erst im Umfeld der stoischen Philosophie gefordert. Vgl. Aßmann, AU 7, 5, 1964, 15–16.

237 W = 122 Bgk.

Aus der drastischen Schilderung einer Schlachtszene?

238–240 W = 196 + 162 + 165 Bgk.

Vgl. 117 W über die Lockenpracht des Glaukos und 114 W über
den eitlen Feldherrn.

246 W = 179 Bgk.

Es bleibt unklar, ob es sich um eine allgemeingültige (frauenfeind-
liche) Aussage handelt oder ob der Dichter nur bestimmte Frauen
meint (z. B. die Töchter des Lykambes).

251 W = Treu S. 46 + 48

Vgl. Treu 1959, 208 f.: In diesem Textausschnitt der Inschrift vom
Monumentum Archilochium wird darauf hingewiesen, dass Archilochos anlässlich des Dionysos-Festes ein kurzes Lied zu Ehren
des Gottes improvisiert habe. Das Lied wurde als anzüglich miss-
verstanden, gab Anlass zu einer Anklage des Dichters vor Gericht
und führte zu seiner Verurteilung. Vom Orakel in Delphi wurde

dann aber die Freilassung des Dichters verfügt (Text des Orakels bei M. Treu S. 49).

252 W = 34 D

Vgl. zu dieser »Schamloskeit« die Vorwürfe des Kritias, VS 88 B 44. Vgl. 295 W. Der Satz muss nicht das Ergebnis übermäßiger sexueller Betätigung reflektieren. Der Dichter könnte damit auch sagen wollen, dass ihn die Frau nicht mehr interessiere.

253 W = 106 D

Nach Diehl beginnt der Iambus mit κηλέεται, so dass Treu übersetzen kann: »(jeder) steht doch im Banne der Lieder«. Wäre Diehls Text haltbar, könnte er als ein Stück der Selbstreflexion des Dichters über die Wirkung seiner Verse verstanden werden. Das würde auch gut zu der Annahme passen, dass der Jambus der Volkspoesie ursprünglich eine »bannende« Wirkung hatte. Auch die Verse des Archilochos wollen immer wieder »bannen« und Situationen in eine Form bringen, in der sie (im Nachhinein) auszuhalten sind. – Zur magisch-bannenden Wirkung des Liedes vgl. auch Pindar, Pyth. I.5.1ff.

261–285 W

Im Folgenden sind zahlreiche Einzelwörter durch Grammatiker-zitate für Archilochos belegt. Das zeigt u. a., dass Archilochos als sprachliche Autorität anerkannt wurde und wahrscheinlich auch viel gelesen oder doch wenigstens zitiert wurde.

286–288 W = 147 Bkg.

Die Fragmente beziehen sich auf die Nessos-Geschichte im Rahmen der Herakles-Sage. M. Treu S. 246: »Gern wüssten wir mehr: Inhalt und Art der langen Rede (der Deianeira) und den aktuellen Bezug, denn vermutlich war der Mythos, wie sonst die Tierfabeln und gelegentlich auch eine historische Anekdote, vom Dichter als exemplum verwendet, und er hat mit Frauen nicht eben gute Erfahrungen gemacht.«

297 W = 32 D

Vgl. 233 W = 132 Bgk.

295 W = 149 Bgk.

Vgl. Treu 1959, 156–158.

298 W = 84 D

»Auch diese Aussage ist aus dem Bewusstsein menschlicher Schwäche formuliert: der Satz ›Zeus hat das telos‹ ist das Komplement zu dem Satz ›Der Mensch hat das telos nicht‹. Wenn Archilochos den Zeus, den er in seiner Bedeutung für das Handeln der Menschen … aus dem Kreis der anderen Götter heraushebt, untrügliches Vorherwissen der Zukunft zuschreibt, so steht dahinter die bewusst erfahrene Schwäche des Menschen, der dies eben nicht kann« (Dalfen, Probata-Probanda, 26f.). Wie Solon diese Aussage in seiner Muselegie abwandelt, zeigt Dalfen, Probata-Probanda, 34.

322 W = 119 D

Archilochos verfasste Kultlieder nicht nur auf Demeter und Kore, sondern auch auf Dionysos: 120 W = 77 D. Ansonsten spielte der Mythos in der Dichtung des Archilochos keine wesentliche Rolle. Der Zeus des Archilochos ist ein vom Mythos befreites Abstraktum.

324 W = 120 D

Der Dichter engagierte sich nicht nur im Kult für Herakles, sondern auch für Dionysos (120 W = 77 D) und Demeter (322 W). Von einem Götterglauben ist bei Archilochos aber kaum etwas zu spüren, obwohl er sich höheren Mächten ausgeliefert sah: 130 W = 58 D. Gegen die Macht des Schicksals hilft die Kraft des Menschen, alles ertragen zu können: 13.6 W = 7 D.- Vgl. Menander, Dyskolos 959, der Archilochos parodiert.

325 W

Wahrscheinlich stammt das Epigramm nicht von Archilochos (trotz Crusius RE II 497). Vgl. M. Treu, 1959, 195.

326 W

Vermutlich war Archilochos nicht der Autor dieses Spottepigramms.

327 W

Der Inhalt des iambischen Textes passt zur Intention des Jambus,
Menschen zu verspotten oder ihr Verhalten zu bannen.

328 W

Der Text ist eine Satire auf die Scheinheiligkeit und würde aufgrund seiner Botschaft gut zu Archilochos passen.

331 W = 15 D

Die Verse stammen nach West nicht von Archilochos. Verfasser
des erotischen Epigramms ist möglicherweise Archias, unter dessen Namen weitere Epigramme in der Anthologia Palatina enthalten sind. »Pasiphile« ist ein sprechender Name: die Hetäre, »die
allen lieb ist« (Pasi-phile). Die »Krähen« sind die Gäste der gast-
freundlichen Dame. Der »Feigenbaum auf felsigem Boden« ist die
alte Hetäre, die einst viele Krähen »gefüttert« hat.

EINFÜHRUNG

In seinen »Bunten Geschichten« (10.13) berichtet Claudius Aelianus über Kritias – den athenenischen Schriftsteller, den Schüler des Sokrates, den konservativen Politiker und Verehrer spartanischer Lebensweise, den entschiedenen Gegner der Demokratie – und seine Einstellung gegenüber Archilochos, einem ungeliebten Poeten: »Kritias erhebt gegen Archilochos den Vorwurf, er habe sich selbst am schlimmsten geschmäht. – ›Wenn‹, so sagte er, ›jener nämlich nicht diese Meinung über sich unter den Hellenen verbreitet hätte, so hätten wir gar nicht erfahren, weder dass er der Enipo, einer Sklavin, Sohn war, noch dass er Paros aus Armut und Mittellosigkeit verließ und deshalb nach Thasos kam, noch dass er, da angekommen, sich mit den dortigen Leuten verfeindete, noch gar, dass er gleichermaßen Freunde und Feinde schmähte. Überdies‹, sagte er, ›wüssten wir weder, dass er Ehebrecher war, wenn wir es nicht von ihm erführen, noch dass er von haltloser Sinnlichkeit war und unverschämt und, was das Schimpflichste von allem ist, dass er seinen Schild fortwarf. Archilochos war also kein guter Zeuge in eigener Sache, da er solchen Leumund sich hinterließ und solchen Ruf.‹ – Diese Vorwürfe erhebe nicht ich gegen Archilochos, sondern Kritias« (295 W = VS 88 B 44. Übers. M. Treu, 1959, 120).

Einen Dichter dieses Schlages konnten die spartanischen Freunde des Kritias natürlich nicht in ihrem Lande dulden: Als er einmal nach Sparta kam – so berichtet Plutarch (Inst. Lac. 34, p. 239 B) –, haben ihn die Lakedaimonier unverzüglich ausgewiesen, weil sie wussten, dass er in einem Gedicht (5 W = 6 D) erklärt hatte, es sei besser, seine Waffen fort zu werfen als zu sterben. Der römische Autor Valerius Maximus kann darüber hinaus in seiner Exempla-Sammlung aus dem 1. Jahrhundert nach Chr. (Über die Strenge 6.3 Ext. 1) berichten, dass die Lakedaimonier die Bücher des Archilochos aus ihrem Staat entfernen ließen, da sie ihnen zu unanständig und schamlos waren. Die Spartaner hätten vermeiden wollen, dass ihre Kinder durch die Lektüre des Archilochos eher moralisch verdorben als intellektuell gefördert würden. Deshalb bestraften sie den größten oder wenigstens zweitgrößten Dichter der Griechen nach Homer, »weil er eine ihm verhasste Familie auf übelste Weise beschimpft und beleidigt hatte, indem sie seine Verse aus ihrer Reichweite verbannten«.

Das Urteil eines anerkannten Fachmannes, des Rhetorikprofessors Quintilian, kann eigentlich nur bestätigen, dass der Dichter in diesem Sinne »gefährlich« war. Quintilian (10.1.59) bewunderte die »gewaltige Kraft seiner Sprache«. Seine Sätze seien kraftvoll und zugleich knapp und treffend, blutvoll und energiegeladen in höchstem Maße. Wer so zu sprechen vermag, kann zweifellos auch gewaltigen Einfluss nehmen.

Dass die Sorgen der Spartaner vollauf berechtigt waren, wird auch durch das hymnische Lob des Dion Chrysostomos (or. 33) nahe gelegt: Es habe seit Menschengedenken nur zwei Dichter gegeben – so sagt Dion im 1. Jahrhundert nach Chr. –, die allen anderen überlegen waren: Homer und Archilochos. Homer habe alles in der Welt gerühmt und gepriesen; Archilochos dagegen habe den Tadel gepflegt, weil er wohl der Meinung war, die Menschen hätten ihn nötig, aber vor allem den Tadel gegen sich selbst. Er habe die Fähigkeit besessen, mit seinen Gedichten anzugreifen und nieder zu machen und die Verkehrtheiten der Menschen durch seine Rede aufzudecken.

Wenn auch ein bedeutender Philosoph wie Heraklit (VS. 22 B 42), der Archilochos ebenfalls in einem Atemzug mit Homer erwähnt, den Jambendichter aus den Preiswettkämpfen herausgeworfen und verprügelt wissen will oder ein Kollege wie Pindar

(Pyth. 2.54) den »tadelsüchtigen Archilochos« ablehnt, der aufgrund von Hilflosigkeit (ἀμηχανία) »an Schmähreden voll Hass und Groll sich weidete«, blieb der Dichter aus Paros doch hochberühmt. Selbst Platon (Politeia 365c) spricht vom »allerweisesten« Archilochos, während er auf den Fuchs in den Fabeln des Dichters hinweist, und Aristoteles zitiert Archilochos (19 W; 122 W) als einen selbstverständlich bekannten Autor. Der Anonymus De sublimitate (33.4) charakterisiert die Verse des Archilochos als »Ausbrüche göttlicher Eingebung«.

Ein wertvolles Zeugnis für diese Wertschätzung ist das Monumentum Archilochium auf Paros, mit dem Archilochos kultische Verehrung erfuhr. Der Gott Apollon hatte einem gewissen Mnesiepes (3. Jh. v. Chr.) den Auftrag gegeben, ein »Archilocheion« zu Ehren des Dichters zu errichten. Erhalten sind Teile einer Inschrift von diesem Ehrenmal (Text mit Übersetzung und Erläuterungen bei M. Treu, 1959, 40–53; 205–214). Im 1. Jahrhundert n. Chr. wurde das Ehrenmal von einem gewissen Sosthenes restauriert und mit weiteren Inschriften ausgestattet (51 D. Vgl. dazu M. Treu S. 205 f.).

Archilochos wurde wahrscheinlich nicht älter als 50 Jahre. Er fiel um 630 v. Chr. in einem Krieg seiner Heimatinsel gegen die Insel Naxos. Der Geschichtsschreiber Herodot (1.12) weist darauf hin, dass Archilochos ein Zeitgenosse des Lyderkönigs Gyges (gest. 652 v. Chr.) gewesen sei, den der Dichter in einem iambischen Trimeter erwähnt habe, wie Herodot ausdrücklich sagt (vgl. 19 W = 22 D). Auch der Hinweis des Archilochos auf die Sonnenfinsternis (122 W = 74 D) kann sich nur auf das Geschehen vom 6. April 648 v. Chr. beziehen, und es ist nicht unwahrscheinlich, dass Archilochos dieses für die damalige Zeit so beunruhigende Naturereignis als etwa Dreißigjähriger selbst erlebt hat.

Wie sehr er nach seinem Tod vom delphischen Apollon geehrt wurde, berichtet Galen in seinem Protreptikos (23): Als der Mann, ein gewisser Korax, der Archilochos in der Schlacht getötet hatte, den Apollon-Tempel betreten wollte, hinderte ihn der Gott daran,

indem er sprach: »Einen Diener der Musen hast du erschlagen.
Verlass meinen Tempel!« War es doch auch Apollon, der dem Vater des Dichters vor dessen Geburt geweissagt hatte, ihm werde ein
unsterblicher Sohn geboren (Dion Chrys. 33.12).

In der Anthologia Graeca finden sich drei Epigramme (7. 69–71),
die die gefürchtete Angriffslust des Dichters zum Thema haben
(Übers. Hermann Bekby):

Kerberos, der du die Toten mit furchtbarem Bellen begrüßest,
    nun ist an dir diese Furcht vor einem Toten voll Graus.
Denn Archilochos starb! Gib acht! Aus dem galligen Munde
    spritzt er voll giftiger Lust bissige Jamben hervor.
Was seine Stimme vermag, das sahest du, als des Lykambes
    Töchter ein einziger Kahn beide zugleich dir gebracht.

Das Epigramm spielt auf ein Ereignis an, das den Dichter anscheinend tief verletzt hatte: Lykambes hatte ihm die Ehe mit einer seiner Töchter versprochen und diesen Schwur später gebrochen.
Daraus erklärt sich die Aggressivität, mit der Archilochos litera-
risch über die Familie des Lykambes herfiel und den Vater und
dessen Töchter so verunglimpfte, dass sie Selbstmord begingen. So
heißt es denn auch in dem nächsten Epigramm:

Mehr noch als früher bewache, dreiköpfiger Hund, nun mit
schlaflos
    blickenden Augen das Tor drunten im furchtbaren Grund.
Wenn des Lykambes Töchter den giftigen Geifer der Jamben
    des Archilochos flohn und in den Tod sich gestürzt,
würden die Toten nicht leicht aus den Pforten der dunklen Be-
hausung
    alle entlaufen aus Angst vor seinem schmähenden Mund?

Wahrscheinlich brauchen die Toten keine Angst vor Archilochos zu haben, wenn sie ihm zu Lebzeiten nichts antaten, was ihn hätte herausfordern können. Dennoch sollte man auf der Hut sein:

> Sieh hier am Meeresgestade Archilochos' Grab, der als erster
> seine Gesänge ins Gift tötender Nattern getaucht,
> blutig des Helikons Frieden entweihend. Das fühlte Lykambes,
> als er die Stricke der drei Töchter voll Jammer beweint.
> Geh drum leise vorbei, o Wandrer, und störe der Wespen
> stechenden Schwarm nicht auf, der auf dem Grabe hier sitzt.

Berühmt ist auch die Berufungslegende des Dichters, die an Hesiods Musenweihe erinnert: »Man erzählt, dass Archilochos, als er noch recht jugendlich war, von seinem Vater Telesikles aufs Land geschickt worden sei, in die Gemarkung, die ›Leimones‹ (= die Auen) heißt, eine Kuh zum Verkauf (in die Stadt) zu führen, und er sei aufgestanden recht früh bei der Nacht, während der Mond schien und habe die Kuh zur Stadt geführt. Als er aber an den Platz kam, der ›Lissides‹ (= schlüpfrige Stellen) heißt, da habe er eine Schar Frauen zu sehen vermeint. Er sei der Meinung gewesen, sie kehrten von ihrer Arbeit in die Stadt zurück, habe sich ihnen genähert und sie geneckt, sie aber hätten das mit Scherz und Lachen aufgenommen und ihrerseits gefragt, ob er die Kuh zum Markte führe: als er das bejahte, hätten sie gesagt, sie würden ihm einen angemessenen Preis zahlen. Kaum war das gesagt, so wären weder sie selbst noch die Kuh zu sehen gewesen, zu seinen Füßen aber habe er eine Leier erblickt. Da sei er erschrocken über alle Maßen, aber als er nach einer Weile zu sich kam, habe er begriffen, dass es die Musen waren, die ihm erschienen und die Leier ihm zum Geschenk machten. Er habe die Leier aufgehoben und habe den Weg zur Stadt fortgesetzt und dem Vater berichtet, wie ihm geschah« (Text und Übers. M. Treu, 1959, 42–45).

Die erst 1949 gefundenen Steinplatten aus dem Archilocheion auf der Insel Paros enthalten noch weitere biographische Angaben:

In Paros wurde dem Dichter der Prozess gemacht, weil er in einem Lied auf den Gott Dionysos nicht die nötige Ehrfurcht bewiesen habe. Allerdings heißt es, dass der Dichter zu Unrecht angeklagt worden sei. Das wurde dadurch erkennbar, dass Dionysos alle Männer des Landes für das Unrechtsurteil bestraft habe, bis Archilochos rehabilitiert worden sei.

Der Beruf des Söldners, eines »Dieners des mächtigen Herrn Enyalios« (1 W = 1 D), bot vermutlich nicht die besten Voraussetzungen für eine geruhsame Existenz. Die äußere Unruhe und die ständigen Gefahren des Soldatenlebens dürften die Einstellung des Mannes zu seiner Welt entscheidend geprägt haben. Der Kampf wurde zum Element seines Daseins, ob er diesen nun mit der Waffe in der Hand oder mit seinen Versen ausfocht. Die Ungewissheit und die dauernde Bedrohung von Leib und Leben mussten eine tiefgreifende Desillusionierung zur Folge haben. So war es eigentlich nur konsequent, dass Archilochos im Kampf ums Überleben eine vielleicht schon übertriebene Wachsamkeit entwickelte – gepaart mit einer fast neurotischen Angst vor Bedrohung. Anscheinend fühlte er sich durch alles und jeden angegriffen, so dass er auf jeden vielleicht auch nur vermeintlichen Angriff mit äußerster Schärfe reagierte. Was im Schlachtgetümmel oder auf dem Marsch in Feindesland vielleicht noch Sinn machte, war im zivilen Umfeld wohl weit überzogen. Die folgenschweren Schmähungen gegen Lykambes und dessen Töchter bleiben unverständlich – sollten sie nicht nur fiktionale Literatur sein.

Wahrscheinlich hatte der römische Kaiser Julian Apostata (4. Jh. n. Chr.) Recht mit seiner psychologischen Deutung der Dichtung des Archilochos: »Dem Alkaios und Archilochos von Paros war es von der Gottheit nicht vergönnt, ihrer Muse in Lust und Frohsinn zu frönen. Geplagt wie sie waren, der eine so, der andere so, gebrauchten sie ihre Musengabe dazu, sich das Los zu erleichtern, das ihnen der Himmel auferlegt hatte, und zwar indem sie diejenigen schmähten, die ihnen Unrecht getan hatten« (Misopogon 337a-b. Übers. M. Giebel). Diese Deutung passt zu der ursprünglichen Bedeutung des volkstümlich spottenden Jambus mit seiner magisch-abwehrenden Funktion. Die scharfe Invektive, in deren Dienst Archilochos seine Verse stellt, hat ihren magisch-bannenden Charakter nicht ganz abgelegt. Das als böse, als ruchlos, als schädlich Wahrgenommene wird vom Dichter in Verse »gebannt« und auf diese Weise unschädlich gemacht. Das Bedrohende wird im Vers aufgehoben und verliert so seine negative Wirkung auf den Bedrohten.

Archilochos war offensichtlich unfähig, Vertrauen zu haben. Verluste und Verletzungen, Verrat und Verachtung und nicht zuletzt die Erfahrung von Eid- und Wortbruch müssen ihn nachhaltig getroffen haben. So verwirft er auch die Wertvorstellungen seiner Zeit und den Glauben an helfende Götter. Das Streben nach Ruhm entlarvt er als Selbstbetrug: Keiner genießt mehr Ansehen, wenn er erst einmal tot ist (133 W = 64 D). Man schätzt den Söldner nur, solange er kämpft (15 W = 13 D). Manche Heldentat ist in Wirklichkeit nichts als Mord (101 W = 61 D). Den eitlen Strategen gibt er dem Gelächter preis. Aussehen und innere Vorzüge eines Menschen sind für Archilochos nicht kongruent. Äußerlichkeiten spielen keine Rolle, wenn der Mann nur sicher auf den Füßen steht und ein mutiges Herz besitzt, d. h., wenn er in der Lage ist, sich selbst zu helfen (114 W = 60 D).

Die größte Provokation aber ist der »elegische« Bericht über den Verlust des Schildes (5 W = 6 D). Archilochos stellt sich selbst als »Schildwegwerfer« (Rhipsaspis) dar und benutzt ein böses Schimpfwort, um dem in seinen Augen ebenso verlogenen wie sinnlosen Heroismus der Adelswelt seiner Zeit eine entschiedene Absage zu erteilen. Archilochos wurde dafür schon in der Antike vielfach geschmäht.

Der hohe poetische Rang, den man Archilochos in der Antike trotz aller Schmähungen einräumte, lässt sich auch aus der Tatsache ablesen, dass Archilochos mehrfach mit Homer in einem Atemzug genannt wird. Das gilt nicht nur für die Ablehnung des Dichterpaares durch Heraklit. In der Historia Romana (1.5.1–2)

des Velleius Paterculus (um 20 v. Chr. – 30 n. Chr.) wird der einmalige Genius Homers gepriesen. Er verdiene es, als einziger
»Dichter« genannt zu werden. Seine Größe zeige sich darin, dass
er weder Vorbilder noch Nachahmer habe. Auch finde man keinen anderen Schöpfer einer Dichtungsgattung, der zugleich ihr
Vollender gewesen sei – außer noch Archilochos. Von Dion Chrysostomos war schon die Rede, und für den hochangesehenen Ken-
ner der antiken Literatur, den Anonymus De sublimitate (13.3) ist
Archilochos ein »Homerikos« – neben Stesichoros, Herodot und
Platon.

Dass diese Verknüpfung von Homer und Archilochos über die
Jahrtausende gehalten hat, beweist Friedrich Nietzsche. Aus un-
gleich größerer zeitlicher Entfernung sieht Nietzsche (Die Geburt
der Tragödie aus dem Geiste der Musik, 1871, § 5, Kritische Stu-
dienausgabe hg. von G. Colli und M. Montinari) Homer und Archilochos als »die Urväter und Fackelträger der griechischen Dichtung ... diese Beiden gleich völlig originalen Naturen, von denen
aus ein Feuerstrom auf die gesammte griechische Nachwelt fort-
fliesse«. Ausführlich setzt er sich mit Archilochos und der lyrischen Dichtung an sich auseinander. Nietzsche fragt, ob der »wild
durch's Dasein getriebene kriegerische Musendiener Archilochus«
überhaupt ein Künstler sei. Ist der Lyriker als Künstler möglich?
»er, der, nach der Erfahrung aller Zeiten, immer ›ich‹ sagt und die
ganze chromatische Tonleiter seiner Leidenschaften und Begeh-
rungen vor uns absingt. Gerade dieser Archilochus erschreckt uns,
neben Homer, durch den Schrei seines Hasses und Hohnes, durch
die trunknen Ausbrüche seiner Begierde; ist er, der erste subjectiv
genannte Künstler, nicht damit der eigentliche Nichtkünstler? Woher aber dann die Verehrung, die ihm, dem Dichter, gerade auch
das delphische Orakel, der Herd der ›objectiven‹ Kunst, in sehr
merkwürdigen Aussprüchen erwiesen hat?«

Nietzsche sieht das Problem gelöst durch »das wichtigste Phä-
nomen der ganzen antiken Lyrik ..., die überall als natürlich gel-
tende Vereinigung, ja Identität des Lyrikers mit dem Musi-

ker ... Das ›Ich‹ des Lyrikers tönt also aus dem Abgrunde des
Seins: seine ›Subjectivität‹ im Sinne der neueren Aesthetiker ist
eine Einbildung. Wenn Archilochus, der erste Lyriker der Griechen, seine rasende Liebe und zugleich seine Verachtung den
Töchtern des Lykambes kundgiebt, so ist es nicht seine Leidenschaft, die vor uns in orgiastischem Taumel tanzt: wir sehen Dio-
nysus und die Mänaden, wir sehen den berauschten Schwärmer
Archilochus zum Schlafe niedergesunken – wie ihn uns Euripides
in den Bacchen beschreibt, den Schlaf auf hoher Alpentrift, in der
Mittagssonne –: und jetzt tritt Apollo an ihn heran und berührt ihn
mit dem Lorbeer. Die dionysisch-musikalische Verzauberung des
Schläfers sprüht jetzt gleichsam Bilderfunken um sich, lyrische Gedichte, die in ihrer höchsten Entfaltung Tragödien und dramatische
Dithyramben heissen«.

Wenn man diese ihrerseits berauschten und berauschenden
Sätze auf die literaturgeschichtliche Wirklichkeit herunterbricht,
dann bestätigt Nietzsche doch nur die Tatsache, dass Archilochos
die Waffe des volkstümlichen Jambus ebenso erfolgreich wie artifi-
ziell handhabt, so dass er zur Sprachform des dramatischen Dia-
logs werden kann, und der Lyriker ist trotz aller Subjektivität und
Individualität eben doch ein Künstler im Sinne Nietzsches, weil er
in der Lage ist, seine Subjektivität in eine objektive Kunstform zu
zwingen – so wie es viele nach ihm verstanden.

Die metrischen Formen der Dichtung des Archilochos sind vielfäl-
tig. Neben dem daktylischen Genos benutzt Archilochos den iambischen Trimeter und den trochäischen Tetrameter. Diese Formen
übernimmt er aus der Volkspoesie und entwickelt sie weiter, so
dass er auch als ihr Erfinder (heurétes) gilt. Horaz (Epist. 2.3.79)
weist darauf hin, dass den Archilochos die Wut (rabies) mit »seinem eigenen Jambus« bewaffnete. Weil Archilochos den Jambus
literaturfähig machte, darf er wohl auch als der »Erfinder« des Dia-
logverses im griechischen Drama gelten. Aus der Vereinigung von
Versen unterschiedlicher Länge und Art schuf Archilochos außer-

dem die Epodenformen. Die Epoden des Horaz, die der Römer selbst als Jamben bezeichnet, stehen in der Nachfolge des Archilochos (Epist. 1.19.23-25).

Die metrische Formenvielfalt der Gedichte des Archilochos scheint den Rhysmós seines bewegten Lebens (vgl. 128 W = 67a D) widerzuspiegeln.

Das Werk des Archilochos ist heute in mehr als 300 Fragmenten zugänglich, die eine ganz unterschiedliche Herkunft haben: Neben ARISTOPHANES, der das berühmte Rhipsaspis-Fragment zitiert (Eirene 1289-1299 und 1301), ATHENAIOS (vielfach), PLUTARCH (vielfach), DION CHRYSOSTOMOS, STRABON, ORIGENES und sogar ARISTOTELES zitieren die KOMMENTATOREN UND SCHOLIASTEN prominenter antiker Autoren wie z.B. des Aristophanes, des Pindar oder des Homer den lyrischen Dichter. Auch dem Rhetor ZENOBIOS (2. Jh. n. Chr.), dem Sammler von Sprichwörtern, entging Archilochos nicht. Darüber hinaus war er für GRAMMATIKER (z.B. HERODIAN aus dem 2. Jh. n. Chr.) METRIKER (z.B. HEPHAISTION mit seinem »Encheiridion«) und RHETOREN (z.B. POLLUX aus der 2. Hälfte des 2. Jh.s n. Chr. mit seinem »Onomastikon«) eine Fundgrube für ungewöhnliche lexikalische Erscheinungen. Der Lexikograph HESYCH aus Alexandria (5./6. Jh.) nahm zahlreiche Wörter des Archilochos in sein alphabetisch geordnetes Lexikon auf.

Von großer Bedeutung sind auch die Inschriften aus Paros, die Papyrus-Reste aus Oxyrhynchos und andere Papyri. Der erst 1974 veröffentlichte Papyrus Coloniensis enthält ein verhältnismäßig umfangreiches Stück aus einer Epode des Dichter (P. Colon. 58, 1-35).

Aus späterer Zeit ist die »Anthologie« des STOBAIOS (5. Jh. n. Chr.) zu nennen, in die Texte des Archilochos aufgenommen wurden. Nicht zuletzt haben die »etymologischen« Werke des Mittelalters Archilochos benutzt: Das ETYMOLOGICUM GENUINUM (9. Jh.) und das aus dem 12. Jh. stammende ETYMOLOGICUM MAGNUM.

In diese grammatischen Enzyklopädien ist viel sprachliches Material aus den Werken des Archilochos eingegangen.

Selbstverständlich hat Archilochos auch einen literarischen Hintergrund. Von der JAMBISCHEN VOLKSPOESIE war schon die Rede. Obwohl er in einem schroffen Gegensatz zum Programm der epischen Dichtung steht – das Mythologische spielt keine besondere Rolle bei Archilochos, das Heroische hat keine Bedeutung mehr, und die Gedichte des Lyrikers beziehen sich nicht mehr auf die Helden der Vergangenheit, sondern haben die Gegenwart des Dichters zum Thema –, ist Archilochos ohne HOMER nicht denkbar (siehe auch die Anmerkungen zu 219–221 W). Die Nähe zu Homers ODYSSEUS ist in manchen Fragmenten unübersehbar. Von zentraler Bedeutung dürfte hier das Fragment 13 W = 7 D sein. Archilochos »bringt die Haltung, die eine überwältigende Realität den Menschen abverlangt, in fr. 13 W = 7 D auf den Begriff, auf den der κρατερὴ τλημοσύνη, einer Kraft, die dazu befähigen soll, uns auf die Realität so einzulassen, dass sie uns nicht verschlingt ... Unter jener Kraft versteht Archilochos eine Haltung, die es gegenüber der grundsätzlich gemeisterten Realität zu bewahren gilt. Auf sie glaubt er um so mehr vertrauen zu dürfen, als sie, allerdings in anderer Ausprägung, die Haltung seines Vorbilds Odysseus war. Auf seiner Irrfahrt musste der Held des jüngeren Epos als der sich erweisen, der zu sein ihm schon die Ilias unterstellt: ὁ τλήμων Ὀδυσσεύς (Il. 10.231; 498). Die Odyssee ist das wahre Hohelied der τλημοσύνη (Ausdauer, Geduld; Wehrli), und als solches hat Archilochos sie zweifellos auch aufgefasst« (Theunissen 2000, 182).

Die archilocheisch gedachte τλημοσύνη sei auch gegenständlich auf das Zukünftige ausgerichtet; sie sei unterschiedlich gefärbt, je nachdem, ob sie vergangenes Unglück hinter sich oder das in die Zukunft projizierte Reihum des Unglücks vor sich habe. »Unter ihrem Namen treten bei Archilochos gewissermaßen zwei Haltungen auf, eine, die sich mit dem Schlimmen konfrontiert, und eine andere, die sich durch den Gedanken beschwichtigen lässt, dass

aufs Ganze des Zeitlaufs gesehen, das Schlimme so schlimm doch
nicht sei.«

Das Vorbild des Odysseus könnte Archilochos aber auch noch
unter einem ganz anderen Aspekt zur Nachahmung angeregt haben. In der TRUGREDE des Odysseus vor Eumaios, dem göttlichen Schweinehirten (Od. 14.191–359), ist eine literarische Form
erkennbar, die für die Dichtkunst des Archilochos auch als solche
möglicherweise grundlegend war: Die bewusste Verknüpfung von
Phantasie und Wirklichkeit, von Fiktion und Tatsachenbericht, die
hier der unerkannte Odysseus zum Zweck der Tarnung vor-
nimmt; diese fingierte Selbstdarstellung übernimmt Archilochos,
wenn er von sich selbst spricht. Das Bild, das Odysseus von sich
zeichnet, stimmt grundsätzlich mit dem Bild überein, das Archilochos von sich zu zeichnen bestrebt ist. Der Odysseus vor Eumaios
hat eine Sklavin zur Mutter (Od. 14.202); Archilochos soll sich zu
seiner Mutter Enipo, einer Sklavin, bekannt haben (295 W). Die
Freude am blutigen Kampf haben Odysseus und Archilochos gemeinsam: Mut habe er von Ares und Kraft von Athene erhalten,
um die Reihen der Männer zu durchbrechen, erzählt Odysseus
dem Sauhirten. Wenn Archilochos sagt: »Anstürmen soll jeder gegen die Feinde mit standhaftem Sinn und unbeugsamem Mut im
Herzen ..., ohne zu weichen ....« (7 W), dann klingen die Worte
des Odysseus nach: »Wenn ich ... den Feinden Schlimmes plante:
nie sah der mannhafte Mut mir dann den Tod voraus, sondern an-
springend als weit Erster fasste ich den Feind stets mit der Lanze,
der mir mit den Füßen unterlegen war ...« (14.217–221). Odysseus
erklärt, er habe »beruderte Schiffe geliebt und Kriege und wohlge-
glättete Wurfspieße und Pfeile«. Archilochos stellt sich als »Diener
des Herrn Enyalios (= Ares)« vor, der seinen Lebensunterhalt mit
der Lanze verdiene. Odysseus liebe die »traurigen Dinge, die anderen grausig seien«. Und dann folgt der Satz des Odysseus, den
Archilochos aufgreifen wird: »Erfreut sich doch der eine Mann an
diesen, der andere an anderen Werken« (Od. 14.228). Dasselbe wiederholt Archilochos mit folgenden Worten: »... So ist die Natur des

Menschen, aber der eine wärmt sein Herz an diesem, der andere an jenem ...« (25 W = 41 D). Odysseus erzählt von seiner Expedition nach Ägypten und seiner Kapitulation vor dem feindlichen König: »Sofort nahm ich den Helm vom Kopf ... und den Schild von meinen Schultern, warf den Speer aus der Hand und lief, so wie ich war, den Pferden des Königs entgegen und fasste und küsste seine Knie ...« Dieses auf den ersten Blick ganz und gar unheroische Verhalten stellt Archilochos nach, indem er seinen Schild fortwirft, um sein Leben zu retten (5 W = 6 D). Aber Archilochos wollte nichts anderes als Odysseus: leben. Das ist das letzte Wort der Trugrede, und Archilochos sagt lapidar: Ich habe mein Leben gerettet.

Dass Archilochos dennoch ein tapferer Krieger war (wie auch der homerische Odysseus), steht außer Frage. Das Enkomion im Archilocheion (Treu S. 48 ff.) bezeugt dies unmissverständlich: »Es dürfte ausgemacht sein, dass Archilochos ein tapferer Mann war, und das kann man schon aus vielen anderen Tatsachen ersehen, die in allen Einzelheiten zu schildern, zu weit führte ... mit knappen Worten wollen wir jedoch Folgendes darstellen ...« (vgl. 89 W).

Wenn der homerische Odysseus das Vorbild des Archilochos ist, dann kann man die Echtheit des von M. L. West dem Dichterkollegen Hipponax (115 W) zugeschriebenen Fragments 79a D (= einer der sogenannten »Straßburger Epoden«) nicht mehr bestreiten. Denn der Text des Papyrus zeigt einen Schiffbrüchigen, der dem homerischen Odysseus sehr ähnlich sieht. Allerdings verwendet unser Dichter diese Szene (vgl. Od. 5.424-493), um einen Gegner zu verfluchen, dem es so ergehen soll wie Odysseus nach seinem Schiffbruch vor der Insel der Phäaken. Der Unterschied ist nur, dass Odysseus, der Geschundene, von der Märchenprinzessin Nausikaa gerettet wird, während Archilochos dem Verfluchten wünscht, dass ihn der barbarische Thraker gefangen nimmt und zum Sklaven macht. Wenn Archilochos die Leiden des Odysseus einem Verräter und Eidbrüchigen wünscht und dies in Form eines jambischen Bannfluches äußert, will er sagen: Der Verräter soll verdientermaßen noch Schlimmeres leiden als der unschuldig leidende Odysseus:

> … (er soll) von Wellen gepeitscht (werden)!
> Und in Salmydessos mögen ihn die Thraker
> mit ihren hohen Frisuren nackt ergreifen, so freundlich es geht,
> da soll er viel Böses erleiden,
> wenn er sein Sklavenbrot isst,
> vor Kälte erstarrt, und aus dem Salzschaum
> soll viel Tang an ihm kleben,
> die Zähne sollen ihm klappern,
> wenn er wie ein Hund daliegt ohne Kraft,
> ganz dicht bei der Brandung der Wogen …
> Das möchte ich vor Augen haben,
> weil er mir Unrecht tat und den Eid mit Füßen trat
> und doch einst mein Freund war. (Archilochos 79a D)

Wenn man davon ausgeht, dass der homerische Odysseus das lyrische Ich des Archilochos präfiguriert oder doch maßgebend geprägt hat, dann kann man doch wohl auch annehmen, dass die tatsächliche Biographie des Lyrikers aus seinem Werk nicht zu rekonstruieren ist – ebenso wenig wie der Lebenslauf, den Odysseus vor dem Sauhirten vorträgt, von biographischer Relevanz ist. Archilochos – so könnte man sagen – gestaltet in seinen Gedichten nach dem Vorbild des homerischen Odysseus und mit dessen Wahrnehmungsmustern eine fiktive Autobiographie, die ihm Raum und Schutz bietet, seine Sprache als Mittel der Aggression zu erproben. Dass in diese Fiktion auch Wirklichkeit eingewoben ist, liegt nahe. Wo aber die Grenze verläuft, ist nicht mehr oder noch nicht auszumachen.

ZU TEXT UND ÜBERSETZUNG

Textgrundlage der Übersetzung ist die Ausgabe von M. L. West: Iambi et Elegi Graeci ante Alexandrum cantati, Bd. 1, Oxford ²1989. Die Anordnung der Fragmente in der vorliegenden zweisprachigen Ausgabe folgt der Anordnung und Zählung der Fragmente bei M. L. West. Es wurden keine Rekonstruktionsversuche unternommen, sondern nur das durch West gesicherte Material berücksichtigt.

Selbstverständlich wurde auch die ursprünglich bei Ernst Heimeran in 1. Auflage 1959 erschienene zweisprachige Ausgabe von Max Treu berücksichtigt, deren griechischer Text im Wesentlichen auf den Fragmentsammlungen von Diehl und Bergk beruht. Wertvolle Anregungen gab auch Kurt Steinmann mit seiner zweisprachigen Archilochos-Ausgabe 1998.

Auf eine Wiedergabe der originalen METRISCHEN FORMEN wurde zugunsten einer möglichst textnahen Prosaübersetzung verzichtet. Die Bedenken, die Wolfgang Schadewaldt hatte, als er die homerische Odyssee in deutsche Prosa übersetzte, gelten auch für den Versuch, den lyrischen Texten des so formbewussten Dichters Archilochos in deutscher Prosa gerecht zu werden – im Sinne eine Nachsprechens. Dem Übersetzer des Archilochos ist bewusst, dass mit dem Verzicht auf die metrische Form und den Rhythmus, der der Sprache des Originals die höhere Musikalität und den Glanz verleiht, ein erhebliches Opfer gebracht wird. Aber dieser Glanz und diese Musikalität sind untrennbar mit dem griechischen Vers und Wort verbunden; sie lassen sich nicht in ein anderes sprachliches Medium übertragen. Dieser notgedrungene Verzicht

schafft jedoch den Raum, die Schlichtheit, Nüchternheit, Unver-
hülltheit, Direktheit und Sachlichkeit der Sprache des Lyrikers
nachzuahmen und den oft frappierenden Gegensatz zwischen der
emotionalen Tiefe der Gedanken und der Nüchternheit ihrer
sprachlichen Wiedergabe nicht zu verwischen.

Mit der vorliegenden Ausgabe soll der griechische Dichter Archilochos dem zeitgenössischen Leser wieder näher gebracht werden. In diesem Sinne sind auch die Anmerkungen zu verstehen.
Sie sollen die Lektüre erleichtern und unterstützen.

Die Anordnung der Fragmente erfolgt auch in der vorliegenden
zweisprachigen Ausgabe nicht unter Berücksichtigung inhaltlicher
Gesichtspunkte. Seit der Antike (in den Textausgaben der alexan-
drinischen Philologen Aristophanes von Byzanz und Aristarch)
werden die Gedichte des Archilochos nach metrischen Prinzipien
zitiert. Im Anschluss daran werden auch hier sieben Abschnitte
oder Kapitel unterschieden (nach M. L. West), denen die Fragmente zugeordnet sind:

1. Elegien 1–17
2. Trimeter 18–87
3. Tetrameter 88–167
4. Epoden 168–204
5. Fragmente unbestimmter Herkunft 205–295
6. Zweifelhaftes 296–321
7. Unechtes 322–333

Zählung der Archilochos-Fragmente (I)

Diehl	West	Diehl	West	Diehl	West
1	1	40	216	79b	116 Hipponax
2	2	41	25	80	117 Hipponax
3	3	42	67	81	185
4	6	43	212	82	186
5a	4	44	211	83	187
5b	46	45	210	84	298
6	5	46	218	85	182
7	13	47	34	86	184
8	16	48	35	87	200
9	14	49	41	88	172
10.1–2 (a)	9	50	330	88a	223
10.1–2 (b)	10	51	93–99	89	174
10.3–4	11	52	109	90	179
11	12	53	116	91	329
12	8	54	102	92a	176
13	15	55	91	92b	181
14	17	56	105	93	178
15	331	56a	106	94	175 + 177
16	325	57	111	94a	180
17	326	58	130	95	173
18.1–2	21	59	117	96	234
18.3–4	22	60	114	97	225
19	20	61	101	98	224
20	215	62	88	99	-
21	213	63	107	100	202
22	19	64	133	101	226
23	227	65	134	102	43
24	38	66	126	103	201

Diehl	West	Diehl	West	Diehl	West
25.1–2 + 3–4	30 + 31	67a	128	104	193
26	48	67b	129	105	195
27	205	68.1–2	131	106	253
28	42	68.3	132	107	168
29	197	69	125	108	171
30	26	70	115	109	170
31	18	71	118	110	169
32	297	72	119	111	194
33	36	73	127	112	191
34	252	74	122	113 + 114	188
35	37	75	108	115	189
36	49	76	121	116	190
37	45	77	120	117	192
38	110	78	124	118	196
39	217	79a	115 Hipponax	119	322
				120	324

Zählung der Archilochos-Fragmente (II)

Bergk	West	Bergk	West	Bergk	West
113	255	152	248	183	270
117	204	153	303	184	206–209
121	323	154	261	185	309
122	237	155	264	186	229
123	58	156	263	187	279
124	39	157	262	188	280
125	230	158	332	189	313
127	47	160	245	190	304
128	231	161	265	191	281
129	228	162	239	192	214
130	296	163	242	193	282
132	233	165	240	194	250
133	232	166	266	195	283
134	257	167	243	196	238
135	256	168	267	197	284
136	66	169	235	198	285
137	236	170	268	199	312
138	222	171	247		
139	44	172	269		
140	40	173	241		
142	302	174	258		
144	259	175	271		
145	293	176	272		
146	291	177	273		
147	286–288	178	274		
148	292	179	246		
149	295	180	275		
150	305	181	276		
151	290	182	249		

LITERATURHINWEISE

Aßmann, Reinhard: Frühgriechische Lyrik im Unterricht, in: Der altsprachliche Unterricht (AU) 7,4, 1964, 5-25

Bremer, Jan Maarten [u. a.]: Some recently found Greek Poems. Text and Commentary, Leiden 1987.

Campbell, David A.: The Golden Lyre. The Themes of the Greek Lyric Poets, London 1983.

Dalfen, Joachim: Zeus, die Hoffnung und die Klugheit des Menschen. Deutungen der menschlichen Existenz in frühgriechischer Dichtung, in: Friedrich Hörmann (Hg.): Probata - Probanda, München 1974, 22-43.

Fränkel, Hermann: Dichtung und Philosophie des frühen Griechentums, München ²1962, 147-170.

Gundert, H.: Archilochos und Solon, in: Das neue Bild der Antike, Bd. 1, Leipzig 1942, 130-152.

Harder, Richard: Zwei Zeilen des Archilochos, in: Hermes 80, 1952, 381-384.

Jaeger, Werner: Paideia, Bd. 1, Berlin 1945, 160-186.

Kamerbeek, Jan Coenraad: Archilochea, in: Mnemosyne 14 (Ser. IV) 1961, 1-15.

Lasserre, F.: Archiloque. Fragments, 1958.

Latacz, Joachim: Archaische Periode, in: Herwig Görgemanns (Hg.): Die griechische Literatur in Text und Darstellung, Bd. 1, Stuttgart 1991, 240-269.

Latacz, Joachim: Archilochos, in: Kleine Enzyklopädie der antiken Autoren, Frankfurt a. M. 1996, 35-47.

Latacz, Joachim: Gräzistik bei der Arbeit: Beispiele aus der For-

schungspraxis. Neufund frühe Lyrik: Die ›Kölner Epode‹ des
Archilochos, in: Deutscher Altphilologenverband und Momm-
sen-Gesellschaft (Hg.): Griechisch an Schule und Universität,
²2001, 23–27

Latte, Kurt: Zeitgeschichtliches zu Archilochos, in: Hermes 92,
1964, 385–390.

Laurenti, Renato: È pessimistica la prima lirica greca?, in: Paolo
Cosenza (Hg.): Esistenza e destino nel pensiero greco arcaico,
Neapel 1985, 51–67.

Lesky, Albin: Geschichte der griechischen Literatur, Bern/Mün-
chen ³1971, 135–139.

Merkelbach, R. / West, M. L.: Ein Archilochos-Papyrus, in: Zeit-
schrift für Papyrologie und Epigraphik 14, 1974, 97–112 (editio
princeps der Kölner Epode: 196a W).

Page, Denys: Archilochus and the Oral Tradition, in: Jean Pouilloux [u. a.] (Hgg.): Archiloque, Genève 1964, 119–179.

Peek, W.: Die Archilochos-Gedichte von Oxyrhynchos, in: Philologus 99, 1955, 193–219; 100, 1956, 1–28.

Pfeiffer, Rudolf: Gottheit und Individuum in der frühgriechischen
Lyrik, in: Philologus 84, 1929, 137–152 (wieder abgedr. in: R. P.
Ausgewählte Schriften, München 1960).

Podlecki, Anthony J.: The Greek Soldier-Poets. Archilochus, Al-
caeus, Solon, in: The Classical World 63, 1969, 73–81.

Rankin, Herbert D.: Archilochus of Paros, Park Ridge 1977.

Rankin, Herbert D.: Archilochus' Chronology and Some Possible
Events of His Life, in: Eos 65, 1977, 5–15.

Russo, Joseph: The Inner Man in Archilochus and the Odyssey,
in: Greek, Roman and Byzantine Studies 15, 1974, 139–152.

Schadewaldt, Wolfgang: Die frühgriechische Lyrik, Frankfurt
a. M. 1989.

Scherer, Anton: Die Sprache des Archilochos, in: Jean Pouilloux
[u. a.] (Hgg.): Archiloque, Genève 1964, 89–107.

Schmidt, E. A.: Archilochos, Kallimachos, Horaz. Jambischer Geist
in drei Epochen, in: Wiener humanistische Blätter 20, 1978, 1–17.

Seidensticker, Bernd: Archilochus and Odysseus, in: Greek, Roman and Byzantine Studies 19, 1978, 5–22.

Snell, Bruno: Das Erwachen der Persönlichkeit in der frühgriechischen Lyrik, in: B. S.: Die Entdeckung des Geistes, Hamburg ⁵1955, 83–117.

Steinmann, Kurt: Meisterstücke der griechischen und römischen Literatur – Interpretiert von Kurt Steinmann, Stuttgart 1998.

Steinmann, Kurt: Archilochos. Gedichte. Griechisch und deutsch, Frankfurt/Leipzig 1998.

Tarditi, G.: Archilochus, 1968.

Theunissen, Michael: Pindar. Menschenlos und Wende der Zeit, München 2000, 161–199.

Treu, Max: Von Homer zur Lyrik. Wandlungen des Weltbildes im Spiegel der Sprache, Zetemata 12, 1956.

Treu, Max: Archilochos. Griechisch und deutsch, München 1959.

West, Martin L.: Iambi et elegi Graeci ante Alexandrum cantati. 1: Archilochus, Hipponax, Theognidea, Oxford ²1989.

Will, Frederic: Archilochus, New York 1969.

Wirth, Gerhard: Griechische Lyrik. Von den Anfängen bis zu Pindar. Griechisch und Deutsch, o. O. 1963, 29–36.